Anonymous

Der Stein der Weisen
Das Buch Aquarius

Übersetzung von
Samvado Gunnar Kossatz

Umschlagbild
Thomas Minderle, Autor von
http://montalk.net

BoD

Anonymous
Der Stein der Weisen - Das Buch Aquarius

© Umschlaggrafik: Thomas Minderle
© Übersetzung: Samvado Gunnar Kossatz.
Rubbertstr. 30, 21109 Hamburg
E-Mail: Alchemie@m31.de
1. Auflage November 2011
ISBN 978-3-8423-8264-0

Herstellung und Verlag: Books on Demand GmbH, Norderstedt

Auszugsweiser Nachdruck, in welcher Form auch immer, ist im Rahmen des „Fair Use" gestattet.
Als Fair Use („Angemessene Verwendung") bezeichnet man eine Rechtsdoktrin des anglo-amerikanischen Copyright-Systems, die bestimmte, nicht autorisierte Nutzungen von geschütztem Material zugesteht, sofern sie der öffentlichen Bildung und der Anregung geistiger Produktionen dienen; sie erfüllt eine vergleichbare Funktion wie die Schrankenbestimmungen des kontinentaleuropäischen Urheberrechts.
(Wikipedia:)

Bibliografische Information der Deutschen Nationalbibliothek
Die Deutsche Nationalbibliothek verzeichnet diese Publikation in der Deutschen Nationalbibliografie; detaillierte bibliografische Daten sind im Internet über http://dnb.d-nb.de abrufbar.

Inhalt

1. Das Buch Aquarius 6
2. Vorwort 7
3. Was ist Alchemie? 8
4. Wie funktioniert es? 12
5. Die Macht des Steins 13
6. Unglaube 20
7. Interpretationen 28
8. Verdeckung 33
9. Das Geheimnis 37
10. Yin-Yang 42
11. Zyklen der Natur 44
12. Die Erzeugung von Metallen 48
13. Die Smaragdtafeln 51
14. Woraus wird er hergestellt? 60
15. Der Zeitfaktor 65
16. Die Temperatur 67
17. Andere Methoden 68
18. Die Schriften verstehen 71

19. Überblick 74

20. Gerätschaft 76

21. Der erste Teil 79

22. Der zweite Teil 83

23. Die schwarze Phase 86

24. Die weisse Phase 88

25. Fermentation 89

26. Widersprüchlichkeiten 92

27. Die rote Phase 94

28. Die Multiplikation 96

29. Die Projektion 98

30. Das Aussehen 99

31. Nie erlöschende Lampen 100

32. Takwin 105

33. Religiöse Zusammenhänge 107

34. Vorgeschichte 112

35. die Geschichte des Steins der Weisen 115

36. geschichtliche Zitate 117

37. Alchemie im Verlauf der Zeit 122

38. Nicolas Flamel 126

39. Paracelsus 127

40. Die Rosenkreuzer 128

41. Francis Bacon 130

42. Robert Boyle 134

43. James Price 136

44. Fulcanelli 137

45. Wohin sind sie gegangen? 138

46. Shambala 140

47. UFOs 143

48. Neue Weltordnung 147

50. Frequenzen und Existenzebenen 150

51. Universen in Universen 153

52. Die Vorhersage des Alchemisten 156

53. Nachwort 157

54. Hilfe 158

55. Fragen und Antworten 159

56. Bibliografie 173

57. Schlusswort des Übersetzers 175

1. Das Buch Aquarius

Dieses Buch wurde geschrieben, um ein Geheimnis preiszugeben. Es wurde für die letzten zwölftausend Jahre unter Verschluss gehalten. Der Stein der Weisen, das Elixier des Lebens, der Jungbrunnen, das Ambrosia, Soma, Amrita, der Nektar der Unsterblichkeit. Es sind alles unterschiedliche Bezeichnungen für ein und dieselbe Sache.

Im Verlaufe der Geschichte wurde dieses Geheimnis von einigen wenigen genutzt, um ihre Lebensspanne auf hunderte von Jahren in perfekter Gesundheit, zu verlängern, zudem erlangten sie unbegrenzten Reichtum und viele andere wundersame Dinge. Einige hielten diese Information geheim, da, wie sie meinten, die Zeit für eine Veröffentlichung noch nicht reif war. Die Meisten aber haben das Geheimnis nur aus Egoismus, Neid und Missgunst sowie einer korrupten geistigen Einstellung für sich behalten.

Die Geschichte der menschlichen Rasse, bis zu diesem Tag, ist voll von Geheimgesellschaften, *Mantel und Degen*-Geschichten und mystischen Symbolen. Solche theatralischen Paraphernalia sind billig und kindisch. Es ist unsinnig, im Schatten nach Licht zu suchen. Der Stein der Weisen funktioniert und wird durch rein wissenschaftliche Mechanismen hergestellt. Die Wahrheit ist immer schlicht, harmonisch und einfach zu verstehen.
Der Stein der Weisen ist real, du kannst ihn zuhause herstellen. Der Stein macht alte Menschen wieder jung, heilt alle Formen von Krankheit, verlängert dein Leben, verwandelt unedle Metalle in Gold und kann noch mehr, wie du bald wissen wirst. Es handelt sich dabei nicht um eine Metapher oder eine mystische Geschichte, sondern um eine Tatsache. Beurteile dieses Buch nicht, bevor du es gelesen hast. Es ist nicht eines dieser verworrenen in mystischer Sprache gehaltenen Bücher, deren Seiten mit einem Haufen Wörter gefüllt sind, die keinen Sinn ergeben. Dieses Buch wird mehr Sinn machen als irgendetwas anderes, was du jemals gelesen hast.

Das Zeitalter der Geheimnisse ist vorüber. Ich schreibe dieses Buch in umgangssprachlichem Englisch [*es ist natürlich das Original gemeint*]. Es gibt keine Notwendigkeit für mystische Sprache oder Metaphern. Dieses Buch enthält keine verborgenen Bedeutungen oder Codes. Alles wird klar und deutlich ausgesprochen, in der kürzesten und einfachsten Weise, um die notwendige Information zu vermitteln.

Die Wahrheit ist unglaublicher als die erfundene Geschichte. Das liegt daran, dass sich alle Geschichten an dem, was möglich ist orientieren müssen. Die Wahrheit muss das nicht.
Samuel Clemens (*Mark Twain*)

2. Vorwort

Ich bin ein Freund von Socrates und Platon, aber noch mehr einer der Wahrheit.
A Dialogue, Alexander v. Suchten, ca. 16.-17. Jh.

Gib dieses Buch an jeden, den du kennst, weiter. Wenn du eine Webseite hast, biete es dort zum Download an. Wenn du eine Mailingliste führst, schicke die Information an jeden, der auf ihr steht. Wenn du für die Medien arbeitest, schreibe eine Reportage über dieses Buch. Übersetzte es in verschiedene Sprachen. Tue alles was du kannst, um dieses Buch für so viele Menschen wie möglich verfügbar zu machen. Ich beanspruche kein Copyright an diesem Werk. Dieses Buch ist in der *Public Domain* und darf ohne jede Zahlung von Lizenzabgaben verbreitet werden. Ich empfehle dieses Buch zu drucken, da Computer in Zukunft vielleicht nicht mehr zuverlässig funktionieren oder unverfügbar sind.

Kennst du irgendwelche Geheimnisse? Jetzt ist die Zeit sie bekanntzugeben. Vergiss alle Versprechen, die du je gegeben hast und alle Eide, die du geschworen hast. Das gehört alles zur Korruption. Wenn dir jemand das Versprechen abnimmt von einer Klippe zu springen, so heißt das nicht, dass du dazu verpflichtet bist, es auch zu tun.

Bitte versuche nicht herauszufinden, wer ich (*der Autor*) bin. Bitte hilf niemandem, es herauszufinden. Ich veröffentliche diese Information völlig frei aber dennoch unter großem persönlichem Risiko. Bitte erkenne das an und vergrößere das Risiko nicht. Falls du eine Vermutung hast, wer ich sein könnte, versuche nicht, mit mir in Kontakt zu treten und erwähne deine Vermutung gegenüber niemandem. Sprich nicht über mich mit anderen Menschen, über das Telefon oder per E-Mail.

Dieses Buch ist angefüllt mit Zitaten. Bitte lies sie und überfliege sie nicht nur. Sie sind ebenso wichtig, wie das von mir geschriebene Material. Du kannst den vollständigen Text der Schriften nachschlagen, um mehr zu lesen oder um für dich sicherzustellen, dass sie existieren. Am einfachsten geht das, indem du Google verwendest. Suche nach den Textelementen in Anführungszeichen, „in etwa so wie hier", und Google wird den vollständigen Text für dich finden.

Alle Zitate stammen aus Quellen, die im Internet frei verfügbar sind. Die alchemistischen Bücher, aus denen ich Zitate entnommen habe, sind auf diesen Webseiten zu finden:

Sacred-texts.com, Forgottenbooks.org, Rexresearch.com, Alchemywebsite.com

Die letzten drei enthalten auch alchemistische Zeichnungen und Abbildungen, entweder auf den Webseiten oder in den Buchtexten. Unglücklicherweise hat aber keiner von ihnen ihre wahre Bedeutung erkannt. Trotzdem haben alle diese Seiten, wie auch *ramsdigital.com*, das nicht kostenlos ist, der Welt einen großen Dienst erwiesen, indem sie die alchemistische Literatur im Internet verfügbar gemacht haben.

Der Schlüssel für den SHA-1 Hash ist in einem Gedicht enthalten, das ich geschrieben habe, wobei die Sprache nicht unbedingt Englisch sein muss. Da es nur einen einzigen Schlüssel gibt der diesen Wert zurückgibt, wenn auf ihn der SHA-1 Algorithmus angewendet wird, kann ich dadurch eindeutig meine Identität und die Tatsache, dass ich der Autor dieses Buches bin, beweisen. Ich werde diesen Schlüssel nur verwenden, um jemanden zu diskreditieren, der versucht, nicht autorisiert ein Werk zu veröffentlichen, dass sich auf dieses Buch bezieht oder wenn es Zweifel an der Autorenschaft irgend eines anderen Dokumentes, das ich publizieren will, geben sollte. Es könnte auch sein, dass ich meine wahre Identität irgendwann in der Zukunft enthüllen möchte, obwohl ich das heute für sehr unwahrscheinlich halte.

80f0ff3fe5d1d64fa1ed32796b92aff404914edc

Eine Woche nach dem Erscheinungsdatum bot mir *forgottenbooks.org* kostenloses Webhosting, sowie ein Forum im Internet an. Dort kannst du jetzt Fragen an mich stellen. Dieses Buch wird regelmäßig mit den Antworten zu allen guten Fragen, die ich bekomme, auf den neuesten Stand gebracht werden. Du kannst die jeweils neueste Version von dieser Webseite herunter laden. Im Forum kannst du auch Fotos von der Herstellung von Leuten sehen, die mit dem Prozess bereits begonnen haben. Hier ist die Webadresse:

http://bookofaquarius.forgottenbooks.org

3. Was ist Alchemie?

Die Natur geniesst ihre Natur, Natur enthält Natur, verbessert Natur, verringert Natur, Natur ist der Natur überlegen.
A Magnificent and Select Tract on Philosophical Water, Anonym, ca. 13.-17. Jh.

Alchemie ist die Kunst die Abläufe in der Natur nachzumachen und zu beschleunigen. Es ist eine natürliche Kunst und Wissenschaft. In der Alchemie stellen wir nichts wirklich her, alles was wir tun, ist Bedingungen für die Natur zu schaffen, das zu tun, was die Natur nun einmal tut. Somit ist auch der Stein der Weisen nicht wirklich ein Produkt des Alchemisten, er wird von der Natur selbst hergestellt. Der Alchemist stellt nur die notwendigen Bedingungen zur Verfügung, damit dies ohne Störung unter optimalen Bedingungen ablaufen kann.

Eine große Anzahl Heiliger und Gelehrter aller Zeitalter, laut Aussage von Hermes sogar noch vor der großen Flut, haben über die Herstellung des Steins der Weisen vieles geschrieben. Wenn ihre Bücher ohne das Verständnis der lebendigen Natur verstanden werden könnten, dann würde man sogar sagen, dass ihr Studium das der wirklichen Welt um uns herum an Wichtigkeit übertreffen würde. Und obwohl sie niemals von den einfachen Pfaden der Natur abwichen, haben sie uns doch etwas beizubringen. Obwohl wir heute ja in fortschrittlicher Zeit leben, können wir dennoch daraus etwas lernen. Obwohl wir uns eher mit den fortschrittlicheren Bereichen des Wissens befassen, sollten wir auch das Studium der natürlichen Entstehung nicht vernachlässigen. Darum befassen wir uns auch eher mit unmöglichen Dingen, als mit den Objekten, die deutlich und vor unseren Augen ausgestellt sind. Wir sind eher erfolgreich in subtilen Spekulationen, als im sorgfältigen Studium der Natur und dem Verständnis der Heiligen. Es ist eines der bemerkenswertesten Eigenschaften der menschlichen Natur dazu zu neigen, die Dinge, die wir gut kennen, zu vernachlässigen und ständig nach neuen und befremdlichen Informationen suchen. Der Arbeiter, der den höchsten Grad an Vervollkommnung in seiner Kunst erreicht hat, vernachlässigt diese und fängt an, etwas anderes zu tun oder missbraucht sein Wissen auf andere Weise. Unser Drang hin zu mehr Wissen drängt uns auf ein endgültiges Ziel hin, in dem wir Befriedigung und innere Ruhe zu finden hoffen.

[...] Die Natur ist eins, sie ist einfach und in sich selbst ruhend, geschaffen von Gott und mit einem gewissen universellen Geist imprägniert. Sein Ursprung und sein Ziel sind Gott. Seine Einheit ist auch innerhalb Gottes zu finden, da Gott alle Dinge geschaffen hat. Die Natur ist die Quelle aller Dinge, es gibt nichts in der Welt außerhalb von ihr oder ihr entgegengesetzt.

[...] Wenn Kunst irgendeine solide und wahrhafte Wirkung hätte, müsste sie den Fußstapfen der Natur folgen und von ihren Methoden angeleitet werden. Sie muss sich der Führung der Natur anvertrauen, soweit die Natur führen will und auch darüber hinaus, aber dennoch immer ihren Regeln folgend.

[...] In unserer Kunst nun solltest du dich sehr nahe an den natürlichen Prozessen orientieren. Es sollte die zentrale Wärmequelle, der Wechsel von Wasser in Luft, das Aufsteigen in die Luft, das Durchdringen der Poren der Erde, sein Wiedererscheinen als kondensiertes, energetisiertes Wasser [vorhanden sein].
The New Chemical Light, Michael Sendivogius, 17. Jh.

Die Natur, so sagt uns Florus, ist eine Einheit und wer von ihrer Anleitung abweicht zerstört seine Arbeit.

[...] Indem man die unedlen Metalle durch Projektion des Steins in Silber oder Gold verwandelt folgt man, wenn auch durch einen beschleunigten Prozess, der Methode der Natur und er ist daher natürlich.

[...] Tatsächlich ist es so, dass durch die Produktion von Gold die Kunst der Alchemie nicht vorgibt, das vollständige Werk der Natur zu imitieren. Sie erzeugt keine Metalle oder entwickelt sie aus dem metallischen Anteil der ersten Materie. Sie nimmt nur die unvollendete Arbeit der Natur wieder auf, zum Beispiel die Erhöhung der unedlen Metalle und vervollständigt sie, transmutiert sie zu Gold.
The New Pearl of Great Price, Peter Bonus, 1338

Ein Alchemist stellt daher den Stein nur in einer Weise her, wie du einen Baum pflanzt.

Indem du eine Saat in die Erde gibst und sie für einige Jahre dort lässt. Wenn die Saat einmal eingepflanzt ist und die Bedingungen günstig sind, wird der Baum ganz von selbst wachsen, entsprechend seiner Natur.

Da aber der Mensch, das Getreide und die Kräuter, jeder einzelne von ihnen aus seiner eigenen ganz spezifischen Saat geschaffen und geboren wurde, so wurde auch in derselben Weise die wahre Medizin des alten Volkes, die unübertrefflich ist, hergestellt und zubereitet aus den vollkommenen Körpern und Essenzen.

[...] Alles was hergestellt oder geschaffen wird, ist aus seiner eigenen spezifischen Saat geboren und in der zutreffenden Matrix.
The Chemists Key, Henry Nollius, 1617

Es gibt keine wirkliche Schöpfung außer der, die mit der Natur übereinstimmt. Dinge können nicht ohne diese Übereinstimmung gemacht werden. Die Eichen werden keine Pfirsiche erzeugen, noch kann man Trauben mit Dornen ernten oder Feigen mit Disteln. Die Dinge können nur das wieder erneut erzeugen, was ihnen gleich ist, und was mit der Natur übereinstimmt, jeder Baum seine eigene Frucht.

[...] Also erreicht der Weise dies durch seine Kunst in einer kurzen Zeit, was die Natur nur in tausend Jahren kann. Dennoch ist es so, dass wir das Metall nicht machen sondern die Natur es erzeugt. Noch können wir ein Ding in ein anderes überführen, es ist immer die Natur, die dies vollbringt. Wir sind lediglich die Diener dieses Prozesses.
The Root of the World, Roger Bacon, 13. Jh.

Falls du dich wunderst, wie dies zum Stein der Weisen führen soll, so werde ich es dir genauer erklären. Der Stein der Weisen ist etwas, was in der Natur ganz von selbst auftritt, tatsächlich ist er das Ziel der Natur. Wenn du eine Substanz finden kannst, die sehr rein und von Lebensenergie durchtränkt ist und du sie dann unter geschützten Bedingungen, die für seine weitere natürliche Entwicklung von Vorteil sind, aufbewahrst, dann beschleunigst du den natürlichen Entstehungsprozess. Wenn er vollendet ist, wird die Natur den Stein der Weisen erzeugt haben. Es ist sehr einfach und gänzlich natürlich, und das ist das eigentliche Geheimnis.

Auf andere Art gesagt, du bekommst den Stein der Weisen, wenn die Natur mit dem wofür sie eigentlich existiert und was sie den ganzen Tag lang tut, fertig ist. Die Erde und das gesamte Universum gehen durch einen solchen Verlauf. Wenn du eine Substanz finden kannst, die von der Natur bereits sehr weit entwickelt ist, dann füge sie in ein geschlossenes System bzw. einen Mikrokosmos ein und die Natur wird sie lange vor allen anderen Dingen fertigstellen. Dadurch bekommst du das Ergebnis schneller und kannst seine wunderbaren Eigenschaften genießen noch während der Rest der Welt im Dreck wühlt.

Die chemische Entwicklung unserer Substanz findet intern statt und ist eine Funktion der Natur.

[...] *Unser weiser Lehrer Plato sagt: „Der Familienvater, der gute Saat aussät, wird zuerst ein fruchtbares Feld suchen, es pflügen und düngen und alles Unkraut beseitigen. Er wird sich auch kümmern, dass sein eigenes Korn frei von fremden Zutaten ist. Wenn er die Saat ausgebracht hat, benötigt er Feuchtigkeit oder Regen, um die Saat zu zersetzen und neues Leben in ihm zu entfachen. Er benötigt ebenso Feuer, die Wärme der Sonne um es zur Reife zu bringen." Die Notwendigkeiten unserer Kunst sind von ähnlicher Natur. Zuerst musst du deine Saat vorbereiten. Das heißt, du musst die Substanzen von aller Unreinheit freien und das mittels einer Methode, die du in großem Umfang als Anhang dieses Traktats finden wirst. Dann musst du guten Boden haben in den du dein Quecksilber und die Sonne einbringen kannst. Diese Erde muss erst von allen fremden Elementen gereinigt werden, um eine gute Ernte einbringen zu können.*
The Glory of the World, Or, Table of Paradise, Anonym, 1526

Diese Komposition, die alle guten Dinge zusammenbringt, man kann von ihr sagen, dass in einem ihrer Tropfen die ganze Welt präsent ist.
Man, the Best and Most Perfect of God's Creatures, Benedictus Figulus, 1607

Die Wissenschaft von Steinen ist so verfeinert und großartig, dass sie fast die gesamte Natur und das ganze Universum beinhaltet, wie in einem klaren Fernglas. Wie eine Miniaturwelt. Gott brachte sein Wesen durch bestimmte musikalische Harmonien in die Welt. Das was sich in der großen Welt befindet ist auch in der kleinen, aber auf irdische Weise. Das dem Kleinen entsprechende, kann in der großen irdischen Welt gefunden werden. Einige Philosophen haben die Arbeit des Steins mit der Schöpfung der Welt verglichen. Ebenso mit der Erschaffung des Menschen und der Natur.
Book of the Chemical Art, Marsilius Ficinus, 15. Jh.

Der inspirierte Apostel Petrus berichtet, dass die Erde und alle Dinge darauf verschwinden werden und eine neue Welt geboren wird, großartig und gut, wie in der Apokalypse beschrieben.
An Anonymous Treatise Concerning the Philosopher's Stone, Anonym, ca. 12.-15. Jh.

Die alten Schriftgelehrten nennen unseren Stein einen Mikrokosmos und es kann keinen Zweifel daran geben, dass seine Zusammensetzung die große Welt, in der wir leben, widerspiegelt.
The Chemical Treatise, Or, The Ordinal of Alchemy, Thomas Norton, 1477

Um richtig zu verstehen, wie wir aus diesem Chaos den philosophischen Mikrokosmos formen wollen, müssen wir zuerst begreifen, welch große Mysterien bei der Schöpfung des Makrokosmos eine Rolle spielen. Es ist von extremer Wichtigkeit, diese Vorgänge zu imitieren bei der Erschaffung unserer kleinen Welt. Es sind dieselben, welche der Schöpfer aller Dinge für die Erschaffung der großen Welt verwendet hat.
Aphorisms of Urbigerus, Baro Urbigerus, 1690

Dieses Wasser kann nicht vorbereitet werden, indem man befremdliche Methoden benutzt sondern nur durch natürliche Vorgänge, zusammen mit der Natur und von der Natur. Diese Worte sind völlig klar und verständlich für diejenigen, die wissen, worum es geht.
A Magnificent and Select Tract on Philosophical Water, Anonym, ca. 13.-17. Jh.

Alchemie ist daher die Kunst des Mikrokosmos und die Beschleunigung der Natur im Mikrokosmos. Es gibt nur eine Methode für die gesamte Arbeit. Wir vollführen nur ein Werk, und das ist, der Natur ihren Weg freizugeben. Allerdings werden wir unsere

Substanzen zuerst einmal reinigen und alles entfernen, was nicht benötigt wird.

Das Wissen um diese Kunst besteht nicht aus vielfältigen Dingen, sondern aus Einheit. Unser Stein ist nur einer, die Substanz ist nur eine, das Gefäß ist nur eines. Die Anleitung ist eine und die Ausführung ist eine. Die gesamte Kunst und Arbeit ist darum auch nur eine und beginnt in einer bestimmten Weise und wird in einer anderen beendet.
The Root of the World, Roger Bacon, 13. Jh.

Es wird aus einer Substanz vorbereitet, welche die Kunst der Chemie verständlich machen kann und zu dem wird nichts hinzugefügt und von dem nichts entfernt wird, außer wenn es überflüssig und unnötig ist.
A Brief Guide to the Celestial Ruby, Eirenaeus Philalethes, 1694

4. Wie funktioniert es?

Der Stein der Weisen besteht aus Energie, konzentriert und gereinigt zu einem ganz hohen Grad. Es ist die gleiche Energie, die du durch deinen Atem aufnimmst oder wenn du isst und trinkst. Es ist die Energie, die allem Leben die Kraft gibt und daher werde ich sie *Lebensenergie* nennen (ich muss sie irgendwie bezeichnen und der Begriff *Lebensenergie* ist selbsterklärend).

Ich denke die meisten von uns haben im Gefühl, dass es eine Art von Lebensenergie gibt, die wir aus dem Essen, Trinken und der Luft beziehen. Wir wissen alle, dass Früchte zu essen besser ist, als Vitamine zu nehmen; wir wissen, etwas ist in den Früchten bzw. in deren Saft. Wir wissen, dass rohes Gemüse besser ist, als gekochtes. Wir wissen, dass das Kochen die Qualität des Essens herabsetzt. Wir essen andere Lebensformen und wir wissen, dass je frischer diese sind, desto gesünder sind sie. Man könnte auch viel Gutes über tiefes und rhythmisches Atmen sagen. Es liegt nicht nur am Sauerstoff, sonst hätten wir den gleichen Effekt, wenn wir die Luft mit höherem Sauerstoffanteil atmen würden, das trifft aber nicht immer zu.

Obwohl die richtige Art und Weise der Atmung und der Ausrichtung des Chi (ätherische Essenz) des Körpers, sowie das Verspeisen von pflanzlicher Medizin das Leben verlängern kann, so wird es dennoch den Tod nicht verhindern können. Wenn man jedoch die Shën Tan (göttliche Medizin) zu sich nimmt, so wird man unsterblich und so lange leben, wie der Himmel und die Erde existieren und es wird einem möglich, auf den Wolken zu fliegen und mit den Drachen die T'ai Ch'ing (die große Klarheit) auf und nieder zu reiten.
On The Gold Medicine and On The Yellow and The White, Ko Hung, 4. Jh.

Diese Lebensenergie ist in dem Sinne physisch, als dass man sie einfangen und benutzen kann. Man könnte sagen, dass diese Lebensenergie die kleinsten Partikel darstellt, aus denen alle anderen Partikel gemacht sind. Oder man könnte sagen, dass alles aus Energie besteht und dass es eine rohe und unbestimmte Form der Energie ist, noch nicht in ein bestimmtes Element geformt, was vermutlich der Wahrheit näher kommt.

Alle Dinge im Universum werden aus dem einen Chi hergestellt, der ätherischen Essenz, die sowohl den Willen des klaren Himmels, als auch den Willen der umwölkten Erde beinhaltet.

[...] Wenn Bambus bricht, benötigt man Bambus, um es zu reparieren. Wenn die Energie eines Menschen zur Neige geht, wird Blei benötigt, um ihm wieder Kraft zu geben. Denke über diese Sache nach. Die nötige Medizin könnte wohl direkt vor deinen Augen gefunden werden. Das Problem ist nur, dass gewöhnliche Menschen sie nicht wahrnehmen können.
Shih Hsing-lin, Schüler von Chang Po-tuan, und Hsieh Tao-kuang, Schüler von Shih Hsling-lin, ca. 11.-13- Jh.

Der Mensch ist aus Erde geschaffen und lebt durch die Luft, weil die Luft das versteckte Nahrungsmittel enthält, dessen unsichtbarer Geist, wenn er konzentriert wird, besser als die ganze Welt ist.
The New Chemical Light, Michael Sendivogius, 17. Jh.

Der Stein, den die Philosophen suchen, ist ein unsichtbarer und unberührbarer Geist. Der Stein ist in allem enthalten, was bedeutet, dass die Natur in allem enthalten ist. Und da die Natur selbst alle Namen enthält und sie die ganze Welt darstellt, so hat auch der Stein viele Namen und ist in allem enthalten, obwohl manches näher als das andere ist.
Book of the Chemical Art, Marsilius Ficinus, 15. Jh.

Alles, was die Eigenschaft der Stabilität und Dauerhaftigkeit weitergeben kann, muss sie selbst auch besitzen.
A Golden and Blessed Casket of Nature's Marvels, Benedictus Figulus, 1607

Somit ist die Macht des Wachstums, von der ich spreche, nicht von der Erde vermittelt, sondern vom lebensgebenden Geist, der in ihr steckt. Wenn der Geist die Erde verlassen würde, wäre sie tot und nicht länger in der Lage irgendetwas zu ernähren. Wisse darum, verehrter Leser, das Leben ist der einzige wahre Geist.
The Twelve Keys, Basilius Valentinus, 15. Jh.

5. Die Macht des Steins

Ich werde jetzt einige der möglichen Verwendungen des Steins der Weisen erklären. Die Möglichkeiten seiner Anwendungen sind weitläufig und sprengen die Vorstellungskraft einer normalen Person. Ich werde jedoch die traditionellen Verwendungen umreißen.

Es gibt zwei Formen des Steins der Weisen: Den weißen Stein und den roten Stein. Der weiße Stein transmutiert jedes beliebige Metall in Silber. Der rote Stein ist wesentlich machtvoller und auch bekannter, er kann jedes Metall in Gold verwandeln.

Du solltest aber wissen, dass die Herstellung von Gold und Silber die am wenigsten wünschenswertesten Eigenschaften des Steins darstellen. Seine Wirkung auf den Körper und den Geist wurden immer als wesentlich wichtiger angesehen, als irgendein Geldwert. Weil der Stein Gold und Silber herstellen kann, wurden diese Metalle als Währung im Verlaufe der Menschheitsgeschichte verwendet, es ist nicht so, dass der Stein Gold und Silber herstellt, weil sie wertvoll sind.

Dass nicht derjenige, der dieses Wissen wünscht um dadurch Reichtum und Belustigung zu erreichen, jemals denke, er könne dies Ziel verwirklichen. Diejenigen, die diese Kunst anstreben, um dadurch zeitliche Ehren, Glücksgefühle, Wohlstand und Ähnliches für sich zu gewinnen, sind die größten Narren. Sie werden niemals das erreichen, was sie mit so viel Geld, Zeit und Aufwand anstreben und was ihren Geist und ihre Herzen so sehr anfüllt. Aus diesem Grund haben die Weisen immer eine gewisse Verachtung für weltliche Reichtümer gezeigt, und das nicht, weil es an sich ein schlechtes Ding wäre, im Gegenteil, es wird in den Heiligen Schriften als sehr großes Geschenk Gottes angesehen, sondern wegen des regelmäßigen Missbrauchs derselben. Sie verachten es, weil es den Menschen daran hindert, seine wahren und guten Eigenschaften an den Tag zu legen und es in ihm stattdessen eine Art von missachtendem und verwirrten Verständnis von Gut und Böse zu erzeugen scheint.
The Sophic Hydrolith, Or, Water Stone of the Wise, Anonym, 17. Jh.

Und jetzt betreffend des gottlosen und verfluchten Goldmachens, insbesondere in unserer Zeit, welches sich so sehr verbreitet hat und das von vielen fehlgeleiteten und bösen Menschen dazu verwendet wird, den Kredit, den man ihnen gegeben hat, zu Missbrauchen, es sei angemerkt, dass die angesehenen Menschen des heutigen Tages die Transmutation der Metalle für das höchste der Ziele halten und für die hohe Kunst der Philosophie und es ist ihr einziger Wunsch und Ziel große Mengen von Gold im Überfluss herzustellen, und das ohne die nötigen Gebete, es dem allwissenden Gott, dem Kenner aller Herzen, vorenthaltend. Daher erklären wir hier in aller Öffentlichkeit, dass die wahren Philosophen eine völlig andere Geisteshaltung haben, überhaupt nichts vom Herstellen des Goldes halten, und dass sie tausende bessere Dinge anzufangen wissen.
Fama Fraternitatis, The Rosicrucians, 1614

Wenn du nicht verstanden hast wie der Stein funktioniert, was sein Wirkprinzip ist, dann wird all dies für dich völlig unglaublich klingen. Wenn du aber einmal verstanden hast, dass der Stein nur eine konzentrierte Form von hoch entwickelter Energie darstellt, welche die wahre Nahrung für alle Dinge, die wachsen, ist (Tiere, Pflanzen, Mineralien usw.), dann wirst du nicht nur verstehen, wie der Stein eine so große Menge an Wundern vollbringen kann, sondern du wirst auch in der Lage sein weitere Anwendungszwecke zu finden.

Ich werde mit einem langen Zitat beginnen, in dem seine traditionellen Anwendungen recht gut aufgezählt sind. Dann werde ich mit einer detaillierten Liste von denen fortfahren, die in der alchemistischen Literatur erwähnt werden. Am Ende werde ich einige weniger bekannte und unübliche Methoden aufzählen.

In seinem ursprünglichen Zustand erscheint er uns als unsauberer, irdischer Körper, voller Unvollkommenheit. Er hat eine irdische Natur, kann alle Krankheiten und Wunden im Verdauungstrakt des Menschen heilen, gutes Fleisch erzeugen, alle vorliegenden Gerüche beseitigen, in allgemeiner Weise heilend wirken, innerlich wie auch äußerlich. In seiner zweiten Erscheinungsform tritt es als wässriger Körper auf, in bestimmter Weise ansehnlicher als zuvor, weil seine Fähigkeiten sich vergrößert haben, obwohl er immer noch einige Unvollkommenheiten enthält. Er ist viel näher an der Wahrheit und viel effektiver in seiner Wirkung. In dieser Form heilt er kalte und heiße Fieber und ist sehr gut gegen Gifte, die er aus Herz und Lunge heraus treibt, deren Verletzungen und Wunden er auch heilen kann, indem er das Blut reinigt und innerhalb von drei Tagen alle Krankheitssymptome beseitigt. Aber in seiner dritten Erscheinungsform tritt er als luftiger Körper auf, von öliger Natur, annähernd frei von allen Unvollkommenheiten und in dieser Form kann er viele wundersame Dinge vollführen, zum Beispiel Schönheit und Stärke des Körpers wieder herstellen und Melancholie und Depressionen und Probleme im Gallenbereich schon in kleiner Dosis mit dem Essen eingenommen beseitigen. Er vermehrt die Menge des Blutes und des Samens, so dass häufiger Aderlass notwendig wird. Er dehnt die Blutgefäße aus, heilt verfallende Extremitäten, stellt die Sehkraft wieder her, beseitigt in noch wachsenden Personen alles, was nicht nötig ist und Schäden an den Extremitäten. In seiner vierten Erscheinungsform tritt er feurig auf, noch nicht vollständig von allen Unvollkommenheiten befreit, immer noch etwas wässrig und nicht trocken genug. Jetzt hat er noch viel mehr Fähigkeiten, verjüngt die Alten und wiederbelebt diejenigen, die dem Tode nahe sind. Wenn so jemandem mit dem Wein nur die Menge eines Gerstenkorns gegeben wird und dieses seinen Magen erreicht, so geht es direkt zum Herzen und stellt ihn wieder her, treibt alle Feuchtigkeit und Gifte aus seinem Körper und stellt auch die natürliche Hitze der Leber wieder her. Wenn man es in kleinen Dosen alten Menschen gibt, beseitigt es die Alterskrankheiten, gibt den Alten wieder junge Körper und Herzen. Daher nennt man es auch das Elixier des Lebens. In seiner fünften und letzten Erscheinungsform tritt es glorifiziert auf, ganz ohne jeden Defekt, es scheint dann wie Gold und Silber, enthält alle vorher erwähnten Fähigkeiten und Kräfte in noch höherer Dosierung und noch wundersamerer Auswirkung. Jetzt werden seine natürlichen Wirkungsweisen für Wunder gehalten. Wenn man es den Wurzeln toter Bäume zufügt werden diese wieder belebt, Blätter und Früchte erscheinen. Wenn es dem Öl einer Lampe hinzugefügt wird, so brennt diese für immer ohne je an Leuchtkraft zu verlieren. Es wird Kristalle in die schönsten Edelsteine verwandeln, gleich denen aus den Minen und darüber hinaus wird es noch viele weitere Wunder vollbringen, die hier den Unwürdigen nicht dargelegt werden sollen. Es heilt alle lebenden und toten Körper ohne Hinzuziehung weiterer Medizin.

The Book of the Revelation of Hermes, Theophrastus Paracelsus, 16. Jh.

Anwendung eins: Als eine universelle Medizin für den Körper.

Der rote Stein ist sehr viel mächtiger als der weiße Stein. Eine kleine und einzelne Dosis kann einen großen Effekt haben, in Abhängigkeit von der Stärke des Steins. Um allerdings einen dauerhaften Effekt zu erzielen sollte der Stein gegessen werden, sonst wird der Körper und Geist wieder beginnen zu verfallen.

Wenn er oral eingenommen wird, kann er alle Krankheiten heilen und in höherer Konzentration eine alte Person wieder verjüngen und sogar stärker machen, als sie es in ihrer Jugend war.

Wenn er plötzlich in hoher Konzentration eingenommen wird befreit sich der Körper von allen unnötigen Dingen, was dazu führen kann, dass er durch eine erschreckende Transformation hindurchgehen wird, die mehrere Wochen anhalten kann. Die Haut wird abfallen, Haare und Zähne fallen aus, dann allerdings wachsen sie in perfekter Form nach.

Wenn man ihn regelmäßig in hoher Konzentration zu sich nimmt wird es unnötig sein zu essen, zu trinken oder sogar zu atmen, obwohl all diese Dinge trotzdem getan werden können. Der Körper wird niemals altern.

Man wird sich von Verletzungen extrem schnell erholen und von Hitze und Kälte unbeeinträchtigt bleiben.

Auch wenn er als Medizin oder süße Nahrung zubereitet wird und über den Mund eingenommen, so wird er sofort den menschlichen Körper durchdringen und ihn in jeder Weise wiederherstellen, und die alten Fähigkeiten sowie den Lebensgeist. Das Grobe und Unverdaute wird verdaut, dass Unnötige beseitigt, natürliches Wasser in großer Menge angesammelt, mit allem Nötigen ergänzt und die natürliche Hitze bzw. das natürliche Feuer wird wiederhergestellt. Dies ist die Aufgabe des wahren Mediziners und des gesunden Philosophen. Nur er wird fähig sein, den Körper vor Verfall zu retten, Alter rückgängig zu machen und die volle Gesundheit wiederherzustellen und auch auf Dauer zu erhalten und damit Tod und Zerstörung zu verhindern.

Man, the Best and Most Perfect of God's Creatures, Benedictus Figulus, 1607

Für die Dauer eines Monats lass ihn jeden Tag am Morgen etwas von diesem gesegneten Pulver nehmen, die Menge entsprechend einem Senfkorn in Weißwein oder einer anderen Flüssigkeit. Es ist schweißtreibend und wird den Schweiß aus den Poren herausbringen. Es ist abführend und wird den Stuhl heraus treiben. Es wird die Nieren entwässern und den Urin herausbringen. Aber es wird nie zu Erbrechen führen, denn das wäre völlig entgegen seiner Natur. Es wird den Körper nicht nur wiederherstellen sondern den ganzen Menschen erneuern, wenn es für einige Wochen lang eingenommen wird.

The Crowning of Nature, Anonym, ca. 16.-17. Jh.

Unser Stein ist der goldene Baum und wer dessen Früchte isst, wird nie wieder Hunger leiden.

An Excellent Introduction to the Art of Alchemy, Peter Bonus, ca. 14. Jh.

Anwendung zwei: Als eine universelle Medizin für den Verstand.

Der Stein wird dich zu deinem besten Geisteszustand erheben, der dir möglich ist. Du wirst schneller lernen als in deiner Jugend, neue Sprachen leicht aufnehmen und alle Fähigkeiten ganz natürlich und ohne Mühen erfassen.

Unsere Kunst befreit nicht nur den Körper sondern auch die Seele aus Knechtschaft und Gefangenschaft. Es veredelt den Reichen und beruhigt und hilft dem Armen. Man könnte tatsächlich sagen, dass es jede menschliche Not beseitigt und eine Lösung für jede Art von Leiden darstellt.

The New Pearl of Great Price, Peter Bonus, 1338

Er, der diese Kunst gefunden hat, wird nach nichts anderem in der Welt mehr streben als nur dem Wunsch, seinem Gott in Frieden und Sicherheit zu dienen. Er wird sich nicht in übertriebenem Maße um seine äußerliche Erscheinung kümmern. Wenn er aber eintausend Jahre alt werden würde und täglich einer Million Menschen helfen könnte, würde er trotzdem niemals zu wenig Mittel dafür haben.

An Open Entrance to the Closed Palace of the King, ein anonymer, wahrheitsliebender Alchemist, 1645

Anwendung drei: Als eine universelle Medizin für den Geist.

Der Stein ist die Autobahn zur spirituellen Erleuchtung und wird von den historischen Indern, Tibetern und Chinesen als der einzige Weg zu Erleuchtung gesehen, der ohne die Anwendung von Meditation funktioniert. Er wird von den alten chinesischen Taoisten als der bevorzugte Weg angesehen. Mit zunehmendem spirituellen Wachstum und unbegrenzte Lebensenergie bzw. Chi sind die persönlichen Möglichkeiten unerschöpflich und man wird in der Lage sein, buchstäblich alles zu erreichen.

Dies ist die beste, unbezahlbare und wertvolle Medizin für den physischen Körper. Die korrekte Anwendung führt zu unzähligen Veränderungen. Es ist dadurch möglich, zum Status des chén tsung (wahren Menschen) aufzusteigen und weiterhin das Problem des wu shéng (Nicht-Lebens) durch kunstfertige Anwendung zu lösen.

[...] Selbst wenn es dir möglich wäre, die wahre Natur des Buddhismus zu verstehen (indem du zu einem Buddha wirst) wird es dir nicht möglich sein, den Körper zu behalten oder hier auf dieser Ebene einen anderen Körper zu bekommen. Was könnte also besser sein, als zur gleichen Zeit die große Medizin zu verwenden? Damit könntest du dann wu (lecken, löchrig zu sein) verhindern und ein chen jen (wahrer Mensch, hsien) werden.

[...] Die Tore zu hsüan und p'in sind den meisten Menschen unbekannt. Es sind tatsächlich nicht die Nase und der Mund, wie einige Menschen denken. Selbst wenn du Atmung für Jahre praktizierst, wie kann das goldene wu (die Krähe) das t'u (Kaninchen) einfangen?
Wu Chen P'ien, Essay on the Understanding of Truth, Chang Po-tuan, 1078

[...] Wer immer diese Medizin zu sich nimmt mag zu großen Höhen aufsteigen oder in dieser Welt verbleiben, ganz wie er es wünscht.
On The Gold Medicine and On The Yellow and The White, Ko Hung, 4. Jh.

Anwendung vier: Als eine universelle Medizin für Pflanzen.

Der Stein wird dazu führen, dass Pflanzen sehr schnell und gesund wachsen und das unter beliebigen Umweltbedingungen.

Anwendung fünf: Als eine universelle Medizin für Metalle.

Der Stein wird jedes beliebige Metall in Silber verwandeln können (der weiße Stein) oder in Gold (der rote Stein). Es ist auch möglich, Gold wieder in die unedlen Metalle zurück zu verwandeln.

Diese Materie, nachdem sie die perfekte weiße Färbung erlangt hat, kann alle Metalle in bestes Silber oder Gold umfärben.
The Chemists Key, Henry Nollius, 1617

Je reiner die Metalle sind, umso größer wird ihre Affinität zu unserer Substanz sein, umso einfacher werden sie von unserer Tinktur aufgenommen und umso schneller und perfekter ist der Prozess der Umwandlung. Denn die Umwandlung wird alles, was unrein und unbrauchbar ist, herauszwingen und zurückweisen wie Abfall. In derselben Weise können unedle Steine in wertvolle Diamanten verwandelt und gewöhnliche Kristalle können in die edelsten Steine überführt werden. Darüber hinaus sind viele andere Dinge mit Hilfe des Steins möglich, die hier nicht der boshaften Welt bekannt gegeben werden sollen. Diese Fähigkeiten des Steins und alle ähnlichen werden von den Heiligen als die unwichtigsten angesehen und auch von all den Christen, denen Gott dieses Geschenk zur Verfügung gestellt hat. Diese Männer halten selbige Fähigkeiten für geradezu bösartig, wenn man sie mit dem Wissen um Gottes Werk vergleicht, zu dem der Stein einen führen kann.

The Sophic Hydrolith, Or, Water Stone of the Wise, Anonym, 17. Jh.

Er [Raymond] war auch der erste, der die Methode, Edelsteine aus dem metallischen Prinzip zu entwickeln, entdeckt hat.
The New Pearl of Great Price, Peter Bonus, 1338

Jedes Quecksilber aus Metallen und Mineralien kann in fortschreitendem Prozess zu allen anderen Arten von Quecksilber angehoben werden bis hin zur Großartigkeit des solaren Körpers und darum auch wieder in seiner Güte und Qualität reduziert werden, zu einem beliebigen metallischen Körper.
A Golden and Blessed Casket of Nature's Marvels, Benedictus Figulus, 1607

Anwendung sechs: Als eine universelle Medizin für Mineralien.

Der Stein kann dazu verwendet werden, Edelsteine und Diamanten zu erzeugen.

Unser Stein wird alle unreifen Edelsteine zur höchsten Perfektion führen.
An Explanation of the Natural Philosopher's Tincture, of Paracelsus, Alexander v. Suchten, 16. Jh.

Anwendung sieben: Zur Herstellung von formbarem Glas.

Der Stein kann dazu benutzt werden, Glas formbar zu machen, so dass man es ohne es zu zerbrechen in eine Form biegen kann.

Unsere Substanz ist ein Körper der einen Geist enthält der Glas verformbar machen und Kristalle in Halbedelsteine verwandeln kann.
A Very Brief Tract Concerning the Philosophical Stone, ein unbekannter deutscher Alchemist, ca. 15.-17. Jh.

Anwendung acht: Als Quelle unerschöpflicher Energie.

Traditionell können Lampen aus dem Stein hergestellt werden, die dauerhaft oder zumindest für einige tausend Jahre brennen. Daher kann er auch dazu verwendet werden, unbegrenzte Mengen an Elektrizität herzustellen und somit als Energiequelle dienen. Ich werde die nie verlöschenden Lampen in einem späteren Kapitel näher behandeln.

Der Stein hat sicherlich einige interessante Eigenschaften, welche Technologien, die aus Zukunftsromanen zu stammen scheinen, ermöglichen würden.

Ewig brennendes Feuer, von dem viele Alchemisten berichten, das Feuer das von den frühen Juden benutzt wurde um ihre Opfergaben zu verbrennen, das ewig brannte ohne je zu verlöschen, das vom Propheten Jeremiah vor der ersten Zerstörung der Stadt Jerusalem versteckt wurde und dann von Ezra wiederentdeckt wurde.

An Explanation of the Natural Philosopher's Tincture, of Paracelsus, Alexander v. Suchten, 16. Jh.

Anwendung neun: Für die Erschaffung neuen Lebens.

Der Stein kann dazu benutzt werden, Menschen oder Tiere außerhalb des Mutterleibes wachsen zu lassen oder Klone herzustellen. Es ist möglich, mit seiner Hilfe Zwerge oder Riesen zu erzeugen. Ebenso können Hybride und ganz neue Arten von Menschen oder Tieren geschaffen werden. Darauf gehe ich in einem späteren Kapitel noch näher ein.

Worin wir viele befremdliche Wirkungen finden: Leben wirkt in jenem fort, durch verschiedene Teile, die man für vital hält, obwohl gestorben und hinweg genommen, wiederbelebt von denen, die tot erscheinen. Wir haben auch alle Gifte ausprobiert und andere Medizin, wie auch Chirurgie und Physik. Durch unsere Kunst können wir sie auch größer oder kleiner machen, zu Zwergen oder Riesen, wir machen sie fruchtbarer mit mehr Nachwuchs oder komplett unfruchtbar und steril. Wir lassen sie sich in Farbe, Größe, Form, Aktivität und anderen Weisen unterscheiden. Wir finden Wege, sie miteinander zu mischen und sie sich untereinander vermehren zu lassen; dadurch sind viele verschiedene Arten entstanden und diese sind nicht unfruchtbar, wie die Allgemeinheit annimmt.
The New Atlantis, Francis Bacon, 1627

Darüber hinaus gibt es eine weitere Liste von Anwendungen des Steins der Weisen aus dem Buch *Magnalia Naturae, Praecipue Quoad Usus Humanos („Die glorreiche Arbeit der Natur, speziell im Bezug auf menschliche Anwendung")*, als Anhang im Buch *Das neue Atlantis* von Francis Bacon.

Die Verlängerung des Lebens
Die Wiederherstellung der Jugend zu einem gewissen Grade
Die Verlangsamung des Alterungsprozesses
Die Heilung aller unheilbaren Krankheiten
Die Wirkung als Schmerzmittel
Eine einfachere und weniger aufwändige Reinigung
Die Zunahme der Stärke und Aktivität
Die Fähigkeit, Folter oder Schmerzen besser zu ertragen
Die Veränderung der äußeren Erscheinung, Fettleibigkeit oder Dürre
Die Veränderung der Statur
Die Veränderung des Gesichtsausdrucks
Die Erhöhung und Verbesserung der intellektuellen Fähigkeiten
Die Umwandlung eines Körpers in einen anderen
Die Fähigkeit, neue Arten zu erzeugen
Die Fähigkeit, eine Art in eine andere zu verwandeln
Ein Mittel für Zerstörung, wie in Kriegen oder für Vergiftungen
Die Erhöhung des geistigen Wohlbefindens, gute Laune erzeugen
Die Macht der Vorstellung auf den eigenen Körper anwenden oder auf andere Körper
Den Reifeprozess beschleunigen
Den Prozess des Verstehens beschleunigen

Den Prozess der Verwesung beschleunigen
Den Prozess des Abkochens zu beschleunigen
Den Prozess der Keimung beschleunigen
Die Qualität des Mutterbodens zu verbessern
Die Strömungen der Luft beeinflussen, Stürme erzeugen
Die Fähigkeit zur positiven Veränderung des Durchhaltevermögens
Die Fähigkeit, wässrige Substanzen in ölige verwandeln zu können
Neue Nahrungsmittelquellen aus bisher nicht verwendeten Substanzen zu erschließen
Neue Materialien für das Weben von Kleidung, Papier, Glas usw. entwickeln
Die Fähigkeit zur natürlichen Weissagung
Die Fähigkeit zur Verwirrung der fünf Sinne
Den Sinnen größere Freude entlocken
Künstliche Mineralien und Zement
Magnalia Naturae, Praecipue Quoad Usus Humanos, Francis Bacon, 1627

6. Unglaube

Zweifel ist der erste Schritt zum Wissen.
A Subtle Allegory Concerning the Secrets of Alchemy, Michael Maier, ca. 1617

Die Kunst der Alchemie war seit dem Beginn unserer aufgezeichneten Geschichte ein Geheimnis. So gab es immer Leute, die einfach nicht daran geglaubt haben. Das wird natürlich noch dadurch unterstützt, dass die Bücher über Alchemie in einer sehr obskuren und verwirrenden Weise verfasst sind und die Alchemisten im allgemeinen Wert darauf legten, im Verborgenen zu bleiben. Sie haben es vermieden, ihre Tätigkeit der Welt bekannt zu machen. Dieses Buch ist vermutlich seit zwölftausend Jahren die erste Ausnahme von dieser Regel.
Unglauben hat seine Wurzel in Unverständnis. Alles, was unwahr ist, kann nicht verstanden werden, es macht keinen Sinn. Alle waren Dinge müssen Sinn machen. Alle waren Dinge müssen in Übereinstimmung mit dem funktionieren, was wir über die Natur und das Universum wissen, d.h., sie müssen natürlich sein. Nichts Wahres kann unnatürlich sein, da die Natur alles ist und in allem ist und nichts außerhalb von ihr existiert. Dinge, die nicht verstanden werden können, existieren nicht, sie sind Lügen und daher gegen die Natur. Alle Dinge, die existieren sind in Übereinstimmung mit der Natur und darum sind alle Dinge, die wahr sind in Übereinstimmung mit der Natur.

Die Kunst der Alchemie besteht in der Beschleunigung und dem Kopieren der Vorgänge in der Natur. Daher kann man nicht sagen, dass Alchemie gemäß der vorangegangenen Definition unwahr wäre. Daher ist die Definition der Alchemie redundant da sie lediglich auf etwas beruht, von dem wir bereits wissen, dass es wahr ist. Alchemie ist die

Nachahmung und Beschleunigung der Natur. Wir wissen, dass die Natur wahr ist, also muss auch Alchemie zutreffend sein. Das einzige Gegenargument wäre, dass du nicht glaubst, dass Alchemie die Nachahmung und Beschleunigung der Natur sein würde. Jetzt allerdings hast du dieses Buch und daher kannst du dich nicht mehr darüber beschweren, dass es dir niemand erklärt hätte.

Jede Art von Wahrheit muss mit der Natur übereinstimmen, verständlich sein, logisch sein und Sinn machen. Wenn du etwas glaubst, was nicht in diese Kategorie fällt, dann ist dein Glaube nur Unwissenheit. Alle wahren Dinge sind einfach zu verstehen.

Du könntest immer noch etwas gegen das Konzept, dass die Natur (bzw. Alchemie) so etwas wie den Stein herstellen kann, haben. Die Erklärung dafür ist so einfach, dass sie schwierig zu vermitteln ist. Es ist offensichtlich und wer kann schon etwas jemandem erklären, der das nicht sieht, was täglich vor seinen Augen abläuft? Es ist die Natur, die als Macht in diesem Universum wirkt. Sie hat uns erschaffen, wir sind hier, wir sind lebendig. Die Natur hat bereits das gesamte Gold der Welt produziert. Wie kann man die Fähigkeit der Natur, Leben zu erzeugen, erkennen aber gleichzeitig nicht glauben, dass sie es verlängern kann? Wie kann man die Fähigkeiten der Natur Gold zu erzeugen akzeptieren und dann gleichzeitig im selben Satz ablehnen? Wir wissen, dass die Natur das Leben erzeugt hat und wir wissen, dass sie Gold erzeugt. Alchemie ist die Nachahmung und Beschleunigung der Natur, daher kann sie all diese Dinge auch bewirken.

Um es zusammenzufassen: Die Natur gibt Leben, wir können Leben geben, die Natur kann Gold machen und wir können es auch. Die Natur macht dies an jedem Tag, wer bist du also zu behaupten, dass es unmöglich wäre, wenn du es doch mit deinen eigenen Augen sehen kannst?

Es gibt Menschen, die dieses Buch lesen und es nicht verstehen. Das liegt nicht daran, dass was hier geschrieben steht zu kompliziert für diese Leute wäre, sondern daran, dass es zu einfach ist. Die Ungläubigen sind dermaßen mit ihrem eigenen aufgeblasenen Ego beschäftigt, dass sie nicht in der Lage sind, die Wahrheit zu erkennen, selbst wenn sie direkt vor ihnen steht und ihnen ins Gesicht schlägt. Das sind die Leute, die herumrennen und behaupten die Quantentheorie, String Theorie usw. zu verstehen, selbst wenn die Leute die solche Theorien verfasst haben selbst nicht verstehen und das auch nicht behaupten (es sind Modelle, keine Wahrheiten).

Das einzige Argument gegen Alchemie besteht daher aus Unwissenheit. Dein Glaube wird aber die Wahrheit nicht verändern.

Sowohl im Altertum als auch in der Moderne hat die Frage ob die Alchemie eine wirkliche Kunst oder nur eine Hochstapelei darstellt, viele Köpfe und Schreibstifte beschäftigt.

[...] Im Falle einer Wissenschaft, die vielen gelehrten Menschen bekannt ist, kann die Tatsache, dass sie alle daran glauben, die Notwendigkeit eines Beweises unnötig machen. Das allerdings gilt nicht für die Kunst der Alchemie, deren Behauptungen sorgfältig geprüft werden müssen. Die Argumente, die gegen ihre Funktionsweisen vorgebracht werden müssen mit ehrlichem Herzen und auf faire Weise vor die Gelehrten dieser Kunst gebracht werden, um einem gegenteiligen Argumentieren die Schärfe zu nehmen.

Jede gewöhnliche Kunst, wie wir dem zweiten Buch der Physik entnehmen können, wird entweder eine Substanz beschreiben oder die Produktion einer Form oder es beschreibt die Nutzung irgendeiner Sache. Unsere Kunst gehört nicht zu diesen Kategorien. Sie kann wohl beschrieben werden als produktiv aber sie lehrt nicht die Nutzung von irgendetwas. Sie lehrt tatsächlich die eine Substanz zu gebrauchen, die von der Natur für bestimmte Zwecke entwickelt wurde und sie vermittelt uns auch, diese Substanz in der richtigen Weise zu benutzen und zu verändern, was sowohl praktisch als auch rein spekulativ im Geiste des Meisters passieren kann. Es gibt andere Künste, die auch nicht künstlich, sondern natürlich sind, die Medizin, Glasbläserei, Hortikultur. Es sind insofern Künste, als dass sie einen Menschen brauchen, der sie ausführt. Sie sind „natürlich" insofern, als dass sie in ihrer Ausführung auf den Regeln und Gesetzen der Natur beruhen. Einige Künste dagegen systematisieren die Benutzung des menschlichen Geistes, wie zum Beispiel Grammatik, Logik und Rhetorik. Alchemie gehört nicht in diese Kategorie. Dennoch hat Alchemie mit anderen Künsten etwas gemeinsam. Seine Anwendung muss durch vorangegangene Theorie und Forschung unterstützt werden. Denn bevor wir eine Sache verstehen müssen wir wissen, unter welchen Bedingungen sie erzeugt wird. Wir müssen dann noch darauf bestehen, dass niemand gehört werden solle was die Irrigkeit oder das Zutreffen dieser Kunst angeht, der sie nicht vollständig versteht und wir möchten es als Regel festlegen, dass diejenigen, die als Richter über diese Frage eingesetzt werden, ohne die notwendigen Einsichten in die Zusammenhänge zu haben, Person sind, die nur wilde Behauptungen aufstellen.

[...] Aristoteles sagt in seiner Dialektik, dass jeder Meister das Recht hat Autorität in seinem eigenen Bereich und seiner eigenen Kunst auszuüben und darüber zu berichten. Wenn man diese Regel also anwendet sind es die Heiligen -und nur sie- die in Fragen der Alchemie konsultiert werden sollten.

[...] Kein Mensch mit gesundem Menschenverstand würde die Existenz der Alchemie verneinen, nur basierend auf seiner Unwissenheit über sie. Eine solche Person würde die Autorität gewichtiger Namen wie Hermes, Hippocrates und anderer anerkennen. Es gibt viele Gründe, warum die Meister diese Kunst verborgen halten. Wenn aber jemand die Realität dieser Kunst allein aufgrund seiner Unwissenheit über sie anzweifelt, so verhält er sich wie ein Mensch, der sein Leben lang in einem Haus gefangen gehalten wurde und daher die Existenz der Welt außerhalb dieser vier Wände bestreitet. Es gibt tatsächlich keine Notwendigkeit, irgendwelche Argumente für das Vorhandensein unserer Kunst anzuführen, denn sie selbst ist der beste Beweis für ihre Existenz. Und da wir uns in unserem Festung des Wissens wohlbehütet finden, können wir den Widerspruch der Unwissenden einfach ignorieren.

[...] In allen operativen Wissenschaften soll laut Aristoteles die Wahrheit einer Behauptung nicht nur durch ein logisches Argument, sondern durch die Vorführung vor den Augen eines Beobachters bewiesen werden. Man sollte dabei nicht nur den Intellekt ansprechen, sondern vor allem die Sinne. Denn Verständnis gehört in die Domäne der Sinne während Verallgemeinerungen zur Domäne der verstandesmäßigen Verarbeitung gehören.
Ein Arzt, der beweisen möchte, dass eine bestimmte Medizin einen bestimmten Effekt auf einen erkrankten menschlichen Körper hat, muss seine Behauptung durch praktische Experimente belegen. Wenn zum Beispiel jemand von einer übermäßigen roten Farbe in den Venen seines Magens oder seiner Leber leidet, so würde ich behaupten, dass die Heilung eine abführende

Maßnahme nach der Verdauung sein sollte. Ich würde mir wünschen herauszufinden, welche Medizin diesen Effekt erzeugen könnte. Ich würde sagen alles, was nach der Verdauung Galle erzeugt wird den Patienten heilen. Ich weiß nun, dass Rhabarber diesen Effekt erzeugen kann und daher ist dies auch ein richtiges Heilmittel. Trotzdem würde die Wahrheit meiner Behauptung nur zufriedenstellend durch ein praktisches Experiment zu beweisen sein. In all diesen Dingen ist es so wie Hamec sagt, dass nichts außer es mit eigenen Augen zu sehen dich dazu führen kann, es auch zu wissen. Wenn du wissen willst, dass Pfeffer scharf ist, Essig kühlen kann, Absinth bitter ist, Honig süß ist, Arsen ein Gift, und dass ein Magnet Stahl anzieht, musst du in jedem einzelnen dieser Fälle, diese Behauptung durch ein Experiment belegen. Dasselbe gilt für Geometrie, Astronomie, Musik, Perspektive und andere praktische Wissenschaften. Eine ähnliche Regel gilt mit doppelter Stärke für die Alchemie, welche von sich behauptet, unedle Metalle in Gold und Silber verwandeln zu können. Was immer auch die Macht hat, unvollkommene Metalle in Gold und Silber zu verwandeln. Diese Qualität wird von dem Stein, den die Philosophen uns vorgestellt haben, besessen. Es ist klar, dass es zwei perfekte Metalle gibt, nämlich Gold und Silber. Ebenso wie es zwei perfekte strahlende Himmelskörper gibt, nämlich die Sonne und den Mond. Alle anderen Metalle sind nicht perfekt und unvollständig und irgendetwas, das sie zur Perfektion führt, wird sie in Gold und Silber verwandeln. Die Wahrheit dieser Behauptung, wie alle anderen Behauptungen, die einen praktischen Hintergrund haben, muss durch ein praktisches Experiment demonstriert werden und dies kann auf keine andere Weise geschehen. So eine praktische Demonstration würde ein für alle Mal die Kontroverse beenden und auf überzeugende Art und Weise jedem gesunden Geist die Wahrheit über die Kunst vermitteln, die diese erreicht hat. Finde unsere Kunst, so sagt Galen, und du wirst ihre tatsächliche Existenz bewiesen haben, welche nicht durch die Funktionsprinzipien der der Kunst, sondern durch ihre Wirkung bewiesen werden.

[...] Es ist abwegig, die Existenz der Natur beweisen zu wollen, oder die Möglichkeit dessen, was bereits bekannt ist.

[...] Diejenigen, die nichts von Wissenschaft verstehen, sind wie Zuschauer, die weder die Person noch deren Gesten auf der Bühne auseinanderhalten können. Ein blinder Mann könnte auch einen Vortrag über Farben halten und die Schönheit eines Bildes kritisieren. Ein tauber Mann könnte als Richter über eine musikalische Komposition fungieren ebenso wie eine uninformierte Person ein Urteil über die Kunst der Alchemie abgeben kann.

[...] Wenn der Stein einmal gefunden wird, werden unsere Freunde, die über uns lachen und sich über uns lustig machen, nicht wissen, wie sie ihre Liebe zu uns ausdrücken sollen.

The New Pearl of Great Price, Peter Bonus, 1338

Einigen dummen und oberflächlichen Person habe ich mehrfach unsere Kunst in der simpelsten Weise und sogar Wort für Wort erklärt, aber sie verachten es und wollen mir nicht glauben.

The Golden Tract Concerning the Stone of the Philosophers, ein unbekannter deutscher Philosoph, ca.16.-17- Jh.

Denn die Substanz ist nur ein Ding und wird auch nur ein Ding bleiben, obwohl hunderttausend Bücher darüber geschrieben wurden, obwohl diese Kunst so ein großer Schatz ist, dass die ganze Welt nicht reichen würde als Ausgleich. Sie wird in obskuren Begriffen beschrieben, dennoch von allen offen beim Namen genannt und ist allen bekannt. Wenn aber allen ihr Geheimnis bekannt wäre, würde niemand mehr arbeiten und sie würde ihren Wert verlieren. Aus diesem Winkel betrachtet würde es geschmacklos erscheinen, sie in einer universell verständlichen Sprache zu beschreiben. Diejenigen, denen Gott unsere Kunst offenbart werden diese dunklen Ausdrücke verstehen. Da aber die meisten Menschen sie nicht verstehen, halten sie unsere Kunst für unmöglich und die Heiligen werden als gewöhnliche Schwindler und böse Männer gebrandmarkt. Gebildete Doktoren, die auf diese Art von uns sprechen, haben es jeden Tag vor ihren Augen, aber sie verstehen es nicht, weil sie sich nie darum kümmern. Und dann verneinen sie die Möglichkeit, den Stein finden zu können und es wird auch nie jemand in der

Lage sein, sie von der tatsächlichen Existenz unserer Kunst zu überzeugen, solange sie nur blind ihrem eigenen Neigungen und Vorlieben folgen. Kurz gesagt sie sind zu weise, um es unterscheiden zu können, da es den Bereich des menschlichen Intellekt transzentriert und aus der Hand Gottes empfangen werden muss.

[...] Es ist die eigene Unwissenheit des Göttlichen, die sie davon abhält, wahres Wissen zu erlangen. Dennoch legen sie die Schuld auf unsere Schriften und nennen uns alle Scharlatane und Angeber. Ihr Argument lautet, dass der Stein längst hätte gefunden werden müssen, wenn es ihn gäbe, da sie doch über einen funktionierenden Verstand und gute Augen verfügen würden. Achtung, sagen sie, wie haben wir uns angestrengt, bei Tag und bei Nacht, wie viele Bücher haben wir gelesen, wie viele Jahre haben wir in Laboratorien zugebracht, wenn es etwas an dieser Kunst zu finden gäbe, wäre es uns mit Sicherheit nicht entgangen. Da sie so sprechen, zeigen sie nur ihre eigene Überheblichkeit. Sie haben keine Augen und machen das zu einem Argument, um mit unserer hohen und heiligen Kunst auf blasphemische Art umzugehen.

[...] Hermes hat Recht, wenn er sagt, dass unsere Kunst echt ist und von den Heiligen des Altertums an uns weitergereicht wurde. Alle Zweifel an ihr stammen aus falschen Interpretationen der mystischen Sprache der Philosophen. Da sie nun aber ihre eigene Unwissenheit nicht zugeben wollen behaupten die Leser, dass die Worte der Heiligen Falschheiten und Lügen wären.

The Glory of the World, Or, Table of Paradise, Anonym, 1526

Ich, der ich einen anonymer Schüler bin, der ein Philosoph ist und das Lernen liebt, habe beschlossen, diese kleine Abhandlung über medizinische, chemische und physikalische Geheimnisse im Jahre 1645 n. Chr. und im 23. Jahr meines Lebens zu schreiben, um meinen andersdenkenden Gefährten aus ihrem Labyrinth der fehlerhaften Handlungen zu helfen und um mich selbst den anderen Heiligen bekannt zu machen, indem ich eine Fackel hochhalte, die weit sichtbar für alle ist, die in der Dunkelheit der Unwissenheit umherirren. Der Inhalt dieses Buches ist keine Fabel, sondern wirkliche Experimente, die ich gesehen, berührt und durchgeführt habe, wie jeder andere Adept diese Zeilen mit Einfachheit entnehmen kann. Ich habe deutlicher über unsere Kunst geschrieben, als alle meine Vorläufer. Manchmal fand ich mich selbst kurz davor meinen Schwur zu brechen. Ein oder zwei Mal musste ich meinen Stift niederlegen, konnte jedoch dem inneren Druck und der Aufforderung Gottes nicht widerstehen, die mich dazu führte, in meinem von Liebe diktierten Kurs weiter fortzufahren, der Gott der allein mein Herz kennt und dem alle Ehre für immer zuerkannt sein soll. Daher nehme ich als sicher an, dass dies das letzte Zeitalter der Welt ist. Viele werden durch dieses Geheimnis gesegnet sein, durch das, was ich so treuhänderisch geschrieben habe, denn ich habe nichts willentlich für den jungen Anfänger im Zweifel gelassen. Ich kenne viele, die mit mir zusammen dieses Geheimnis genießen, und bin davon überzeugt, dass viele andere es auch gerne in ihrem Besitz hätten. Lasst den heiligen Willen Gottes ausführen was er möchte, ich sehe mich nur als unwertes Instrument, das solch großartige Dinge ausführen darf.

An Open Entrance to the Closed Palace of the King, ein anonymer, wahrheitsliebender Alchemist, 1645

All denen, die sich selbst der Transmutation der Metalle widmen, für die kann es keine Geringfügigkeit beim Erreichen ihres Zieles geben. Ein Mann, der diese Kunst studiert, muss entweder alles oder nichts besitzen. Ein Alchemist, der nur die Hälfte über seine Kunst weiß, wird nichts als Enttäuschung und verschwendete Zeit und Geld erleben. Und zusätzlich wird er sich dem Gespött derjenigen aussetzen, die unsere Kunst verachten. Diejenigen jedoch, die erfolgreich das Ziel der Meisterschaft erreichen, besitzen nicht nur unendlichen Reichtum, sondern auch die Möglichkeit ein Leben in Gesundheit für immer fortzusetzen. Von daher ist dies auch die beliebteste aller menschlichen Unternehmungen. Jedermann, der ein paar Rezepte gelesen hat, hängt sich bereits den Titel eines Heiligen um und äußert die unglaublichsten Hoffnungen. Um sich selbst den Anschein von Weisheit zu geben, bauen sie sofort Öfen, füllen ihre Laboratorien mit Geräten und Destillierkolben und gehen mit dem wunderbaren Erscheinungsbild von profundem Wissen an die Arbeit. Sie nehmen eine obskure Form der Sprache an, sprechen von der ersten Materie der Metalle und diskutieren, als würden sie Bescheid wissen über die Rotation der Elemente und die Hochzeit von Gabritius mit Bega. In der Zwischenzeit allerdings gelingt ihm die Metamorphose der Metalle nicht, außer dass sie Gold und Silber in Kupfer und Bronze verwandeln können.

Wenn dann spitzfindige Kritiker unserer Kunst dies sehen, dann schließen sie aus solchen ständigen Misserfolgen, dass unsere Kunst eine Kombination aus Fantasie und Betrug ist, während diejenigen, die sich selbst durch ihre eigene Dummheit ruiniert haben, diesen Verdacht erhärten, in dem sie die Leichtgläubigkeit anderer ausnutzen und vorgeben, bestimmte Kenntnisse durch den Verlust ihres Geldes erworben zu haben. Auf diese Weise ist der Pfad des Anhängers mit Schwierigkeiten und abwegigen Illusionen aller Art gepflastert. Durch die Schuld dieser Schwindler, die sich selbst den Anschein von tiefschürfendem Wissen und Gelehrigkeit geben, ist unsere Kunst in tiefe Missachtung gefallen. Denn diese Personen wissen natürlich nichts über sie. Der Anfänger hat große Schwierigkeiten, zwischen den echten und den unechten in diesem riesigen Labyrinth der Alchemie zu unterscheiden.

[...] Es ist natürlich möglich, dass eine unbegabte Person in Zurückweisung unserer Argumentation seine Unfähigkeit diese chemische Transformation durchzuführen auf eben diese zurückführt. Aber dieser Person würde man für ihre Unwissenheit zu viel Ehre angedeihen lassen, wenn sie dies als Argument gegen die Wahrhaftigkeit unserer Kunst anführen sollte. Sie sollte nicht ihr kleingeistiges Verständnis als Maßstab für die Möglichkeiten der Natur heranziehen. In jedem Fall ist mein Wort so gut wie ihres und besser, da sie niemals ein Negativum beweisen werden können. Ich kann jedoch hoch und heilig versprechen, dass ich alle diese Experimente, die hier beschrieben werden, mit meinen eigenen Händen ausgeführt habe. Ich kenne darüber hinaus viele, deren Experimente dieselbe Wahrheit gezeigt haben. Wie können unsere Gegner hoffen, gegen die Augenzeugen mit reiner Negation zu gewinnen?

[...] Studiere die Natur, lies die Bücher der genialen Heiligen, die keine Hochstapler und Schwindler waren, und studiere sie Tag und Nacht. Sei nicht zu sehr darauf bedacht, jede Idee sofort in die Praxis umzusetzen, bevor du den Hintergrund nicht ausreichend geprüft und festgestellt hast, dass du mit den Lehren der Heiligen übereinstimmst und auch mit der Natur selbst. Erst dann bereite dich für den praktischen Teil der Arbeit vor und verändere deine Unternehmungen ständig, bis zu dem Moment, an dem die Zeichen auftauchen, welche die Heiligen vorhergesagt haben. Lass dich nicht durch viele falsche Schritte zur Verzweiflung treiben, denn jeder Philosoph hat durch seine Fehler gelernt.

The Metamorphosis of Metals, Eirenaeus Philalethes, 1694

Aber warum wird es denn Stein genannt, wenn es doch kein Stein ist und wie kann es gefunden werden? Die Heiligen beschreiben es als Stein und nicht als Stein und der normale Mensch, der sich nicht vorstellen kann, wie so ein wunderbares Ding wohl hergestellt werden könnte, außer durch Magie, ruft unsere Wissenschaft als pietätlos, boshaft und diabolisch. Einige dumme Personen streben sogar an, die Ausübung unserer Kunst per Gesetz unter Strafe zu stellen. Man kann den Analphabeten und ungebildeten Personen für ein solches Verlangen nicht wirklich böse sein. Wenn sowas allerdings von Menschen in hoher Position und mit fundiertem Wissen gefordert wird, so weiß man nicht, was man dazu sagen soll. Diese Männer zählen auch zu den grobschlächtigen Massen, da sie bemerkenswert unwissend über alles sind, was unsere Kunst betrifft. Und dennoch, ihre Ehre vergessend, verbinden sie sich mit den Massen und schreien gegen unsere Kunst an, wie so manche feige Dorfhexe. Es ist weder religiös noch weise, das zu verurteilen, von dem man nichts versteht und doch ist es genau das, was diese Menschen machen, die vorgeben sowohl Christen als auch Gelehrte zu sein.

A Brief Guide to the Celestial Ruby, Eirenaeus Philalethes, 1694

Nachdem ich den größeren Teil meines Lebens mit dem Studium der Künste und Wissenschaften verbracht habe und das in *der Gegenwart von weisen Menschen und Gelehrten, war ich gezwungen, als Ergebnis meiner Beobachtung der Menschheit zu der niederschmetternden Erkenntnis zu gelangen, dass das Herz der meisten Menschen durch Ambitionen und eitle Unternehmungen, sowie die Sucht nach körperlichen Vergnügungen und der Ansammlung von Wohlstand mittels aller und jeder Möglichkeit vergiftet ist und dass nur sehr wenige sich um Gott oder Anstand kümmern. Zuerst war mir nicht klar, ob ich ein Schüler des lachenden oder des weinenden Philosophen werden sollte oder ob ich dem Ausruf des weisen Prinzen von Israel zustimmen sollte, der da lautet „alle Dinge sind nur Eitelkeit". Im Laufe der Zeit lehrten mich die Bibel und Erfahrung, mich den Lehren der Geheimnisse der Natur zuzuwenden, um darin Zuflucht zu suchen und das entweder zuhause mithilfe eines Buches oder unterwegs, um im großen Band der Welt zu lesen. Je mehr ich aus dem großen Brunnen des Wissens trank umso durstiger wurde ich, ebenso wie es dem Tantalus erging. Ich hatte von einem Vogel namens Phoenix gehört, dem einzigen seiner Art in der ganzen Welt, dessen Federn und Fleisch die größte und glorreichste Medizin für alle Schmerzen und Sorgen sein sollen. Diese soll die Helena nach ihrer Rückkehr aus Troja dem Telemach gereicht haben, der daraufhin all seine Sorgen und Schwierigkeiten vergessen konnte. Ich habe nicht zu hoffen gewagt, diesen Vogel vollständig zu besitzen. Dennoch befiel mich ein unwiderstehliches Verlangen danach, zumindest eine seiner kleinsten Federn zu erlangen. Und um dieses unaussprechliche Privileg zu besitzen, war ich bereit, alle meine Rücklagen zu verwenden, in weite Ferne zu reisen und jede Schwierigkeit zu ertragen. Es gab natürlich vieles, was mich davon abbringen konnte. Manche Leute behaupteten, diesen Vogel würde es gar nicht geben, andere lachten über meinen Glauben an seine wunderbaren Fähigkeiten.*

[...]Aber die meisten, die ich traf, lachten über meine Vorhaben und sagten, ich wäre wie der Narziss in meinen eigenen Verstand verliebt, das Echo meiner eitlen ambitionierten Gedanken, die keine Substanz und Realität außerhalb meines eigenen Traums hätten. Die Worte der Alchemisten, so sagen sie, sind wie die Wolken, sie können etwas Beliebiges bedeuten, immer gemäß dem Wunsch und der Vorstellung dessen, der sie hört. Und auch wenn es so eine Medizin geben würde, das menschliche Leben ist viel zu kurz um so eine Suche durchzuführen. Alles, was das Leben wert macht gelebt zu werden müsstest du vernachlässigen, während du mit deiner Jagd beschäftigt bist. Wir können das Wissen um so ein Geheimnis nebenbei Erlangen während wir andere Dinge verfolgen, und wenn uns das nicht vergönnt ist, können wir kaum die Zeit für so eine aufwändige Suche aufbringen. Diesen Argumenten, zumindest der letzten Hälfte von ihnen, entgegnete ich wie folgt: Die Suche nach dieser Medizin verlangt alle Macht eines Menschen, seines Körpers und seines Geistes. Derjenige, der es nur nebenbei verfolgt kann nicht hoffen, auch nur die äußere Rinde des notwendigen Wissens zu erlangen. Das Objekt unserer Suche ist ein sehr grundlegendes Geheimnis und jeder, der nicht bereit ist sich vollständig dieser Frage zu widmen, sollte ganz die Finger davon lassen.

A Subtle Allegory Concerning the Secrets of Alchemy, Michael Maier, ca. 1617

Ich habe im Verlaufe meines Lebens viele gute Menschen getroffen, die glaubten, sie hätten ein vollständiges Verständnis der Schriften der Heiligen. Ihr subtiler Interpretationsstil befand sich allerdings im schreienden Kontrast zur Einfachheit der Natur und sie lachten darüber, was sie die rustikale Grobheit meiner Bemerkung nannten. Ich habe auch häufiger versucht, anderen durch Worte unsere Kunst nahe zu bringen. Jedoch, obwohl sie sich selbst heilige Männer nannten, können sie nicht glauben, dass es in unserem Meer solches Wasser gibt, und schoben meine Bemerkung auf zeitweise getrübte Zurechnungsfähigkeit.

The New Chemical Light, Michael Sendivogius, 17. Jh.

Und weil die Philosophen diese Wissenschaft in so einer obskureren Weise mittels einer befremdlichen Verwendung der Sprache dargestellt hatten, wurde die Existenz des Steins der Weisen von sehr vielen Leuten angezweifelt.

[...] Sage mir im Namen des unsterblichen Gottes, was ist ungerechter im Verhalten eines Menschen als zu hassen, was er nicht kennt? Und wenn dann diese Sache den Hass verdient, was ist von allen Dingen unwesentlicher? Was ist mehr abzulehnen? Welch große Verrücktheit die Wissenschaft abzulehnen, mit der du dich nie befasst hast. Von der du nie etwas über die Natur und ihre majestätische Kunst oder ihre Eigenschaften gelernt hast und nichts über die okkulten Verhaltensweisen der Metalle

kennst. Der Anwalt stammelt vor sich hin wie all die kleinlichen Vertreter vor Gericht, die großen Hasser der Philosophie, die mit dem Hammer der vergifteten Worte Vorteile aus den Tränen des niederen Volkes ziehen. Die über das heiligste aller Gesetze hinweggehen und durch die Komplexität ihrer Taten die gesamte Welt mit ihren betrügerischen Handlungen überzogen haben. Aber warum kümmere ich mich um Marktschreier und Narren? Lass diese Leute und ihre Anhänger ruhig Ihre Meinung behalten, sie wissen eh nichts. Das, was ehrlich ist, was amüsant ist, was einem Freude bereitet, was über den vulgären Gesetzen des Alltags steht, diejenigen, die nie etwas Bemerkenswertes oder Berühmtes erreicht haben, wie die plebiszitären Geschäfte des schwarzen Sohnes von Cadamus. Aber welchen Nutzen haben sie? Ich habe meine Wahl zugunsten des Steins der Weisen mit Bedacht getroffen. Und ich nenne ihn sehr oft die einzige Minerva und die größte Falle der okkulten Philosophie und der Magie, nicht der abergläubischen sondern der natürlichen. Es scheint jedoch nach der Meinung der Ungebildeten keine weiteren Studien zu verdienen, das was durch göttlichen Willen beschlossen und entschieden wurde.

Book of the Chemical Art, Marsilius Ficinus, 15. Jh.

Erlaube mir eine Passage aus dem Werk von Helmontius (Arbor Vitæ, Folio 630) zu zitieren: Ich kann nicht glauben, dass es ein Ding gibt, wie einen Gold und Silber produzierenden Stein. Gleichzeitig kann ich meine Augen nicht vor der Tatsache verschließen, dass jeden Tag hunderte von schwer arbeitenden Alchemisten von unwissenden Professoren der spagyrischen Kunst in die Irre geleitet werden. Aus diesem Grund würde ich nicht überrascht sein, wenn unmittelbar nachdem sie mein Buch benutzt haben, eine große Anzahl dieser verwirrten Opfer anfangen würden die Behauptung, die ich bezüglich der Wahrheit unserer Kunst aufgestellt habe, zu bezweifeln. Einer dieser Adeligen verflucht die Alchemie als das Werk des Teufels, ein anderer beschreibt es als reinen Unsinn und Humbug, ein Dritter gibt immerhin zu, dass man Metalle in Gold transmutieren kann, behauptet aber, dass der Prozess absolut nicht lohnend sei.

Aber ich wundere mich nicht über diese Meinungen. Es ist eine allseits bekannte Weisheit bezüglich der menschlichen Natur, dass wir die Dinge, die wir nicht verstehen begaffen. Allerdings Dinge, die uns Freude bereiten könnten, werden von uns untersucht. Daher sollten die Heiligen die Worte des Seneca (De Moribus) erinnern: „Du bist noch nicht gesegnet, wenn die Massen noch nicht über dich lachen". Es kümmert mich nicht, ob sie meine Lehren bezüglich der Umwandlung von Metallen Glauben schenken. Ich kann mich ruhig zurücklehnen in dem Wissen, dass ich es mit meinen eigenen Augen gesehen und mit meinen eigenen Händen vollzogen habe. Selbst in unserer degenerierten Zeit sind diese Wunderdinge noch möglich, selbst heute noch kann man Medizin herstellen, die zwanzig Tonnen Gold und mehr wert sind. Denn sie enthält Fähigkeiten, die man mit allem Gold der Welt nicht bezahlen kann, Gesundheit. Gesegnet ist der Arzt, der über unsere medizinische Verabreichung des Quecksilbers Bescheid weiß, das große Allheilmittel gegen Tod und Krankheit. Gott allerdings stellt dieses glorreiche Wissen nicht allen Menschen gleichermaßen zur Verfügung. Und einige Menschen sind so durch ihre Urteile mit Blindheit geschlagen, dass sie sich über die einfachsten Funktionen der Natur wundern, wie zum Beispiel die Anziehungskraft eines Magneten auf Stahl. Allerdings, ob sie es nun glauben oder nicht, gibt es ein entsprechendes Magnetfeld in Gold, das Quecksilber anzieht und in Silber eines, das Kupfer anzieht usw. mit allen anderen Metallen, Mineralien, Stein, Kräutern, Pflanzen usw. Wir sollten uns von dieser ständigen Opposition gegen unsere Wahrheit nicht überraschen lassen, das Sonnenlicht tut den Augen der Eulen weh.

[...] Glaube oder Unglaube können für die Wahrheit unserer Kunst keinen Unterschied machen, ebenso wie ein Magnet weiterhin Stahl anziehen wird und sein Magnetismus durch solchen Kontakt aktiviert wird, auch wenn du dem keinen Glauben schenkst.

Golden Calf, John Frederick Helvetius, 17. Jh.

Von all den vielen Dingen in der Welt ist die Kunst des Tao diejenige, die am schwierigsten zu begreifen ist. Wie können sich dann Menschen mit normaler Ausstattung ein Urteil darüber erlauben, ob es einen Weg zur Unsterblichkeit geben könne? Wenn man Zweifel hegt über das Tao nur aufgrund von landläufiger Ungläubigkeit, dann nimmt derjenige an, dass die Masse aus weisen Menschen besteht. Wie viele weise Menschen es dann wohl in der Welt geben würde? Und weiterhin, würden

diejenigen, die das Tao verstehen und daran arbeiten, es zu erreichen, nicht die dümmsten sein, viel dümmer als die normalen Menschen? Viele haben Angst davor, nach Unsterblichkeit zu suchen, da sie dann vielleicht der Lächerlichkeit ausgesetzt wären, als Opfer von Betrug und Unsinn. Aber wenn man annimmt, dass die gewöhnlichen Menschen nicht unfehlbar sind und dass ihre Gedanken über das Tao falsch sein können, würden dann nicht diejenigen, über die man gelacht hat lachen, da sie trotzdem der Lächerlichkeit preisgegeben wurden und andere Fährnisse überwunden haben, weiter geforscht haben. Selbst die Sonne und der Mond können nicht auf alles scheinen, wie soll der Verstand der gewöhnlichen Leute allwissend sein oder auch nur vertrauenswürdig?
On The Gold Medicine and On The Yellow and The White, Ko Hung, 4. Jh.

Da viele über den Stein der Weisen ohne jegliche Kenntnis der Kunst geschrieben haben, und die wenigen Bücher, die von den tatsächlich gelehrten Altvorderen und wahren Meistern dieser Kunst geschrieben wurden, sind entweder verloren oder versteckt in den Sammlungen derjenigen (wie sehr wir sie auch immer ablehnen mögen), die auf der Suche nach natürlichen Geheimnissen sind. Wir haben uns entschlossen, unsere Kenntnisse in dieser Sache zu kommunizieren, damit diejenigen, die davon überzeugt sind, dass unsere philosophische Arbeit keine Fiktion ist, sondern auf der Möglichkeit der Natur basiert in ihren Studien vertrauensvoll durch unsere Schriften gelenkt werden können. Sie bekommen so ein zweifelfreies Entscheidungskriterium geliefert, um zwischen den wahren Autoren der Wissenschaft und denjenigen, die nur scheinbar solche sind, zu unterscheiden.

[...] So verwirrt ist die menschliche Genialität, wenn sie den viel befahrenen Weg der Wahrheit und Natur verlässt, dann verwickelt sie sich in ein vielfältiges Netz von fein gesponnen Erfindungen.

Der Sucher der Natur wird sich über diese Entdeckung sehr freuen, da sie auf wohl fundierter Philosophie und Logik basiert, aber Narren würden sich vergeblich mit ihr befassen, selbst wenn sie die Weisheit persönlich in den Straßen herausposaunen würde. Darum lassen wir solche Personen sich selbst in ihren eigenen eingebildeten Wichtigkeiten zu verstricken und machen weiter.
On the Philosophers' Stone, Anonym, ca. 12.-15. Jh.

7. Interpretationen

Niemand, außer den Unwissenden, hasst die Kunst.
A Golden and Blessed Casket of Nature's Marvels, Benedictus Figulus, 1607

Die alchemistischen Schriften sind obskur und werden oft fehlinterpretiert. Da sie so verdeckt geschrieben sind, können sie von Personen, die wichtig erscheinen möchten, leicht missbraucht werden. Sie könnten so tun, als wenn sie tiefes Verständnis der Sache hätten. Solange niemand anderes die Thematik tatsächlich versteht, werden sie ungeschoren davonkommen. Sie werden Menschen in die Irre leiten und einen wichtigen und mystischen Eindruck hinterlassen. Ich möchte betonen, dass es nur um *eine* richtige Interpretation geht. Ich werde in diesem Kapitel einige übliche alternative Interpretationen und Missverständnisse erläutern.

Die moderne und weit verbreitete Meinung lautet, Alchemie sei eine spirituelle Disziplin. Diese Vorstellung kam im 19. und frühen 20. Jahrhundert auf, zusammen mit der theosophischen Bewegung und der Wiederbelebung des Okkulten. Der Grund für die Popularität dieser Interpretation liegt einfach in der Möglichkeit, Verständnis vorzutäuschen wo keines ist. Solche Leute haben dann selbst Bücher über dieses Thema geschrieben, zum Beispiel über *spirituelle Alchemie*, was völliger Unsinn ist.

Die spirituelle Interpretation der Alchemie, welche von Jung berühmt gemacht wurde, reflektiert religiöse Überzeugungen, die für den Okkultismus des 19. Jahrhundert typisch waren und die in keiner Weise durch die antiken und mittelalterlichen alchemistischen Quellen unterstützt werden.
On the Edge of the Future, Jeffrey John Kripal und Glenn W. Shuck, 2005

Spiritueller Alchemie konnte nur dadurch glaubhaft werden, dass der Stein der Weisen selbst nicht mehr glaubhaft war. Vor dem 19. Jahrhundert hat niemals auch nur eine einzige Person irgendetwas über Alchemie im Zusammenhang damit, dass sie spirituell sein sollte, geschrieben. Dies geschah erst, nachdem die Alchemie in Ungnade gefallen war. Es war vielen selbsternannten Philosophen des 19. Jahrhunderts klar, dass Alchemie von vielen großen Geistern im Verlaufe der Geschichte studiert worden war. Die einzige Art dies zu erklären bestand darin, entweder zuzugeben, dass sie selbst nicht weise genug waren, um den Stein herzustellen oder so zu tun, als wenn es eine alternative Interpretation dazu geben würde.

Spirituelle Alchemie scheint Sinn zu machen, wenn man sie auf die Schriften der Alchemisten anwendet unter der Voraussetzung, dass der Stein der Weisen kein reales Objekt ist und nur wenn man ganz selektiv wenige alchemistische Bücher liest. Die Methode dabei ist, Worte zu suchen, die irgendwie spirituell klingen wie zum Beispiel *Geist, Körper, lebendes Gold, philosophisches Quecksilber usw.* Auch wenn es selbsterklärend ist, dass sich diese Worte entweder auf das Wasser oder Salz der Substanz beziehen, aus der der Stein gemacht wird.

Leider wurden viele klassische alchemistische Texte während des 19. Jahrhunderts verändert, zum Beispiel der *Corpus Hermeticum*, um sie *spiritueller* klingen zu lassen. Zur selben Zeit wurden auch neue spirituelle alchemistische Texte unter dem Namen alter Alchemisten veröffentlicht, obwohl es sich tatsächlich um neue Publikationen handelte. Obwohl es relativ einfach ist, den kulturellen Ursprung aus dem Schreibstil abzuleiten, gelingt es diesen Büchern nach wie vor, die Leute in die Irre zu führen. Sie dienen nach wie vor als Quellen, um die spirituelle Interpretation zu unterstützen.

Hunderte von Büchern, inklusive veränderten Übersetzungen alchemistischer Klassiker erschienen in der zweiten Hälfte des

19. Jahrhunderts und alle, mit wenigen Ausnahmen, befassten sich mit der neuen spirituellen Interpretation der Alchemie.
Newton and Newtonianism, James E. Forceuand Sarah Hutton, 2005

Die spirituellen Interpreten haben weiterhin behauptet, dass die Alchemisten ihre spirituelle Philosophie geheim halten mussten, da König und Kirche sie in ihrer Zeit für ihre blasphemischen Äußerungen angeklagt hätten. Diese Behauptung klingt sehr glaubhaft, wenn man nicht darüber nachdenkt. Wenn man das allerdings tut, sieht man, dass erstens viele Heilige und Mönche der gleichen Zeitperiode sehr klar und deutlich und ohne jedes Problem über Spiritualität gesprochen haben und zweitens die Könige und Kirchen tatsächlich Alchemisten verfolgt haben und drittens, da die Alchemisten bereits verfolgt wurden, und zwar dafür, dass sie Gold herstellten, hätten sie nur behaupten müssen, dass dies alles nur spirituell gemeint ist und sie wären in Sicherheit gewesen.

Eine rein spirituelle Alchemie würde niemals die Existenz alchemistischer Laboratorien, in denen Ärzte ehrlich und geradezu fanatisch nach okkulter Medizin gesucht haben, erklären können.
Man, Myth & Magic, Richard Cavendish und Brian Innes, 1983

Spirituelle Alchemie sind *des Kaisers neue Kleider*. Jeder tut so, als wenn er sie verstehen würde aber keiner versteht sie tatsächlich. Es gibt niemanden auf der Erde, der das Warum und Wie der spirituellen Alchemie erklären und damit die vorhandenen alchemistischen Bücher erfolgreich dekodieren könnte. Darum blieb diese Idee hängen, einfach nur, weil es niemand verstanden hatte und darum gibt es auch keine Gegenargumente. Wie kannst du gegen jemanden argumentieren, der etwas blind und ohne unterstützende Hinweise glaubt?

Und obwohl das alles so ist, folgt doch die Herstellung des Steins der Weisen fundamentalen Gesetzen der Natur, und da diese auf jeder Ebene und in jeder Situation zutreffend sind, müssen sie auch für die spirituelle Entwicklung gelten.

Allerdings folgen die spirituellen Interpreten der Alchemie diesen fundamentalen Gesetzen nicht weil sie Alchemie nicht verstehen und daher irren sie sich. Meine Argumente gegen die spirituelle Interpretation ist nicht, dass Alchemie nichts mit Spiritualität zu tun hat, denn natürlich hat es das. Sondern mein Argument bezieht sich hauptsächlich darauf, Alchemie primär als spirituelle Beschäftigung anzusehen. Alchemie ist primär mit physischen Substanzen beschäftigt, was man leicht aus den Zitaten in diesem Buch entnehmen kann. Allerdings gelten alle fundamentalen Wahrheiten auf jeder Ebene und da die physische Ebene nur eine Reflektion der spirituellen Ebene ist, müssen beide auf beiden Ebenen gelten. Wenn die spirituelle Interpretation der Alchemie tatsächlich Alchemie als solches verstehen würde, dann würde sie diese Interpretation enthalten und damit auch verstehen, dass die alten Autoren über eine physische Substanz gesprochen haben. Das ist mein Punkt.

Andere Menschen sind in der Tat davon überzeugt, dass Alchemie eine praktische Kunst ist. Sie können es jedoch nicht in ihren Kopf kriegen, dass sie auch sehr einfach ist und den Gesetzen der Natur folgt. Viele Menschen haben chemische Prozesse erfunden, zum Beispiel den *weißen Stein des Urins,* was sie aus dem Lesen von lediglich ein oder zwei alchemistischen Büchern entwickelt haben und wobei sie noch die metaphorischen Teile wörtlich genommen haben. Durch das Lesen alchemistischer Texte erfanden sie komplizierte chemische Prozesse, die sich von den Vorgängen in der Natur weit entfernt haben und daher führten sie alle möglichen völlig nutzlosen Experimente durch. Offensichtlich haben sie damit nichts erreicht und trotzdem erzählen sie allen, wie man in die Irre gehen kann. Des Kaisers neue Kleider in Neuauflage.

Ich sollte ein paar Worte über ORMUS, auch ORMEs oder *White Power Gold* genannt verlieren, über das viele Leute geschrieben haben, es wäre der Stein der Weisen und das zum Teil auch als solches verkauft wird. Ich wurde oft gefragt, ob ich über diese Sache reden würde. Dies ist nicht der Stein, es ist nicht Alchemie, es macht die Natur nicht nach. Es kann sehr wohl gesundheitliche Vorteile mit sich bringen, es einzunehmen. Allerdings ist die Behauptung, Ormus wäre der Stein ein wenig dümmlich, es ist, als wenn man ein Huhn eine Kuh nennen würde. Ein Huhn ist keine Kuh, es sieht nicht wie eine Kuh aus und es verhält sich nicht wie eine Kuh. Ormus wird nicht wie der Stein hergestellt, es sieht nicht aus wie der Stein, es verhält sich nicht wie der Stein, es ist nicht der Stein. Es gibt keinen Grund zu glauben, dass Ormus dasselbe wie der Stein ist außer, jemand hat es dir erzählt. Wenn das, was ich hier sage auf dich zutrifft dann musst du dir überlegen, was du glauben willst, wem du zuhören willst und ob du damit fortfahren willst, deinen Glauben denjenigen zu schenken, die keinerlei unterstützende Hinweise für ihre Behauptungen vorweisen können.

Es ist sehr einfach herauszufinden, ob eine Prozedur funktioniert oder nicht. Man muss sich nur Folgendes fragen: Erstens, verstehe ich, wie es funktioniert? Zweitens, verstehe ich, warum es funktioniert? Drittens, folgt diese Prozedur den Zyklen und Gesetzen der Natur? Wenn die Antwort ja zu all diesen Fragen ist, dann hast du etwas herausgefunden. Die Natur ist der Meister der Alchemie und der wahre Lehrer also musst du der Natur folgen, wenn du deinen Glauben auf der Wahrheit basieren lassen möchtest. Meine Worte in diesem Buch werden dir nichts bedeuten, wenn du nicht bereit bist, dein Ego ein bisschen zu opfern und der Natur zuzusehen, um herauszufinden, was falsch und richtig ist. Die Natur muss von uns nichts lernen, wir können aber viel von ihr lernen, wenn wir das akzeptieren. So wird uns das in die Lage versetzen, der Natur, die um uns herum ist, zuzuhören. Die Natur irrt sich nie.

Wenn die Interpretation falsch ist, wird sie nicht passen und dann weißt du, dass sie falsch ist. Falls jemand über spirituelle Entwicklung und Chemie schreiben möchte, dann ist das in Ordnung, er sollte es nur nicht Alchemie nennen.

Ich habe auch ein modernes Buch über Alchemie gelesen, in dem der Leser aufgefordert wird, die alten Alchemie-Bücher nicht anzusehen, weil sie zu obskur sind und es ihn nur verwirren würden.

Der Leser wird vor dem planlosen Lesen alchemistischer Bücher gewarnt, denn das führt zu geistigen Verwirrung und am Ende dazu, in Verzweiflung darüber zu fallen, ob je etwas gelernt wurde. Wenn man einmal mit der alchemistischen Forschung begonnen hat, wird dies jedoch zu einer großen Versuchung und gleichzeitig einem großen Fehler. Man wird wild darauf sein, irgendwelche alchemistischen Bücher zu lesen, die einem gerade in die Hände fallen. Dieses eine Buch, wenn man es ausgiebig studiert, ist jedoch alles, was für die praktische Anleitung notwendig ist.

Das ist beeindruckend unwissend. Mir scheint es, dass der Autor einfach nur mystisch und cool erscheinen möchte und natürlich weiß er, dass er nirgendwo ankommt. Dennoch hat er kein Problem damit, andere zu betrügen und in die Irre zu leiten, um wichtig auszusehen. Ich entschuldige mich beim Autor, dessen Namen ich hier nicht nennen will, dafür, dass ich gegen ihn schreibe und hoffe, dass er seine Lektion gelernt hat.

Ein Mann, der die fünf Elemente und die vier Zeichen nicht erkennt, wird sicher auch Probleme damit haben, Zinnober, Quecksilber, Blei und Silber auseinanderzuhalten. Er hat nie vom Prinzip des Feuers gehört und von der Jahreszeit, in der man **tan** *sammeln sollte und dennoch wagte er zu behaupten, ein großer Anhänger des Taoismus zu sein.*

Da er seine eigenen Fehler nie betrachtet, bringt er sie anderen bei und seine Lehren sind natürlich fehlerhaft. Er ruiniert das Quecksilber anderer, indem er sie zu einem unbekannten Hafen führt. Wie kann man so etwas nur tun?
Wu Chen P'ien, Essay on the Understanding of Truth, Chang Po-tuan, 1078

Mithilfe der richtigen Interpretation, die ich in diesem Buch darstelle, wirst du verstehen, *was* Alchemie ist, *warum* sie funktioniert und *wie* sie funktioniert. Keine andere Interpretation könnte dies so vermitteln, sie basiert allein auf blindem Vertrauen, denn nur so kann man eine Lüge glauben.

Es sollte dir auffallen, dass ich alle Behauptungen, die ich aufstelle, durch mehrere Zitate aus verschiedenen alchemistischen Büchern belegen kann. Du wirst dies in keiner anderen Interpretation finden. Es sollte dir auffallen, dass du verstehst was ich sage und dass dies auch mit der Natur übereinstimmt. So sieht die Wahrheit aus, es ist aber für viele lange her, dass sie die Wahrheit gesehen haben und so haben sie vergessen, wie sie aussieht.

Es ist natürlich unvermeidbar gewesen, dass der Stein vergessen wurde und die Bücher fehlinterpretiert wurden. Tatsächlich macht es mir nicht wirklich etwas aus, da ich nie ein Problem damit hatte, die echten alchemistischen Bücher zu verstehen, die ich noch vor der modernen Literatur gelesen hatte. Aber der Grund für meinen Wortschwall hier liegt darin, weitere Desinformationen und Lügen zu vermeiden.

8. Verdeckung

Ich weiß, dass die heiligen Männer diesen einfachen Prozess unter vielen irreführenden Namen veröffentlicht haben. Aber diese verwirrende Vielzahl in der Nomenklatur soll die Tatsache verdecken, dass nichts weiter gebraucht wird als ein einfacher Kochvorgang.
A Very Brief Tract Concerning the Philosophical Stone, ein unbekannter deutscher Alchemist, ca. 15.-17. Jh.

Alchemie wurde bisher, mit der Ausnahme dieses Buches, immer in obskuren Metaphern, Allegorien oder direkten Fehlinformationen beschrieben. Dieses Kapitel wird den obskuren Stil der Alchemisten beschreiben, allerdings noch nicht entziffert, das werde ich in einem späteren Kapitel nach der Theorie abhandeln.

Hier ist eine Anekdote für dich: Das (englische) Wort *Gibberish* bezieht sich auf einen Alchemisten mit dem Namen *Geber*. Es wurde zum Synonym für alles Unverständliche.

Der beliebteste Trick der Alchemisten bestand darin, die Dinge verschieden zu nennen. Das war notwendig, um das Geheimnis zu bewahren, da es nur einen Bestandteil und einen Prozess gibt. Die Alchemisten haben daher hunderte verschiedener Worte benutzt, um ein und dieselbe Sache zu beschreiben. Zu ihrer Verteidigung kann man allerdings anführen, dass sie dies nie verheimlicht haben. Der Leser hätte wissen müssen, dass er ein Rätsel liest, das er entschlüsseln muss. Einige Leute haben allerdings nicht darauf gehört und die Schriften wörtlich genommen, was zu unzähligen Todesfällen geführt hat, da die Leute angefangen haben, Quecksilber und Schwefel einzunehmen. Beide sind extrem giftig. Die Alchemisten wussten natürlich um die Giftigkeit von Quecksilber und Schwefel und auch, dass manche Leute ihre Schriften wörtlich nehmen. Es war also ein ziemlich kranker Witz. Nach meiner Meinung hätten sie es lieber Milchmixgetränk und Süßigkeit nennen sollen. Das wäre auch obskur gewesen, da beide noch nicht erfunden waren, es wäre aber niemand zu Tode gekommen.

Zudem haben die Alchemisten Vorgänge angeführt, die die Natur selbst ausführt, wobei sie so beschrieben wurden, als wenn die Alchemisten für sie verantwortlich wären, was nicht der Fall ist. Tatsächlich macht die Natur den Stein, während der Alchemist lediglich die dafür notwendigen Bedingungen schafft. Auf diese Weise können die Alchemisten immer behaupten, sie würden die Wahrheit sagen, allerdings haben sie etwas erzählt, was unnötig ist.

Ich möchte einem wirklichen Studenten dieser Kunst mitteilen, dass die Heiligen die Angewohnheit haben, Worte zu benutzen, die entweder einen richtigen oder einen falschen Eindruck hinterlassen. Das Erstere für ihre eigenen Kinder und Schüler, das Letztere für die unwissenden, dummen und unwerten Menschen. Bedenke jedoch, dass die Philosophen selbst nie eine falsche Behauptung aufstellen. Der Fehler liegt nicht bei ihnen, sondern bei denen, deren mangelnde geistige Gabe sie dazu führt, die Bedeutung nicht zu erfassen. Also kommt es dazu, dass anstelle des Wassers der Heiligen die unerfahrenen Personen Pyrite, Salze, Metalle und diverse andere Substanzen verwenden, die zwar sehr teuer sind aber unserem Zweck nicht dienlich.

[...] Parmenides: Die Heiligen haben über viele Wasser, Steine und Metalle geschrieben um dich zu verwirren.

[...] Guter Gott! Wie kunstvoll die Heiligen sich bemüht haben, diese Dinge zu verstecken. Es wäre sicher besser gewesen, sie hätten sich völlig vom Schreiben ferngehalten. Die extreme Verfremdung in ihrem Schreibstil hat Tausende in den Ruin getrieben und sie in die Armut gezwungen, insbesondere jene, die ohne das geringste Wissen über die Natur und die Notwendigkeiten unserer Kunst mit dieser Aufgabe begonnen haben. Was die Heiligen schreiben ist streng genommen wahr, du kannst es jedoch nicht verstehen, wenn du nicht schon in die Kunst eingeweiht bist. Selbst wenn du ein Doktor der Doktoren wärst und das Licht der Welt kennen würdest, wärest du dennoch ohne dieses spezielle Wissen nicht in der Lage, Bedeutung in ihren Worten zu finden. Sie haben etwas geschrieben, aber du bist dadurch nicht weiser geworden. Sie wollten irgendwie ihr Geheimnis der Nachwelt übermitteln. Eifersüchtig haben sie jedoch verhindert, es in verständlicher Sprache zu tun.

[...] Die eifersüchtigen Heiligen haben viele Wasser, Metalle und Steine benannt, einfach nur um dich zu verwirren. Dann haben sie dich darüber aufgeklärt, dass sie eine geheime Formel verwenden um das Mysterium nicht für die gesamte Welt zugänglich zu machen. Diejenigen, die ihre Anweisung wörtlich nehmen, sollen in die Irre geführt werden und die wahre Grundlage der Kunst nie erkennen können. Der Fehler liegt allerdings nicht bei den Heiligen sondern eher in der Unwissenheit ihrer Leser.

[...] Man mag sich darüber wundern, warum die Heiligen, die über diese wertvolle und geheime Kunst geschrieben haben, es für nötig erachteten, so viele okkulte und allegorische Ausdrücke zu verwenden, durch welche unsere Kunst versteckt wird und das nicht nur gegenüber denen, die sie nicht verdient haben, sondern auch vor den ernsthaften und bemühten Schülern der Wahrheit. Dumme Menschen, die ihre Bücher lesen und von den Reichtümern und all den anderen guten Dingen, die diese Kunst hervorbringt träumen, erleben ein angenehmes Kitzeln in ihren Ohren und haben sofort eine Vorstellung davon, wie sie selbst auf einem goldenen Thron sitzen und alle Besitztümer und Schätze des Universums regieren können. Sie stellen sich vor, dass diese Kunst in einem Augenblick gelernt werden kann, sehen sich selbst schon als große Doktoren und übersehen dabei völlig die Möglichkeit, Fehler zu machen oder von den Heiligen in die Irre geleitet zu werden. Noch viel weniger ist ihnen klar, dass die Philosophen schon immer die fundamentalen Bestandteile ihrer Kunst versteckt gehalten haben, und nur ihren eigenen Söhnen und Schülern die allegorischen Sätze erklärt wurden. Es ist unmöglich, alles, was die Heiligen jemals darüber geschrieben haben, zu lesen. Noch unmöglicher ist es allerdings, ihren Schriften ausreichendes Wissen unserer Kunst zu entnehmen außer vielleicht, Gott verleiht dir das notwendige Verständnis und gibt dir Einsichten in die natürlichen Zusammenhänge der Dinge und damit auch für die Äußerungen derjenigen, die von ihnen erzählen. Denn es ist lediglich die

Natur, die die verschiedenen Prozesse unserer Kunst ausführt und das richtige Verständnis der Natur wird deine Augen mit dem Notwendigen versehen, ihre Geheimnisse zu verstehen.
The Glory of the World, Or, Table of Paradise, Anonym, 1526

Wenn du alchemistische Bücher liest, wirst du befremdliche Allegorien, Metaphern und Symbole darin finden. Denke nicht, dass diese speziellen Worte irgendetwas bedeuten. All diese Dinge über Könige, Einhörner und Löwen sind nicht dazu da, dir etwas beizubringen. Sie haben eine Bedeutung. Die verschiedenen Objekte repräsentieren verschiedene Materialien zu bestimmten Zeiten im Verlauf der Arbeit. Das hat allerdings nur dann für dich einen Sinn, wenn du bereits weißt, wie der Stein herzustellen ist. Die Alchemisten benutzen diese Symbolik, um mit anderen Alchemisten zu kommunizieren und um ihnen mitzuteilen, dass sie den Stein gefunden haben, ohne dass dies jemand anders verstehen würde.

Denn alle, die vor mir etwas darüber schrieben, haben ihre Bücher durch die Verwendung von poetischen Gleichnissen, Parabeln und Metaphern unverständlich und obskur gestaltet und somit den Pfad eines Anfängers auf diesem Weg aufs gröbste behindert. Darum kann man täglich mitverfolgen, wie der Anfänger, der versucht sein Verständnis in die Praxis umzusetzen, dabei lediglich sein Geld verliert. Hermes, Rhasis, Geber, Avicenna, Merlin, Hortulanus, Democritus, Morienus, Bacon, Raymond, Aristoteles und viele andere haben die Bedeutung ihrer Worte unter einem Schleier von obskuren Begriffen versteckt. Darum waren ihre Bücher auch eine endlose Quelle von Fehlern, Missverständnissen und Irrungen für den normalen Menschen und auch den Gelehrten, trotz all des Dünkels, der in ihren Schriften deutlich zu erkennen ist. Niemandem ist es gelungen, einen Weg durch die Wildnis ihrer Worte zu finden und viele wurden einfach nur in die Verzweiflung gestürzt.
The Chemical Treatise, Or, The Ordinal of Alchemy, Thomas Norton, 1477

Ich habe mich tatsächlich bemüht, die Parabeln und verschiedenen Figuren der Philosophen durch eine konzentrierte Geisteshaltung und harte Arbeit zu verstehen, von denen die meisten allerdings nur die nutzlosen Produkte ihrer Einbildungskraft sind. Und nach längerer Zeit und vielen Erfahrungen wurde mir klar, dass all diese obskuren Redewendungen nur Unsinn und leere Phantasmen sind, wie auch von unseren obersten Heiligen immer wieder bestätigt wird.

[...] Der ehrliche und fromme Leser wird mein Unternehmen mit einem freundlichen Blick betrachten und die scheinbaren Widersprüche werden ihn nicht verwirren. Die Theorie und Praxis dieser Kunst und die Gesetze, die im Bereich der Alchemie gelten, haben es mir nicht erlaubt, offener und direkter darüber zu schreiben.
The Golden Age Restored, by *Henry Madathanas*, 1622

Ein weiteres Problem besteht darin, dass nicht alle Bücher über Alchemie von Leuten geschrieben wurden, die etwas davon verstehen. Da die große Mehrheit der Menschen nichts davon versteht, können sie auch die echten nicht von den falschen Alchemisten unterscheiden. Und was es noch schlimmer macht ist, dass selbst die echten Alchemisten lügen und bewusste Irreführung in ihre Schriften einfügen. Bevor also der Anfänger auch nur damit beginnen kann, irgendwelche Schriften zu interpretieren, muss er erst einmal herausfinden, welche ehrlich sind und welche nicht. Das ist allerdings nicht zu schwer zumindest hatte ich dabei kein Problem. Was allerdings schwierig werden kann ist, wenn ein echter Alchemist teilweise die Wahrheit schreibt, dann allerdings eine freche Lüge einfügt um dich vom Kurs abzubringen, nachdem er bereits dein Vertrauen gewonnen hat.

Denn die Schreiberlinge, wer immer sie auch sein mögen, irren sich selbst oder schreiben aus reiner Boshaftigkeit etwas Falsches, beschreiben falsche Rezepte, obwohl sie die Wahrheit kennen.
The Aurora of the Philosophers, Theophrastus Paracelsus, 16th Cen.

Die große Schwierigkeit, die alle Anfänger befällt, ist nicht in der Natur der Sache bedingt, die Heiligen sind ihre Ursache, da sie von langen Vorgängen sprechen, wenn sie kürzere meinen und umgekehrt.
An Open Entrance to the Closed Palace of the King, ein wahrheitsliebender Alchemist, 1645

Es sind unwissende Mechaniker, denen es an Fähigkeiten und Verstand für eine ehrliche Tätigkeit fehlt und die daher mit unserer Kunst herumspielen und natürlich bald alles, was sie besitzen, verloren haben. Andere dagegen sind nur in geringem Maße weniger unwissend, sie sind in großer Eile Gold herzustellen, bevor sie auch nur die elementarsten Kenntnisse der Naturwissenschaften erlangt haben und natürlich scheitern sie auch, geben all ihr Geld aus, leihen sich welches von ihren Freunden, während sie denen Geschichten über unendlichen Reichtum erzählen, lernen in einem barbarischen halbphilosophischen Jargon zu reden und geben denen, die unsere Kunst missbrauchen wollen, eine großartige Handhabe für selbiges. Wiederum gibt es andere, die tatsächlich Wissen um die Geheimnisse haben, die allerdings anderen dieses Wissen missgönnen und daher über diese Kunst in einer irreführenden Art und Weise schreiben, welche den Anfänger verwirrt und die er unmöglich verstehen kann. Zu dieser Klasse von Menschen gehören Geber, Arnold und Lullius, die dem Studenten einen wirklich besseren Dienst erwiesen hätten, wenn sie niemals Ihre Feder in Tinte getaucht hätten. Die Konsequenzen daraus sind, dass jedermann, der versucht das Studium dieser Kunst aufzunehmen, sich in einem völlig undurchsichtigen Labyrinth von Fälschungen und Unsicherheiten wiederfindet, ohne jemals eine Erkenntnis von Wert zu erlangen.

[...] Einige angeberische und arrogante Sophisten, die in unseren Büchern gelesen haben, dass unser Quecksilber kein gewöhnliches Quecksilber sei und die auch wissen, dass wir dafür verschiedene Bezeichnungen verwenden, werden nicht rot, wenn sie als die Heuchler, die sie sind, vorgeben, unsere Kunst zu kennen und unsere Lösungsmittel als durchscheinend und wasserklar beschreiben, oder als metallische Substanz, die andere Metalle durchdringt, obwohl sie nicht im geringsten etwas über diese Dinge wissen. Das Gleiche könnte man über diejenigen sagen, die versuchen unser Quecksilber aus Kräutern oder noch unglaublicheren Substanzen zu gewinnen. Diese Art von Menschen wissen nicht, warum die Heiligen unser Quecksilber nicht als die Substanz benutzen, die in einer Apotheke verfügbar ist. Es ist ihnen bekannt, dass es so ist, ohne dass sie verstehen, warum. Als Konsequenz nehmen sie dann an, dass alles, was die Natur von gewöhnlichem Quecksilber verändern kann, dieses in das der Heiligen verwandeln wird. Allerdings habe ich meine Meinung zu dieser Art von Leuten bereits kundgetan.
The Metamorphosis of Metals, Eirenaeus Philalethes, 1694

Obwohl ich all dies gesagt habe, ist es auch wahr, dass manche Alchemisten sehr klar über unsere Kunst geschrieben haben. Im Speziellen sind die Schriften aus dem 17. Jahrhundert sehr deutlich im Vergleich zu den älteren Schriften, was ich im Abschnitt über historische Quellen noch einmal belegen werde. Niemand hat jemals den gesamten Prozess in einem Buch beschrieben, einige haben jedoch klare und erhellende Instruktion zu bestimmten

Teilbereichen veröffentlicht. Auf diese Weise habe ich die Schriften verstanden. Als erstes muss man lernen, Wahrheit von Lügen zu trennen, was mir leicht fiel, da ich dafür eine Begabung habe. Wenn man erst einmal die ersten Teile des Puzzles vor sich liegen hat, kann man die Metapher entschlüsseln und alles andere fällt dann an seinen Platz.

Zusätzlich habe ich das Gefühl, ich sollte etwas darüber sagen, welche alchemistischen Bücher echt sind und welche nicht. Zuerst ist es schwierig, das auseinanderzuhalten, da man bereits etwas von Alchemie verstehen muss, um die echten Texte zu erkennen. Das ist eine *Catch-22* Situation.

Zuerst einmal wird es dir helfen zu wissen, dass keines der modernen Bücher über Alchemie echt ist. Natürlich haben diese berühmten und geldgierigen Autoren den Stein nicht. Dann gibt es die Bücher aus dem 19. und 20. Jahrhundert, diese sind aber auch nicht echt. Es war eine befremdliche Zeit voll von verrückten Theorien und Geheimgesellschaften. In dieser Zeit wurden sehr wenig gute Informationen veröffentlicht, mit Ausnahme von einigen guten Übersetzungen älterer Arbeiten.

Noch einmal: während des 19. und 20. Jahrhunderts wurden viele Bücher unter dem Namen falscher Autoren veröffentlicht. Ein gutes Beispiel sind die Schriften von Hermes. Das einzige in unsere Zeit gerettete authentische Werk von Hermes sind die *Smaragdtafeln*. Alle anderen sind Fälschungen, die nur unter seinem Namen veröffentlicht wurden, um mehr Umsatz zu generieren. Man kann die Zeitperiode eines Werkes durch den Schreibstil gut bestimmen, das funktioniert auch für Übersetzungen. Nur Fulcanelli hat in der heutigen Zeit wirkliche alchemistische Bücher geschrieben. Seine beiden Werke sind aber nicht besonders nützlich aus Gründen, die ich im Kapitel über ihn näher erläutern werde. Ein hervorragender Anfang für das Studium alchemistischer Bücher wäre das hermetische Museum. Es enthält eine große Anzahl der Bücher, aus denen ich hier zitiere.

Die Wahrheit ist immer einfach und in Harmonie mit der Natur.

9. Das Geheimnis

Es ist kein Geheimnis, dass der Stein der Weisen ein Geheimnis ist. Es war nicht immer so, aber das überlassen wir dem Abschnitt über Geschichte. Den Stein im Verborgenen zu halten war in dem jetzt endenden Zeitalter unvermeidbar. Nun beginnt eine Zeit, in der alle Geheimnisse ans Licht kommen und beurteilt werden.

Die gegenwärtige Zeit ist nicht reif für das Wissen um die Mysterien, da sie nie zur Ruhe kommt. Wenn die Zeit kommt, vor dem Tag des Jüngsten Gerichts, in der alle Geheimnisse des Herzens ans Licht kommen, zu dieser Zeit, so sagt Paracelsus, sollen meine Schriften bewertet werden.

A Dialogue, Alexander v. Suchten, ca. 16.-17. Jh.

Die Veröffentlichung des Steins ist der Katalysator, der zum Zusammenbruch dieser korrupten Zivilisation führen und das Goldene Zeitalter einläuten wird. Allerdings muss eine Zivilisation den Punkt höchsten Verfalls erreicht haben, um aus seiner eigenen Asche neu zu entstehen. Korruption ist für die Entwicklung der Zivilisation als Ganzes erforderlich. Wenn man das große Bild im Auge hat ist sie keine schlechte Sache, sondern ein notwendiger Schritt in der Entwicklung. Das gleiche gilt für die Entwicklung unseres Steins.

Als die Philosophen ihn entdeckt hatten, mit großer Sorgfalt und viel Arbeit, begannen sie sofort damit ihn mittels befremdlicher Aussagen und in Parabeln zu verstecken, damit ihn die normalen Menschen nicht finden können und keine Perlen vor die Säulen geworfen werden. Denn wenn alle von ihm wüssten, würde alle Arbeit und alle Produktion enden, die Menschen würden nichts verlangen, außer dieser einen Sache, die Menschen würden mit Boshaftigkeit ihr Leben führen und die Welt wäre ruiniert. Sie würden Gott durch ihre verschwenderische Art provozieren. Denn das Auge hat noch nicht gesehen, das Ohr noch nicht gehört, noch das Herz des Menschen verstanden, was der Himmel mit diesem Geist auf natürliche Weise vermitteln wollte.
The Book of the Revelation of Hermes, Theophrastus Paracelsus, 16. Jh.

Trotz der Tatsache, dass der Stein in diesem jetzt endenden Zeitalter geheim gehalten wurde haben die meisten, die ihn kannten, ihn aus anderen Gründen nicht veröffentlicht, z.B. aus elitärer Weltsicht heraus. Eine große Zahl Alchemisten hatten das Gefühl, dass sie von Gott auserwählt und bessere Menschen als alle anderen wären. Obwohl der überwiegende Teil von ihnen den Stein nicht einmal selbst hergestellt hatten, sondern ihn durch glückliche Umstände von einem Kollegen erhalten haben. Ohne Zweifel waren es selbige, die am stärksten der Meinung waren, man müsse ihn geheim halten.

Rasis berichtet in seinem Buch The Light of Lights*: „wenn ich alle Dinge so erklären würde, wie sie wirklich sind, würde es keinen weiteren Sinn geben, Vorsicht walten zu lassen und die Narren würden den Weisen gleichgestellt sein."*
Book of the Chemical Art, Marsilius Ficinus, 15. Jh.

Auf diesen Einspruch hin antworten wir, dass wir es als wahr achten, dass die Wissenschaft dieser Kunst niemals jemandem offenbar wurde, der sich nicht selbst als seiner wert gezeigt hat, indem er ein edles und anständiges Leben geführt hat und der durch seine Liebe, sein Wohlverhalten und sein Wissen gezeigt hat, dass er dieses großartigen Geschenkes würdig ist.
Und es kann auch niemand diese Kunst erlernen, wenn ihm nicht jemand von Gott geschickt wurde, der ihn darin schult. Denn die Sache ist so wunderbar und glorreich, dass sie nur durch ganz direkte Ansprache vermittelt werden kann. Wenn es jemand erlernen sollte, dann müsste er einen heiligen Eid schwören, den auch wir, seine Lehrer, geschworen haben. Dass er niemals eine hohe Position oder Berühmtheit anstreben wird, damit er nicht in Versuchung kommt, diese unsere Lehre nur an seinen Sohn weiterzugeben, denn Blutsverwandtschaft allein sollte für unsere Kunst keine Rolle spielen. Die alleinige Nähe des Blutes sollte niemanden das Recht geben, dieses Geheimnis zu erfahren, sondern nur seine Fähigkeiten, ob wir uns nun nahe stehen oder fremd sind. Daher solltest du das Leben eines jeden sorgfältig testen und untersuchen, den du in diese Kunst einweihen möchtest und ihn dann mit einem heiligen Eid binden, damit unsere Kunst nicht in die Hände gewöhnlicher Menschen fällt. Falls ein böser Mensch diese Kunst erlernen sollte, so hätte dies schlimmste Konsequenzen für die ganze Christenheit. Denn so ein Mann würde alle Zurückhaltung verlieren, würde die legitimen Herrscher und Prinzen von ihrem Thron entfernen und die Macht

über die gesamte Christenheit erlangen. Und die Schuld daran und die Strafe für diese Boshaftigkeit würden auf denjenigen zurückfallen, der die falsche Person in unserer Kunst unterrichtet hat. Um also so einen Ausbruch von unkontrollierbarem Stolz zu vermeiden, sollte derjenige, der unsere Kunst kennt, sehr vorsichtig damit sein, wie er sie weitergibt und es sollte immer ein besonderes Privileg sein für diejenigen, die ganz besonders tugendhaft sind.

[...] Denn alle die Autoren, die sich dieses Themas annehmen, schreiben darüber in einer sehr obskuren Sprache und nicht einer von ihnen erklärt es gerade heraus. Nein, sie flehen Gott an, sie aus dieser Welt zu nehmen, sollten sie jemals ein Buch über dieses große Geheimnis verfassen wollen. Denn viele von ihnen hatten Angst, mehr als das was wohl zulässig gewesen wäre über diese Kunst zu Papier zu bringen. Und niemand hat mehr als ein oder zwei Punkte darüber geschrieben, die zutreffen. Sie haben es nicht geschrieben, um das Geheimnis in der Welt bekannt zu machen sondern in einem obskuren verdeckten Stil, um andere, die diese Kunst verstehen als Brüder und kollegiale Adepten erkennen zu können. Daher darfst du dich nicht damit zufrieden geben, nur ein Buch zu lesen, du solltest eine Vielzahl von Autoren studieren. Denn gemäß dem Gelehrten Arnold öffnet ein Buch das Verständnis des nächsten. Den gleichen Gedanken hat der Gelehrte Anaxagoras ausgedrückt, der ausgesagt hat, wenn jemand sich nicht die Mühe macht viele Bücher zu lesen, dann kann er auch niemals praktische Kenntnis dieser Kunst erlangen.
The Chemical Treatise, Or, The Ordinal of Alchemy, Thomas Norton, 1477

Es war nicht alles nur Spaß für die Alchemisten. Eine große Anzahl von ihnen waren sehr paranoid und das vielleicht zu Recht, denn einige Menschen würden alles tun, um in den Besitz des Steins zu gelangen. Angst war ein guter Grund, sich nicht zu äußern.

Ohne Zweifel hat der gelehrte Leser durch die Werke von Sendivogius gelernt, wann immer sich jemand den Mächtigen gegenüber geöffnet hat, musste er um sein Leben fürchten. Die Erfahrung zeigt uns, dass viele Philosophen, die sich nicht um ihre persönliche Sicherheit gekümmert haben, getötet wurden und ihnen ihre Tinktur von mächtigen und ehrgeizigen Räubern abgenommen wurde. Man könnte behaupten, dass jeder, der mit einem großen Schatz unterwegs ist, das Opfer von Räuberbanden werden kann. Sendivogius hat seinen Namen in einem Anagramm versteckt. Ebenso hat vor einer kurzen Weile ein anderer Philosoph aus der Bruderschaft des goldenen Kreuzes, dessen wirklichen Namen ich seit langem kenne, ihn mit einem Anagramm getarnt und sich selbst seinen Freunden gegenüber mit einer geheimnisvollen Bezeichnung vorgestellt. Warum soll ich mich also der Gnade dieser ungerechten Welt aussetzen?
The Golden Tract Concerning the Stone of the Philosophers, ein deutscher Philosoph, ca. 16.-17. Jh.

Solange dieses Geheimnis einer vergleichsweise kleinen Anzahl von Philosophen bekannt ist, wird ihr Schicksal kein glückliches sein. Sie sind von allen Seiten von grausamer Missgunst und neugierigem Verdacht der Massen umgeben. Wie Kain wandern sie heimatlos und ohne Freunde über diesen Planeten. Uns stehen die Einflüsse eines glücklichen Familienlebens nicht zu. Wir haben nicht die freudige Vertrautheit der Freundschaft. Männer, die nach goldenen Geheimnissen trachten, verfolgen uns von Platz zu Platz und die Angst verschließt unsere Lippen, wenn doch Liebe uns in Versuchung führt, sie gegenüber einem Bruder zu öffnen. Darum möchten wir manchmal in den verzweifelten Aufschrei Kains einstimmen: „Wer immer mich findet wird mich umbringen". Und doch haben wir unsere Mitmenschen nicht umgebracht, wir trachten nur danach, für sie Gutes zu tun. Aber selbst unsere Freundlichkeit und unser Mitgefühl werden mit schwarzer Undankbarkeit beantwortet. Undankbarkeit, die nach Rache zum Himmel schreit. Vor kurzem besuchte ich die von der schwarzen Pest heimgesuchten Straßen einer bestimmten Stadt, in der ich die Kranken durch meine Wundermedizin wieder zu vollständiger Gesundheit geführt habe. Bald sah ich mich vom schreienden Mob umgeben, der forderte, ich möge das Elixier der Heiligen herausgeben. Nur dadurch, dass ich meine Kleidung und meinen Namen geändert habe, konnte ich den Händen dieser bösen Menschen entkommen. Und selbst wenn unser Leben nicht bedroht wird, es ist nicht angenehm ständig im Mittelpunkt der menschlichen

Begierde zu stehen.

Ich weiß von verschiedenen Personen, die in ihrem Bett erdrosselt wurden, da sie im Verdacht standen, dieses Geheimnis zu kennen, obwohl sie tatsächlich nie mehr darüber wussten als ihre Mörder. Es reichte für einige verzweifelte brutale Typen, dass es den Hauch eines Verdachtes gegen sie gab. Die Menschen sind so wild darauf, diese Medizin zu erhalten, dass deine Vorsicht schon ihren Verdacht erwecken würde und deine Sicherheit gefährden. Falls Du vorhaben solltest, größere Mengen an Gold oder Silber zu verkaufen, so wirst du dies nicht können, ohne dich selbst einem großen Risiko auszusetzen. Allein die Tatsache, dass jemand große Mengen an diesen Metallen besitzt reicht schon, um Verdachtsmomente zu erwecken. Dieses Gefühl wird verstärkt werden, wenn sie dein Gold einmal getestet haben- Es ist sehr viel feiner als das Gold, was von der Küste von Guinea zu uns kommt. Feiner auch als das, was die spanische Silberflotte nach Hause bringt. Bevor du dich jedoch entschließen solltest, das Metall mit anderen zu mischen, um der Entdeckung zu entgehen, bedenke, du könntest dafür zumindest in England und Holland zum Tode verurteilt werden, denn in diesen Ländern ist es verboten, Edelmetalle zu verdünnen. Ich erinnere mich daran, wie ich einmal als fremdländischer Handelsmann verkleidet zu einem Goldschmied ging um 600 Pfund Silber zum Kauf anzubieten. Er unterzog es den üblichen Tests und sagte dann: „Dieses Silber wurde künstlich hergestellt". Als ich ihn fragte, wie er zu dieser Behauptung käme, antwortete er: „Ich bin kein Neuling in meinem Beruf und kenne die genauen Qualitäten des Silbers, das uns aus den verschiedenen Minen angeboten wird". Als ich diese Worte hörte entfernte ich mich in großer Eile und unter aller Geheimhaltung und ließ das Silber bei dem Händler zurück. Aus diesem Grund, den vielen Problemen und Schwierigkeiten, die uns überall betreffen, wählten wir, im Verborgenen zu bleiben und unsere Kunst nur denen mitzuteilen, die sich ihrer würdig erwiesen.

Open Entrance to the Closed Palace of the King, ein anonymer, wahrheitsliebender Alchemist, 1645

Es gab auch eine gute Anzahl von Alchemisten, die das Geheimnis des Steins der Welt mitteilen wollten. Allerdings haben sie davon abgesehen, da sie durch einen Eid verpflichtet waren, den Ihnen diejenigen abgenommen haben, von denen sie ihre Kunst gelernt hatten und weil einige von ihnen wussten, dass die Zeit dafür noch nicht reif ist.

Es ist sowohl üblich als auch richtig, lieber Lacinius, dass diejenigen, die in irgendeiner Kunst oder Wissenschaft etwas entdeckt haben, was es wert wäre berichtet zu werden, ihre Entdeckung der Welt bekannt machen, um alle daran teilhaben zu lassen.

[...] Was du kostenlos bekommen hast solltest du auch frei weitergeben. Was ist der Nutzen für die Welt von versteckten Diamanten oder vergrabenen Schätzen? Was ist der Nutzen einer brennenden Kerze, die unter einem Deckel versteckt ist? Es ist der dem menschlichen Herzen innewohnende Eigennutz, der diese Menschen vorgeben lässt, sie würden dieses Wissen aus gutem Grund der Menschheit vorenthalten.

The New Pearl of Great Price, Peter Bonus, 1338

XLIV. Alexander: Die guten Menschen müssen sich nicht versteckt halten, nur weil die bösen ihr Wissen missbrauchen könnten. Denn Gott herrscht über alle mit seinem göttlichen Ratschluss.

The Glory of the World, Or, Table of Paradise, Anonym, 1526

Ich halte mich selbst für nicht wert, über so ein großes Wunder zu sprechen und dennoch möchte ich sagen und das ohne jede Selbstbeweihräucherung, dass ich durch die Gnade Gottes größeren Fortschritt als die meisten beim Beherrschen dieser Kunst gemacht habe und ich halte es für meine Pflicht, die Talente, die mir mein Meister, der gute und große Gott gegeben hat, nicht zu verstecken.

[...] Gott gibt diese Kunst den Ehrlichen und Aufrechten und die Welt kann nicht mit allem Gold gekauft werden. Die normalen Menschen wissen nichts von dieser mysteriösen Kunst, wer selbstsüchtig ist sucht vergeblich nach dem Stein. Wer Ruhe bewahrt und nicht redet, wo er sich auch gerade befindet, fürchtet sich nicht vor Unfällen, oder irgendetwas Bösem. Darum wird dieses heilige Geschenk nur wenigen gegeben, es ist in den Händen Gottes und er gibt es demjenigen, den er für würdig erachtet.

The Sophic Hydrolith, Or, Water Stone of the Wise, Anonym, 17. Jh.

Die Philosophen haben beschlossen, ihre erste Materie vor den Unwürdigen zu verstecken. Dabei waren sie eventuell vorsichtiger als es notwendig gewesen wäre. Sendivogius erklärt uns, dass er bei verschiedenen Gelegenheiten während eines Vortrages die Geheimnisse der Kunst im Klartext Wort für Wort dargestellt hat und das in Gegenwart von Leuten, die sich für sehr gute Philosophen halten. Diese allerdings glaubten an sehr subtile Feinheiten, weit entfernt von der Simplizität der Natur, dass sie ihm unter gar keinen Umständen folgen konnten. Daher hat er auch nur wenig Bedenken, dass irgendjemand es entdecken könnte, mit Ausnahme derjenigen, die es vom Höchsten bekommen haben.

[...] Die Philosophen haben bisher mit sehr viel Mühe ihr sehr wesentliches Geheimnis bewahrt, einige von ihnen aus sehr eigennützigen Motiven, obwohl sie ansonsten gute Menschen sind. Andere, die es nur denen geben wollten, die sich indessen auch würdig erwiesen, konnten nicht offen darüber schreiben, da Boshaftigkeit und Eitelkeit die Eigenheiten sind, welche die Welt heute regieren. Da sie weise Männer sind wussten sie, dass es nicht der Wille des Höchsten war, solchen Versuchungen nachzugeben, den echten Kindern des Stolzes und der Selbstliebe, sondern sie von dieser Erde zu verbannen, und daher wurden sie bisher zurückgehalten. Wir allerdings, die wir diese Zurückhaltung in uns nicht finden können, wollen hiermit erklären, was wir wissen. Dies auch weil wir annehmen, dass die Zeit gekommen ist, das goldene Kalb zu zerstören. Es ist bereits zu lange, dass die Menschen ihren Wert daran ermessen, wie viel man besitzt und die Ungleichheit im Besitz sind himmelschreiend. Die Reichen haben sich der laut tönenden Extravaganz verschrieben und die Armen, die vieles benötigen würden, leiden unter der harten Hand der Unterdrückung. Da jetzt das Ausmaß der Ungleichheit der Reichen einen Grenzwert überschritten hat, erreicht der Schrei der Armen den Herrgott: Wer wird Ihnen Nahrung geben, damit sie nicht mehr hungrig sind?

Dann sollten die Reichen die Eitelkeit ihrer Besitztümer erkennen im Angesicht der Schätze, die durch unser Geheimnis vermittelt werden, denn die Reichtümer, die es verteilt, kommen von Gott und nicht aus Unterdrückung. Außerdem ist seine wichtigste Eigenschaft diejenige, alle Krankheiten heilen zu können, das Leben zu verlängern bis hin zu der vom Herrgott erlaubten Höchstgrenze.

Wir wünschen keinen anderen Grund für die Veröffentlichung des Prozesses, denn die Zweifel an ihm gingen Hand in Hand mit Luxus und Unterdrückung.

On the Philosophers' Stone, Anonym, ca. 12.-15. Jh.

10. Yin-Yang

Die Alchemisten stimmen darin überein, dass der Stein sich aus der Kombination der weiblichen und männlichen Prinzipien in seiner Funktion erklärt. Alle Dinge enthalten diese zwei Kräfte in verschiedenen Verhältnissen. Die stabilste Proportion ist nicht 50:50 sondern die Dominanz eines der beiden. Daher kommt der Stein der Weisen auch in zwei Varianten: Der rote Stein (männlich) und der weiße Stein (weiblich). Dieses Verhältnis zwischen Gold (männlich) und Silber (weiblich) ist auch der Grund, warum der rote Stein Metalle in Gold, der weiße jedoch in Silber verwandelt. Wenn wir andeuten, dass Gold männlich und Silber weiblich ist, heißt das nicht, dass Gold nur Yang und Silber nur Yin ist, sie enthalten jeweils beides, wobei immer eines der beiden Prinzipien zu einem gegebenen Zeitpunkt überwiegt.

Darüberhinaus können wir das Verhältnis zwischen dem männlichen und weiblichen Prinzip in der Natur gut erkennen. Die beiden sind voneinander abhängig. Offensichtlich ist es so, dass Tiere im in Form des männlichen und weiblichen Geschlechts auftreten, die sich gegenseitig anziehen. Auch das Verhältnis zwischen Tieren (männlich) und Pflanzen (weiblich) ist von derselben Art, sie sind für ihr Überleben voneinander abhängig.

Die männliche Kraft ist die aktive Kraft (Wachstum und Vermehrung), während die weibliche Kraft die passive (Stabilität und Auflösung) darstellt. Zu viel männliche Kraft wird am Ende die Umgebung überwältigen und so zur Zerstörung führen. Zu viel weibliche Kraft wird die Entwicklung zurückdrehen und alles in seine Komponenten auflösen. Zusammen sind beide für eine ordentliche harmonische Entwicklung zuständig. Die männliche Kraft expandiert und entwickelt und die weibliche kontrolliert und sorgt dafür, dass alles ordentlich und harmonisch verläuft. Es ist die weibliche Kraft, die eine neue Geburt ermöglicht, indem sie Reduktion und Zersetzung in die ursprünglichen Elemente ermöglicht und damit die Aufgabe der männlichen Kraft unterstützt, die Wachstumsentwicklung und Vermehrung bewirkt.

Stell dir vor, die Welt wäre nur voll von Männern oder Frauen. Die Männer würden die ganze Zeit nur miteinander kämpfen und versuchen, ihre Ansichten durchzusetzen. Die Frauen würden herumsitzen und den ganzen Tag nur reden und nichts würde sich entwickeln. Jetzt denke an Pflanzen und Tiere. Die Pflanzen haben eine Menge Yin, bleiben den ganzen Tag an einem Platz und versuchen nicht einmal, sich zu bewegen, während die Tiere fleißig dabei sind, herumzurennen und alles zu fressen, was sie in ihr Maul stecken können.

Das Meer hat eine überwiegend männliche Kraft, darum sind die Fische so sehr damit beschäftigt, sich gegenseitig zu fressen. Aus diesem Grund gibt es auch nur sehr wenig Pflanzen in der See, selbst die Korallen sind Tiere. Die Luft ist überwiegend weiblich, es gibt sehr viele Bäume und vergleichsweise wenig Tiere dazwischen.

Die Geschlechter sind eine Manifestation des Prinzips von Yin und Yang, aber auf einer grundlegenderen Ebene sind es diese beiden Kräfte, die ständig aneinander zerren, welche die Zyklen der Natur bewirken. Yin und Yang sind Polaritäten. Wir leben in einem Universum der Gegensätze. Die Zyklen die wir in der Natur sehen, sind alle durch die Polarität unseres Universums verursacht. Und es sind diese Zyklen von Yin und Yang, die das Wachstum und die Entwicklung aller Dinge bewirken, vom Atom bis hin zum gesamten Universum.

Der Stein der Weisen entwickelt sich auch nach dem Yin und Yang Prinzip der Polaritäten. Bei der natürlichen Entwicklung des Steins und somit von allem anderen auch, bewegt sich das dominierende Prinzip hin und her von Yin hin zu Yang und zurück, in der Form von Verdampfung und Kondensation (Sonne und Regen). Auf diese Art entwickelt sich der Stein hin zu höheren und höheren Graden der Perfektion.

In der Welt der Pflanzen werden Bäume und Gras durch das Prinzip von Yin und Yang angetrieben. Sie könnten nicht ohne eine dieser beiden Kräfte wachsen. Am Anfang dominiert Yang, was durch das Knospen grüner Blätter angezeigt wird. Nach der Entwicklung der Blüten folgt die Zerstörung, dass Yin Prinzip. Dieses Prinzip des Taos der Dauerhaftigkeit ist seit langem das Wirkprinzip der Natur, aber wie viele Menschen können das Prinzip von chén yüan (wahrer Frühling) verstehen, welches den Ablauf dieses Prozesses verändern kann? Ich empfehle euch allen, die ihr über das Tao lernen wollt, nicht mit der Arbeit zu beginnen, bevor ihr das Prinzip von Yin und Yang nicht vollständig verstanden habt.
Wu Chen P'ien, Essay on the Understanding of Truth, Chang Po-tuan, 1078

Dieses Gold ist unser männliches Prinzip und es ist auf sexueller Art mit einer gröberen Variante weißen Goldes verknüpft, der weiblichen Saat. Die beiden zusammen sind unlöslich miteinander vereint, sie bilden unsere fruchtbare Hermaphrodite. [...] Die beiden (das passive und aktive Prinzip) zusammen, nennen wir unsere Hermaphrodite.
An Open Entrance to the Closed Palace of the King, ein anonymer, wahrheitsliebender Alchemist, 1645

Das Männliche oder das Weibliche wird als halber Körper angesehen. Auch das Weibliche kann ohne das Männliche nicht als komplett betrachtet werden. Keiner von beiden kann Früchte tragen solange er allein bleibt. Wenn aber die beiden sich vereinigen, so ergibt das den perfekten Körper, die Saat wird in einen Zustand gebracht, in dem sie großen Gewinn abwerfen kann.
The Twelve Keys, Basilius Valentinus, 15. Jh.

11. Zyklen der Natur

Wer die Geheimnisse der Natur kennen lernen möchte, sollte seine Augen öffnen.
The Chemists Key, Henry Nollius, 1617

Auf das vorangegangene Kapitel über das Prinzip des Yin und Yang folgt jetzt eines über die Zyklen der Natur.

Ich bin sicher, wir sind uns alle darüber einig, dass die Natur in Zyklen funktioniert. Wir haben Tage, Monate und Jahre, die wir alle Zyklen nennen. Dann haben wir den Wasserkreislauf, bei dem Wasser von der Sonne verdampft wird, Wolken bildet und dann als Regen niedergeht. Diese Zyklen verursachen Wachstum und Entwicklung, am deutlichsten im pflanzlichen Leben, aber auch in allen anderen Formen des Lebens und der Erde selbst. Ähnliche Zyklen treten in größeren Systemen auf, wie zum Beispiel in unserem Sonnensystem und Galaxien. Alle diese Zyklen basieren auf dem Yin-Yang Prinzip.

Hast du aufgehört darüber nachzudenken, welche Wirkung diese Zyklen haben? Ich möchte es dir so einfach wie möglich illustrieren:
Nimm an, du hast eine Hand voll feuchter Erde, die du in ein geschlossenes System hineinstellst, in dem es Sonne und Regen gibt, wie auf der Erde. Jeden Tag gibt es Sonnenschein (Yang), welches das Wasser verdunsten lässt, was wiederum über Nacht kondensiert (Yin) und als Regen auf die Erde fällt. Was wird passieren?
Der erste und am einfachsten zu beobachtende Effekt ist, dass sich die Erde in verschiedenen Lagen anordnen wird, mit den leichtesten Partikeln zuoberst und den schwersten ganz unten. Das verdanken wir der Schwerkraft. Die heiße Luft und der Wasserdampf werden nach oben steigen und die leichtesten Partikel mitnehmen, welche sich an das Wasser angeheftet haben. Je leichter ein Teilchen ist, umso einfacher kann es sich an das Wasser anheften und desto höher wird das Verdunsten des Wassers es tragen. Es verursacht auch, dass die schwereren Teilchen absinken, da alle leichteren auf sie drauf gestapelt werden. Alles wird sich gemäß seiner Dichte von oben nach unten sortieren. Dies erkennt man schon dadurch, dass die oberen Schichten der Erde aus weichem Mutterboden bestehen. Dies kann man auch sehr leicht durch ein Experiment beweisen. Es macht den ersten Teil unserer Arbeit bei der Herstellung des Steins aus.

Die kleinsten und leichtesten Teilchen werden sich an das Wasser anheften und nicht mehr loslassen, da sie extrem leicht flüchtig sind. Sie sind die *Lebensenergie,* nach der wir suchen.

Aber es geschieht noch etwas anderes. Wenn man diese Partikel ständig feucht hält und dann erhitzt und trocknet (kalziniert), dann werden sie sich langsam zu kleineren Partikeln zersetzen. Nach einiger Zeit wirst du so mehr und mehr kleinere und leichtere Teilchen, die eine geringere Dichte haben, erzeugen. Die Partikel werden leichter und leichter, bis sie soweit zersetzt sind, dass sie den Zustand der ursprünglichen Lebensenergie erreichen. Die Lebensenergie selbst ist in das Wasser eingedrungen und in alle Teilchen, die von diesem Wasser befeuchtet werden. Die Lebensenergie hilft auch bei der Zersetzung und dem Auseinanderbrechen aller anderen Elemente in seine Form (die der Lebensenergie).

Nach einer langen Zeit kannst du dann annehmen, dass die gesamte Substanz sich in Lebensenergie verwandelt hat und dies ist, was wir den Stein der Weisen nennen. Ich empfehle aber nicht, Mutterboden hierfür zu nehmen, da das zu lange dauern würde.
Dann wiederum gibt es Lebensformen, die diese Lebensenergie und die leichtesten Bestandteile benutzen, um zu wachsen. Pflanzen wachsen im obersten Bereich des Mutterbodens, der am leichtesten ist. Sie nutzen die Lebensenergie, die dort sehr konzentriert vorliegt, für ihre Entwicklung, um sie in die Art von Materie umzuwandeln, die sie selbst brauchen können. Die Tiere fressen dann die Pflanzen und absorbieren deren Lebensenergie und andere Tiere wiederum fressen die Pflanzenfresser aus dem gleichen Grund. Nachdem man gegessen hat, verdaut der Darm die Nahrung in noch kleinere Teilchen, was nur eine andere Art von Zersetzungsprozess darstellt.

Pflanzen lieben es, in toter pflanzlicher Materie zu wachsen, da sie mit Lebensenergie angefüllt ist, die sich jetzt freudig in kleinere leichtere Partikel zersetzt und dann in die wunderbare *Lebensenergie*.
Ich werde dir anhand einer Illustration zeigen, wie das in deinem Körper funktioniert: Wenn du einen Apfel isst, dann kaust du ihn zuerst. Das Kauen ist die erste Stufe der Zersetzung. Der Apfel wird in kleinere Stücke zerteilt. Dann wird er in deinen Magen transportiert und löst sich dort durch die Magensäure auf. Das stellt ebenso eine Zersetzung dar, um kleinere Teile herauszulösen, die dann weiterverwendet werden können. Du bekommst also eine Anzahl verschiedener Substanzen: Zucker, Proteine, Vitamine usw. und Lebensenergie. Die wichtigste von ihnen ist die Lebensenergie. Da wir jedoch normalerweise nicht genug davon haben, benutzen wir auch die dichteren Partikel (Zucker, Proteine usw.) soweit dies möglich ist. Die Lebensenergie kann in alles verwandelt werden, was uns fehlt. Sie kann in jede andere Substanz verwandelt werden, die unser Körper benötigt. Sie könnte sich in Wasser verwandeln, wenn wir nicht genug zu trinken haben, in Sauerstoff, wenn wir nicht atmen. Darum brauchst du nicht zu essen, zu trinken oder zu atmen, wenn du den Stein zu dir nimmst, da er im Körper genau das herstellt, was dieser benötigt.

Wissenschaftler haben jetzt schon Beweise für die biologische Transmutation gefunden, in vielen Fällen wurde nachgewiesen, dass Tiere Mineralien produzieren können, die sie nicht zu sich genommen haben. Dies unterstützt die Theorie von der Existenz der Lebensenergie.

Krabben und Krebse haben Panzer, die überwiegend aus Kalzium bestehen. Ein Krebs, der ca. 17x10 cm groß ist, hat eine Schale, die ungefähr 350g wiegt. Diese Tiere werfen regelmäßig ihre Panzerung ab und erzeugen eine neue. Wenn dies geschieht, ist der Krebs sehr verwundbar und versteckt sich vor allen anderen Tieren und kann somit kein zusätzliches Kalzium durch die Jagd auf andere Tiere aufnehmen.

Der französische Chemiker C. Louis Kervran von der Conseil d'Hygiene in Paris hat herausgefunden, dass Meerwasser viel zu wenig Kalzium enthält, um die schnelle Herstellung des Panzers zu ermöglichen. Der Kalziumsgehalt von Meerwasser beträgt lediglich 0,042 % was gerade mal für 3 % des Panzers ausreichen würde, selbst wenn man das gespeicherte körpereigene Kalziumkarbonat mit hinzurechnen würde.

Selbst in Wasser, das keinerlei Kalzium enthält, können Krebstiere immer noch eine Schale herstellen, wie Experimente im Meereslabor von Roscoff gezeigt haben. Eine Languste wurde in ein Meerwasseraquarium gesetzt, dessen gesamtes Kalziumkarbonat durch Ausfall entfernt worden war. Das Tier hat trotzdem eine Schale erzeugt. (Kervran 1972, Seite 58)

Durch chemische Analyse an Tieren, die im Prozess sind, eine Panzerung erzeugten stellte man fest, dass dies durch Absonderung an der äußeren Membranseite geschieht. Auf der inneren Seite derselben Membran konnte allerdings kein Kalzium festgestellt werden. Diese Tatsache hat alle Spezialisten verwundert.
(Kervran 1972, Seite 58)
Evidence that Atoms Behave Differently in Biological Systems, Madhavendra Puri

Man erkennt also, dass die Zyklen der Natur existieren, um die Materie zu reinigen und in kleinere leichtere Teile und am Ende in Lebensenergie zu verwandeln, damit aus ihr neue, bessere Lebensformen entstehen können. Lebensformen wachsen aus diesen leichteren leichtflüchtigen Partikeln, die selbige in jeweils die Materie umwandeln, die sie gerade brauchen. Nachdem sie gestorben sind, werden sie von der Natur wieder in Staub verwandelt, aus dem sie einmal entstanden sind.

Gott, der vor allen Dingen existierte, erzeugte als er allein war eine Substanz, die er die erste Materie nannte und aus dieser Substanz erzeugte er die Elemente und daraus alle Dinge.
The Crowning of Nature, Anonym, ca. 16.-17. Jh.

Der Teil des Körpers, der sich auflöst, steigt auf bis zum obersten Bereich, über alle anderen noch nicht aufgelösten Dinge, die am Boden verbleiben. Avicen sagte: „Das was im Gefäß von spiritueller Natur ist, steigt auf über alle anderen Dingen hinauf und das, welches grob und dick ist, verbleibt auf dem Grund des Gefäßes."
The Root of the World, Roger Bacon, 13. Jh.

Beobachte weiterhin, wie die Saat all der Dinge die wachsen, wie zum Beispiel Korn, vom Boden emporschießt, durch die Wirkung des Steins und die Einflüsse auf die Entwicklung von Sonne und Mond. Wie sie hoch in die Luft wachsen, langsam reifen, Früchte tragen, die dann wiederum in der richtigen Erde ausgesät werden müssen. Das Feld ist für das Korn vorbereitet, wohl gepflügt und gedüngt mit gut verrottetem Material. Die Erde nimmt den Dünger auf und assimiliert ihn, so wie der Körper die Nahrung assimiliert und das Grobe vom Feinen trennt. Somit ruft sie das Leben in der Saat hervor, ernährt es mit ihrer eigenen richtigen Milch, wie eine Mutter ihr Kind und bewirkt damit, dass es größer wird und aufwächst. Denn die Zerstörung des einen ist die Erneuerung des anderen. Ebenso ist es mit unserer Kunst, bei der die Flüssigkeit die richtigen Nährstoffe aus der Erde empfängt. Und somit ist die Erde die Mutter aller Dinge, die wachsen. Sie muss gedüngt und gepflügt werden, sehr gut vorbereitet, damit das Getreide wachsen kann und über das Unkraut triumphiert und nicht von ihm erstickt wird. Ein Weizenkorn wächst aus der Erde durch die Destillation der Feuchtigkeit der Sonne und des Mondes, wenn es in den zutreffenden Boden gesät wurde. Die Sonne und der Mond müssen es auch dazu drängen, Früchte zu tragen, wenn es denn überhaupt Früchte tragen wird. Denn die Sonne ist der Vater, der Mond die Mutter von allen Dingen, die wachsen.

Auf die gleiche Art wächst aus unserem Boden unsere eigene Saat. Unser Stein wächst durch die Destillation von Sonne und Mond. Wenn er wächst, dann wird er in die Luft erhoben während seine Wurzeln in der Erde bleiben. Das gleiche Gesetz gilt, für das, was oben ist ebenso, wie für das, was unten ist. Es gibt keinen Fehler. Noch einmal: So wie Kräuter nach oben wachsen, glorreiche Blüten und Früchte entwickeln, so wird unser Korn Früchte tragen und reif werden, es wird gedroschen, gesiebt, die Spreu vom Korn getrennt und wieder in die Erde gelegt, die allerdings vorher gut gedüngt und auch anderweitig vorbereitet werden muss. Wenn es in seinen natürlichen Mutterboden gelegt wird, mit Regen und Tau gewässert und durch die Wärme der Sonne und des Mondes zum Leben erwacht, so wird es seine eigenen Früchte erzeugen. Diese zwei Arten des Säens sind ganz charakteristisch für unsere Kunst. Denn die Sonne und der Mond sind unser Korn, die wir in unsere Erde legen als Seele und Geist. So sind sie der Vater und die Mutter, die Kinder haben werden. Also meine Söhne, kennt ihr unseren Stein, unsere Erde, unser Korn, unsere Mahlzeit, unser Ferment, unseren Dünger, unseren Grünspan, unsere Sonne und unseren Mond. Dafür lasst uns dem Schöpfer aller Dinge Dank sagen, durch Jesus Christus unseren Herrn. Amen.

[...] Wie es auch mit Pflanzen ist, so ist es mit Metallen. Während sie im Herzen der Erde liegen, als natürliches Erz, wachsen sie und entwickeln sich, Tag für Tag, durch den Einfluss der vier Elemente: Ihr Feuer ist die Schönheit der Sonne und des Mondes, die Erde empfängt in ihrem Mutterleib die wunderbare Sonne und durch sie wird die Saat der Metalle gut und gleichmäßig erwärmt, wie die Körner im Feld. Durch diese Wärme wird in der Erde ein geistiger Dampf entwickelt, der aufsteigt und mit sich die feinstofflichsten Elemente trägt. Man könnte es das fünfte Element nennen, denn es ist die Quintessenz und enthält alle leicht flüchtigen Teile aller anderen Elemente. Dieser Dampf strebt nach oben zum Gipfel der Berge. Da sie aber mit großen Felsen bedeckt sind, hindern diese es daran, denn wenn es die Felsen berührt, ist es gezwungen wieder abzusteigen. Es wird von der Sonne nach oben gezogen und wird von den Felsen nach unten gezwungen und wenn es fällt, wird der Dampf wieder zu Flüssigkeit, d.h. Schwefel und Quecksilber. Von diesen bleibt ein Teil zurück, aber das, was leicht flüchtig ist steigt auf und sinkt wieder herab, mehr und mehr von ihm bleibt zurück und wird fixiert nach jedem dieser Abstiege. Diese fixierte Substanz ist das Metall, das sich so stark an der Erde festhält und die Steine, die in einem feuerroten Brennofen herausgeschmolzen werden müssen. Je gröber die Steine und die Erde der Berge sind, umso weniger rein wird das Metall sein. Je subtiler die Erde und die Steine sind, desto subtiler wird auch der Dampf sein und der Schwefel und das Quecksilber, das durch seine Kondensation entsteht. Und je reiner die Letzteren sind, umso reiner werden natürlich auch die Metalle selbst sein. Wenn die Erde und die Steine der Tage grob sind, so wird der Schwefel und das Quecksilber dieses Gruppe dieses Merkmal teilen und könnte sich nicht richtig entwickeln. Dadurch entstehen die verschiedenen Metalle, jedes nach seiner Art. Denn wie auch jeder Baum seine eigene Form, Erscheinung und Frucht hat, so hat jeder Berg sein eigenes Herz. Diese Steine und die Erde sind der Grund, in dem die Metalle wachsen.

The Glory of the World, Or, Table of Paradise, Anonym, 1526

Es ist nützlich, die Natur dieses Kreislaufes zu verstehen, der nichts anderes ist, als die Verbindung im richtigen Verhältnis mit unserem quecksilberartigen Wasser zu befeuchten, welches die Philosophen auch permanentes Wasser nennen und in dem die Verbindung verdaut wird und sich zu ihrer natürlichen Fähigkeit entwickelt.

[...] Wie das Kind im Bauch der Mutter ganz natürlich mit seinem Nährstoff versorgt wird, welcher aus Menstruationsblut besteht, am Ende wird es zunehmen und in Qualität und Quantität wachsen, so sollte auch unser Stein genährt werden.
Verbum Dismissum, Count Bernard Trevisan, 15. Jh.

Die ständige Wärme unserer Sonne lässt jede Frucht reifen und je wärmer die Sonne scheint (jedoch nicht zu trocken und abwechselnd mit rechtzeitigem Regen) umso besser reifen unsere Früchte.
An Explanation of the Natural Philosopher's Tincture, of Paracelsus, Alexander v. Suchten, 16. Jh.

12. Die Erzeugung von Metallen

Die Alchemisten behaupten, dass Mineralien und Metalle wachsen und sich entwickeln, so wie auch andere Lebensformen, zum Beispiel Pflanzen und Tiere. Vielleicht sind es keine Lebensformen im Sinne wie wir das Wort normalerweise benutzen würden. Wenn wir aber eine Lebensform als etwas definieren, das wächst und sich vervielfältigt, dann müssen wir Metalle und Mineralien in diese Kategorie mit einbeziehen.
Die Alchemisten sind sich alle einig, alle Metalle haben die gleiche Wurzel. Das bedeutet, sie sind alle von der gleichen Art. Die verschiedenen Sorten sind lediglich unterschiedliche Entwicklungsstufen derselben Grundsubstanz, von der Gold das Endprodukt und die vollständig entwickelte Stufe darstellt. Etwas anders gesagt: Die verschiedenen elementaren Metalle sind stabile Stufen eines Metalls auf dem Wege seiner Entwicklung hin zu Gold. Diese Art von Entwicklung findet aber nur in der richtigen Umgebung statt, und die ist innerhalb der Erde. Wenn es einmal aus dieser herausgenommen wurde, zu kann es nur in dem Zustand bleiben, in dem es zu dem Zeitpunkt war. Der Stein gibt jedem Metall einen plötzlichen Energieschub, welcher es in seine stabile Endform überführt: Gold (oder Silber, mit dem weniger reinen weißen Stein). Dies ist nun kein völlig unglaublicher Vorgang, denn im Laborversuch wurde Blei bereits in Gold verwandelt, indem es mit harter Strahlung beschossen wurde. Lies das nach, wenn du es mir nicht glaubst. Dies ist ein ähnlicher, allerdings wesentlich weniger effektiver Vorgang als das, was der Stein erreicht.
Ich werde einige längere Zitate aus alchemistischer Büchern einfügen, die sich mit der Entwicklung von Metallen und Mineralien befassen. Dadurch wird das Verständnis der Art und Weise wie die Natur Metalle entwickelt gefördert.
Die Alchemisten haben viel darüber geschrieben, wie sich Metalle und Mineralien in der Erde entwickeln und das haben sie getan, um dem Leser indirekt mitzuteilen, wie man den Stein herstellt, da dieser auf ganz ähnliche Art und Weise mittels natürlicher Prozesse

produziert wird.

Allerdings sprechen die Alchemisten hier rein theoretisch und noch dazu in einer Zeit, in der Geologie keine weit entwickelte Wissenschaft war. Geologie ist in den letzten Jahrhunderten weit gekommen allerdings erkennt die heutige Wissenschaft grundlegende natürliche Prozesse nicht an, sondern bevorzugt komplizierte Theorien, die sich Wissenschaftler ausgedacht haben. Ich vermute, die Wahrheit liegt irgendwo in der Mitte.

Der großartige Vorgang der Evolution zu Silber und Gold findet ständig statt. Das kann man daraus schließen, dass Minenarbeiter häufiger solide Stücke reinen Silbers in Zinn und Bleiminen vorfinden sowie solche, die reines Gold als Einschluss in Eisenerz gefunden haben. Letzteres ist allerdings selten, da Eisen ein sehr unedles Metall ist. In einigen Silberminen dagegen konnte reines Gold gefunden werden, wie zum Beispiel in Serbien. Dort hatte es den Anschein von Silber, wurde dann aber durch Trennung im Schmelzofen als Gold identifiziert. So kann man den Lehren der Erfahrung folgen und erkennen, dass die Natur ständig andere Metalle in Gold verwandelt. Obwohl diese auf eine Art in sich selbst bereits vollkommen sind, so haben sie doch nicht den höchsten Zustand der Perfektion erreicht, den die Natur für sie vorgesehen hat. In ähnlicher Weise ist ein menschlicher Embryo und ein kleines Kind auf seine Art perfekt, hat jedoch noch nicht den Status eines Erwachsenen erreicht. Gold wird auf verschiedene Arten gefunden, entweder gemischt mit grober steiniger Substanz oder im Sand eines Flussbettes. Silber dagegen wird nie in Flüssen gefunden sondern als Erz in Minen oder als Ader, die durch einen Felsen läuft. Blei und Zinn treten fast immer als Erz auf und manchmal sind sie mit Erde gemischt. Dieselben Tatsachen werden auch für Eisen und andere Metalle beobachtet. Wenn verschiedene Metalle in der gleichen Mine gefunden werden wird das unedlere von beiden die Tendenz haben aufzusteigen und dem zurückgelassenen mehr Energie zu geben, damit dieses sich in die richtige Richtung entwickeln kann.

[...] Die Grundsubstanz gewöhnlicher Metalle ist identisch mit der des Goldes, daher müssen sie sich in Gold verwandeln wenn das Elixier hinzugefügt wird. Da gewöhnliche Metalle zu Gold und Silber durch natürliche Prozesse werden, kann dies auch durch die Kunst des Alchemisten geschehen.

The New Pearl of Great Price, Peter Bonus, 1338

Die Herstellung von Metallen ist zyklisch, d.h. man kann sehr einfach von einem zum nächsten gelangen in der Form eines Kreises, da verwandte Metalle ähnliche Eigenschaften besitzen. Daher lässt sich Silber auch einfacher in Gold verwandeln als irgendein anderes Metall.

Compound of Compounds, Albertus Magnus, 13. Jh.

Da die Natur ständig nach Perfektion strebt um das Ziel, welches ihr vom Schöpfer aller Dinge gegeben wurde, zu erreichen, arbeitet sie ständig an der Qualität der vier Elemente einer jeden Substanz und rührt und energetisiert die inneren Vorgänge in jedem Element zusätzlich zur Hitze der Sonne und mit natürlicher Wärme, so dass diese als eine Art Dampf oder Rauch in den Adern der Erde aufsteigen. Dieser Dampf kann nicht herauskommen sondern ist eingeschlossen. Er durchdringt eine fette, erdige, ölige und unreine schwefelartige Substanz, und zieht so fremde verunreinigende Elemente zu sich. Darum sieht man sie auch in so verschiedenartiger Farbe bevor sie die Reinheit der richtigen Farbe erreichen.

[...] Die Natur muss alle besonderen Eigenschaften aller anderen Metalle beseitigen bevor sie Gold herstellen kann. Wie man ja leicht sehen kann an der Tatsache, dass verschiedene Metalle in den gleichen Adern verlaufen.

[...] Wenn allerdings dieses reine Quecksilber in einer rein mineralischen Erde nach oben schwimmt und das ohne irgend ein grobes Mischmetall, dann härtet es in das reine weiße Schwefel der Natur aus, indem es einer sehr moderaten sanften Hitze ausgesetzt ist und wird dann zu der spezifischen Form des Silbers. Wie alle anderen Metalle auch, kann es sich danach in Gold verwandeln, wenn es unter dem Einfluss der natürlichen Hitze verbleibt. Wenn es allerdings einer höheren natürlichen Hitze ausgesetzt wird, verwandelt es sich in den roten Schwefel der Natur und wird zu Gold, ohne vorher durch die Zustandsform des Silbers gegangen zu sein. In dieser Form verbleibt es, da Gold die höchste Entwicklungsstufe des Metallischen darstellt.

[...] Die Metalle allerdings, die aus ihrer eigenen besonderen Ader in der Erde herausgezogen und an den Wurzeln herausgerissen wurden, können diese Weiterentwicklung nicht mehr durchlaufen.

[...] Die Vorgänge in der Natur sind fortschreitend, nicht rückschreitend. Daher ist es ein Irrtum anzunehmen, das Werk der Natur könne durch Auflösung in Aqua fortis rückgängig gemacht werden oder durch Amalgamierung von Gold, Silber oder Quecksilber. Denn wenn das Metall in ein Lösungsmittel getaucht und Wasser aus ihm heraus destilliert wird und dann Quecksilber aus ihm heraus sublimiert wird, so bleibt es dennoch das Metall, das es vorher schon war. Die Eigenschaften eines Metalls können nicht zerstört werden, um es etwa dadurch in die erste Substanz zu überführen.

[...] Die Metalle, die wir aus der Erde quasi an den Wurzeln herausholen, deren Wachstum kommt zu einem Ende. Sie können sich nicht weiter zu Gold entwickeln sondern müssen ihre derzeitige Form beibehalten, außer wir tun etwas für sie mithilfe unserer Kunst. Wir fangen an dem Punkt an, an dem die Natur aufgehört hat. Zuerst müssen wir alle Unreinheiten beseitigen sowie auch die schwefelhaltige Legierung, so wie es die Natur getan hätte, wäre ihr Prozess nicht unterbrochen worden. Sie hätte die ursprüngliche Substanz zur Reife gebracht, durch eine sanfte Hitze und in längerer oder kürzerer Zeit wäre diese Substanz zu Gold geworden. Denn diese Arbeit führt die Natur ohne Pause fort, solange die Metalle sich noch in der Erde befinden.

[...] Zuerst einmal die Erde, sie wurde reich, tief, weit und breit erschaffen durch die tägliche Wirkung der Sonnenstrahlen und wird bis in ihre Mitte durch eine starke, blubbernde und verdampfende Hitze durchdrungen. Die Erde selbst ist kalt und getränkt mit der Feuchtigkeit des Wassers. Nach einiger Zeit wurden die Dämpfe, die sich in dieser Weise im Herzen der Erde geformt hatten, so stark und so mächtig, dass sie einen Weg nach draußen in die freie Luft suchten und somit Berge und Hügel aufwarfen, wie Blasen auf dem Gesicht der Erde. Da an der Stelle, wo sich Berge gebildet hatten, die Sonne am stärksten gewesen sein muss, sowie die Feuchtigkeit der Erde sehr stark war, dort finden wir auch die edlen Metalle. Wo die Erde flach blieb, ihr Dampf nicht an die Oberfläche kam, dort wurde sie zu hartem Gestein. An Stellen, an denen die Erde arm und dünn war, dort ist sie jetzt mit Sand und kleinen Steinen bedeckt. Da dort nie viel Feuchtigkeit war und da sie von dem bisschen auch noch befreit wurde, ist sie jetzt sehr sandig und trocken geworden und kann Feuchtigkeit nicht halten. Kein Bereich der Erde wurde in Fels verwandelt, der nicht reich und gesättigt mit Feuchtigkeit ist. Denn wenn die Hitze der Sonne die Feuchtigkeit aufgesaugt hat, kann der Reichtum der Erde es immer noch verfestigen, obwohl es jetzt hart und trocken geworden ist und Erde, die nicht vollständig hart ist, kann selbst zu diesem Zeitpunkt den Übergang zu harten Gestein vollziehen, durch die unermüdliche Arbeit der Natur. Allerdings können die Dämpfe und der Rauch nicht flüchten, sie bleiben im Berg zurück und sind damit Tag für Tag den entwickelnden und transmutierenden Einflüssen der Sonne und der Planeten ausgesetzt.

A Tract of Great Price Concerning the Philosophical Stone, ein deutscher Alchemist, 1423

Alle Dinge werden hergestellt aus einer flüssigen Luft bzw. Dampf, welchen die Elemente in der Mitte der Erde durch ständige Bewegung destillieren. Sobald der Archeus es erreicht hat, sublimiert seine Weisheit es durch die Poren und verteilt es an jeden Platz und erzeugt so verschiedene Dinge gemäß den verschiedenen Plätzen, an denen er sie ablagert. Manche denken, dass jedes Metall seine eigene Saat hat. Das ist aber ein großer Fehler, denn es gibt nur eine einzige Saat. Das Spermium, welches im

Saturn auftaucht, ist dasselbe, das man in Gold, Silber, Kupfer usw. findet. Der Unterschied liegt allein an dem Ort und der Zeit, welche die Natur mit ihnen verbracht hat. Die Vervielfältigung von Silber wird schneller erreicht als die von Gold und so ist es auch mit den anderen Metallen.

Der Dampf, der durch die Hitze im Mittelpunkt der Erde entsteht, dringt durch warme und kalte Plätze. Wenn die Plätze warm und rein sind und eine gewisse Menge an Schwefel enthalten, dann wird der Dampf (das Quecksilber der Heiligen) sich mit dieser fertigen Masse verbinden und sich mit ihm selbst sublimiert. Während es sich dann weiter optimiert, erreicht es noch andere Plätze, an denen die Erde bereits durch vorher aufgestiegene Dämpfe verfeinert und gereinigt wurde. Somit füllt es dann die Poren der Erde und so entsteht Gold. Wenn es jedoch zu kalten Plätzen gelangt, entsteht Blei. Wenn die Erde rein und mit Schwefel durchsetzt ist, entsteht Kupfer. Je reiner der Fundort, umso schöner und perfekter wird das Metall sein. Wir müssen hier noch bemerken, dass der Dampf ständig aufsteigt und während er das tut reinigt er alle Orte, durch die er gelangt. Dadurch kann man heute Metalle an Orten finden, wo sie tausende von Jahren zuvor nicht waren, denn der Dampf hatte im ständigen Fortschritt das grobe und Unreine verfeinert und das Edle mit sich genommen. Das ist der Kreislauf und sind die Zyklen der Natur. Alle Orte werden mehr und mehr gereinigt und je reiner sie werden, desto edler werden ihre Produkte.

[...] Die Grundsubstanz des Gesteins ist anderen Dingen ähnlich und die Qualität wird durch die Reinheit seines Ursprungortes bestimmt. Wenn die vier Elemente ihre Dämpfe zum Zentrum der Erde hin destillieren, dann optimiert und drückt der Archeus der Natur sie in solcher Weise durch ihre Passagen und Poren, dass alle Unreinheit nach oben an die Oberfläche gedrängt werden, wo sie durch die Erde miteinander verbunden werden und die reine Luft auf gröbere Luft trifft, mit der sie sich verbindet. Denn die Natur mag die Natur. Also werden Steine und Felsen kontinuierlich und Stück für Stück aufgebaut und erzeugt. Wenn nun die Poren der Erde größer sind, dann ist auch die Menge an Unreinheiten, die nach oben transportiert werden, größer und somit ist die Erde an solchen Plätzen am stärksten gereinigt, wo sich viele Steine und Felsen auf der Oberfläche befinden und somit wird die Herstellung von Metallen an diesen Plätzen einfacher. Das erklärt, warum Metalle so gut wie nie in der Ebene gefunden werden, sondern immer in bergigen Gegenden. Die Ebenen sind oft feucht durch elementares Wasser, das sich an die aufsteigenden Dämpfe heftet und mit ihm zusammen von den Strahlen der Sonne verdaut wird und zu Lehm wird, den die Töpfer benutzen. Am Plätzen, an denen die Erde grob ist und die Dämpfe weder Schwefel noch andere Substanzen enthalten, entstehen Kräuter und weite Graslandschaften. Die Edelsteine wie Diamanten, Rubine, Smaragde usw. werden alle ebenso wie normale Steine produziert. Wenn der natürliche Dampf ohne Schwefel sublimiert und ohne die Unreinheiten, über die wir gerade gesprochen haben, dann entsteht reines Salzwasser, (z.B. an sehr kalten Plätzen, wo unser Schwefel nicht existieren kann und wenn es existieren würde, wäre seine Arbeit behindert) dort entstehen Diamanten. Unser Schwefe,l der mit den Dämpfen aufsteigt, kann sich ohne Wärme nicht bewegen und würde sich sofort niederschlagen, wenn er einen kalten Ort vorfindet und verlässt somit den Dampf, der allein weiter aufwärts strebt.

The New Chemical Light, Michael Sendivogius, 17. Jh.

Alle Philosophen sind sich einig, dass die Metalle eine einzige ursprüngliche Saat haben und dass diese Qualität allen eigen ist.

On the Philosophers' Stone, Anonym, ca. 12.-15. Jh.

13. Die Smaragdtafeln

Dieses Kapitel ist den Smaragdtafeln gewidmet. Sie sind die einzigen echten schriftlichen Hinterlassenschaften des Hermes, dem Begründers der Alchemie in diesem Zeitalter. Hermes wurde von den Römern Merkur, der Götterbote, genannt und darum wird auch das Wort Mercury (Quecksilber) in der Alchemie so häufig verwendet. Von den Ägyptern wurde er Thoth (Djehuty) genannt. Alchemie wird nach Hermes auch die hermetische Kunst genannt und selbst heute noch wird der Begriff *hermetisch verschlossen* für ein luftdichtes Behältnis verwendet, da so etwas in der Alchemie oft benötigt wird.

Einige nehmen an, dass Hermes der Noah aus der Bibel war, andere glauben er war Enoch. Wie auch immer, Hermes war die Person, die das Wissen um die heilige Wissenschaft über die letzte Katastrophe hinaus rettete (was die These unterstützt, er wäre Noah gewesen). Es war auch Hermes, der damit begann, einen Schwur der Geheimhaltung abzuverlangen, um die Alchemie nur für eine kleine Elite von Weisen zugänglich zu machen. Allerdings hatte er das Verständnis, das Geheimnis am Ende des Zeitalters zu veröffentlichen.

Es gibt viele Legenden um die Tafeln, ihr Name selbst stammt auch aus einer Legende, die besagt, dass die Tafeln aus Smaragden in der Krypta des Hermes gefunden worden wären. Allerdings macht es eher den Eindruck, dass die Smaragdtafeln sich ständig unter den Alchemisten im Umlauf befunden haben.

Ich werde fünf verschiedene Übersetzungen auflisten, eine in jeder Zeile und dazu jeweils einen Kommentar abgeben.

Zeile eins: Die Arabische Übersetzung
Zeile zwei: Newtons Übersetzung
Zeile drei: Beatos Übersetzung
Zeile vier: Die zeitgenössische Übersetzung des lateinischen Textes
Zeile fünf: Meine eigene Übersetzung (**hervorgehoben durch Fettschrift**)

Es enthält einen zutreffenden Kommentar, der nicht bezweifelt werden kann.
Es ist wahr ohne Lüge, sicherlich absolut wahr.
Dies ist wahr und fern aller verdeckender Falschheit.
[Es ist] wahr, ohne Fehler, sicher und absolut wahr.
Eine fundamentale Wahrheit, ohne Fehler, perfekt und vollständig.

Diese Zeilen erklären, das Gesagte wäre eine fundamentale und nicht etwa eine relative Wahrheit. Relative Wahrheiten wie zum Beispiel *"der Himmel ist blau"* können sich ändern, sie sind nicht immer wahr. Fundamentale Wahrheiten ändern sich nie, sie sind immer zutreffend und können daher auf jeder Ebene oder in jeder Situation zur Anwendung gebracht werden.

Es sagt aus: Das, was oben ist, stammt von unten und das was unten ist, stammt von oben. Das Wunderwerk stammt von einem.
Das, was sich unten befindet, ist wie das, was oben ist, das was sich oben befindet ist so wie das was unten ist, um die Wunder

nur einer Sache zu tun.
Das, was sich unten befindet ist ähnlich dem, was oben ist. Dadurch werden die erstaunlichen Dinge des Werkes der einen Substanz erledigt und perfektioniert.
Das, was sich unten befindet ist so, wie das was oben ist und das was oben ist, ist wie das, was unten ist, um die Wunder des einen Dinges auszuführen.
Wie oben, so unten; das Größere und das Geringere; Makrokosmos und Mikrokosmos: Sie sind das gleiche. Diesem Prinzip folgend wurden alle Dinge aus dem Einem geschaffen.

In dieser Zeile befinden sich zwei Aussagen. Die erste sagt aus, dass auf jeder Ebene die gleichen fundamentalen Prinzipien gelten. Die Dinge über uns (Makrokosmos, Planeten, solare Systeme, Galaxien) und die Dinge unter uns (Mikrokosmos: der Stein der Weisen, Atome usw.) folgen exakt den gleichen Prinzipien. Sie mögen aus unserer Perspektive verschieden aussehen, funktionieren aber alle in der gleichen Weise. Das ist sehr wichtig zu verstehen. Wenn du diesen Umstand verstehst, wirst du ihn überall erkennen. Daher wissen wir, wie wir den Stein zu produzieren haben und warum er funktioniert.

Auf einer anderen Ebene wird uns mitgeteilt, dass Spiritualität, Philosophie und die physische Welt den gleichen Prinzipien folgen. Wenn etwas im spirituellen Bereich wahr ist, so muss es einen physischen Gegenpol haben. Es gibt nichts, was auf das eine zutrifft, auf das andere jedoch nicht.

Die zweite Aussage berichtet, dass Schöpfung und Perfektion (Reinigung, Evolution) durch das Vorangegangene verursacht wird. Die Dinge würden nicht wachsen und sich entwickeln (sowohl physikalisch als auch spirituell) wenn es nicht so wäre, dass jede Ebene einen Spiegel aller anderen darstellt. Sie sagt uns, dass alles aus einem stammt und im Gleichklang mit dem einem existiert. Eins ist Gott, eins ist alles, eins ist nichts, eins ist das einzige Ding, dessen Existenz selbst-unterstützend ist. Die Existenz aller anderen Dinge leiten sich von ihm ab und alle folgen denselben Prinzipien. Eins ist das einzige Ding, das existiert, alles andere ist eine verzerrte Reflektion des Einen.

Und alle Dinge entsprangen dieser Essenz durch eine einzige Projektion. Wie wunderbar ist sein Werk! Es ist der Hauptbestandteil der Welt und sein Wächter.
Und da alle Dinge durch die Vermittlung des einen entstanden sind, so sind alle Dinge geboren aus dem einen durch Modifikation.
Sowie alle Dinge aus einem gemacht sind, durch die Betrachtung des einen, so sind alle Dinge aus dem einen gemacht durch Zusammenfügen.
Und da alle Dinge aus einem gemacht sind durch die Vermittlung des einen, darum wurden alle Dinge durch Anpassung aus dem einem geboren.
Und da alle Dinge durch den Gedanken des Einen entstanden, sind alle Dinge nur Adaptionen des Einen. Dies ist ein fundamentales Prinzip.

Hier wird uns gesagt, dass alle Dinge (buchstäblich alles und auf jeder Ebene) von diesem

Einen abstammen. Es ist wichtig, sich zu erinnern, was in der vorherigen Zeile stand, nämlich dass alle Prinzipien auf jeder Ebene gültig sind. Daher wissen wir, dass das, was spirituell zutrifft auch physikalisch wahr ist. Der größte Fehler der modernen Wissenschaft und der Spiritualität ist es, anzunehmen, dass beide getrennt sind.

Auf einer spirituellen und philosophischen Ebene wird erzählt, dass Gott alle Dinge durch Anpassung seiner selbst geschaffen hat. Gott hat sich selbst nicht geändert, allerdings sind die Ebenen unter ihm eine veränderte Reflektion der höheren Ebene. Somit sind alle Dinge Gott durch seine Wandlungsfähigkeit. Das sagt auch, dass die Meditation oder der Gedanke Gottes diese Sache in Gang gesetzt hat und es erfordert einen einzelnen Gedanken. Du kannst dir dies wie eine Welle auf der Oberfläche eines ruhigen Sees vorstellen. Eine einzelne Bewegung in der Stille (Leere) erzeugt eine ganze Serie von Wellenbewegungen, jede davon eine Abbildung der anderen. Alle diese Wellen folgen dem gleichen Prinzip, sie verändern sich aber immer mehr, je weiter sie sich von der Quelle entfernen. Jede Welle erzeugt die nächste Welle als eine leicht veränderte Reflektion ihrer selbst.

Auf der physischen Ebene ist alles aus demselben Material hergestellt. Es ist interessant festzustellen, dass wir dies auch wissenschaftlich entdeckt haben (alles ist aus Energie gemacht), es ist allerdings nicht selbstverständlich und selbsterklärend, wenn du dich mal umsiehst. Weil das Physische den gleichen Prinzipien wie den höheren Existenzebenen folgt, so müssen wir die Existenz eines Partikels bzw. einer Substanz akzeptieren, die an der Wurzel aller Dinge liegt und aus der alles gemacht wurde. Wir können es nicht einfach nur Energie nennen, denn dies ist nur ein Konzept. Es muss physisch sein, alle spirituellen Dinge haben ein physisches Äquivalent und auch umgekehrt. Dieses Ding ist die *Lebensenergie,* über die ich gesprochen habe. Also erzählt uns diese Zeile auch etwas über die Lebensenergie und wie alles in der Welt durch Modifikation der Lebensenergie hergestellt wird.

Sein Vater ist die Sonne und seine Mutter der Mond. Also hat der Wind es getragen und die Erde es ernährt.
Die Sonne ist sein Vater, die Mutter der Mond, der Wind trug es in seinem Bauch, die Erde ist die Amme.
Der Vater von ihm ist die Sonne, die Mutter der Mond. Der Wind trug es im Mutterleib. Die Amme ist die Erde, die Mutter aller Perfektion.
Sein Vater ist die Sonne, seine Mutter der Mond. Es wird durch den Wind getragen und genährt von der Erde.

Zuerst haben wir hier eine Referenz auf den Mond und die Sonne. Das ist ganz klar symbolisch für die Polarität von Yin (Mond) und Yang (Sonne). Allerdings sollte klar sein, dass die Sonne und der Mond größere Rollen zu spielen haben, als nur Symbole der

Polarität zu sein. Es gibt einen Grund warum wir eine Sonne und einen Mond aus unserer irdischen Perspektive haben, es ist nicht einfach nur Zufall, wie die Wissenschaft dir vorzugaukeln versucht. Yin/Yang ist ein fundamentales Prinzip und gilt auf allen Ebenen, auch in dieser physikalischen Wirklichkeit. Also sind Mond und Sonne buchstäblich physikalische Entsprechungen des Yin/Yang Prinzips. Es ist interessant, dass die Sonne und der Mond scheinbar genau die gleiche Größe haben, wenn man sie von der Erde aus ansieht, das ist ein großer Zufall, wenn es denn ein Zufall ist. Also sind die Größen und Distanzen von Sonne und Mond in perfekter Harmonie miteinander, was wiederum einer der Hauptgründe dafür sein könnte, dass die Bedingungen für Leben auf der Erde auf dieser physischen Ebene und zu dieser Zeit, optimal sind.

Die Sonne und der Mond symbolisieren auch Feuer und Wasser, sie sind buchstäblich Entsprechungen diese Energien von der Ebene über uns aus gesehen. Wieder haben wir es mit Polarität zu tun und wir bewegen uns in Richtung auf eine eher physikalische Entsprechung, näher an unserer eigenen Existenzebene. Diese wiederum sind Entsprechungen der beiden Substanzen, aus denen wir den Stein im mikrokosmischen Bereich herstellen, die wiederum aus einer einzigen Ursubstanz entstammen. Ich hoffe du erkennst, wie die Theorie und Praxis der Herstellung des Steins für alle Ebenen Gültigkeit hat, ausgehend von der physikalischen bzw. chemischen zur philosophischen, makrokosmisch-spirituellen Ebene.

Der Wind ist der Träger und Verteiler. Es ist einfacher dies aus der Position einer Ebene über der unseren zu erklären, der Ebene der Erde. Auf der Erde haben wir einen Wasserkreislauf, in dem Wasser verdunstet und Wolken bildet. Die Wolken regnen dann zurück auf die Erde. Ohne diesen Vorgang könnte Leben nicht existieren, es ist notwendig damit die Pflanzen wachsen, welche die Tiere als Nahrung brauchen (oder Tiere fressen andere Tiere, die wiederum Pflanzen fressen). Es gibt allerdings noch einen wichtigen Faktor, der gerne übersehen wird: Ohne Wind würde all das Wasser einfach nur aufsteigen und am selben Platz wieder herunter regnen. Das würde bedeuten, dass es auf dem Land kein Wasser gäbe, da das Wasser vom Land ins Meer fließt. Es würde also kein Leben auf dem Land geben und die Menschen würden nicht existieren, also verdanken wir dem Wind unsere Existenz. Der Wind ist absolut notwendig für die natürliche Verteilung der Dinge (Wasser, Saatgut, usw.). Das trifft auch auf die Produktion des Steins zu, ohne die Bewegung von Wasserdampf, verursacht durch Hitze und Kälte, würde der Prozess nicht funktionieren. Die Entstehung des Steins ist eine Spiegelung der Funktionen der Erde und auch aller anderen Ebenen. Das meine ich, wenn ich sage, wir müssten der Führung der Natur folgen.

Die Erde ernährt die Pflanzen, sie wachsen auf ihr und werden von ihr unterstützt. In derselben Weise unterstützt die Erde uns Menschen. In der gleichen Weise ist die Erde der Grund, der uns erlaubt die Lebensenergie einzufangen und festzuhalten, zu zähmen, um den Stein herzustellen. Die Erde ist niemals die aktive Kraft, sie ist passiv (feminin, Yin). Sie ist die Matrix. Die Erde macht nichts aktiv, sie unterstützt nur diejenigen, die von ihr abhängig sind, schützt sie und lässt sie aufsteigen. Somit ist die Erde wahrlich die Mutter aller Dinge. Diese physische Welt ist unsere Erde aus solider Substanz, sie hat aber auf anderen Ebenen ihre Entsprechung.

Zusammen haben wir Feuer (Sonne), Wasser (Mond), Lehm und Erde. Dies sind die vier Elemente. Alles was existiert, wird durch Bewegung dieser vier Elemente miteinander und durcheinander hindurch hergestellt, in der gleichen Weise wie Yin und Yang immer hin und her ziehen. Unsere Vorfahren haben nicht angenommen, dass alles buchstäblich aus diesen vier Elementen besteht wie H_2O, Lehm und Luft, wie Geschichtsbücher dir zu erzählen versuchen. Dies sind die Aggregatzustände der Materie: Erde, Wasser und Wind entsprechen den Zuständen solide, flüssig und gasförmig und Feuer ist heiß. Dies sind die Zustandsformen der Materie auf der physischen Ebene, mit Entsprechungen auf allen anderen Ebenen.

Vater des Talismans, Bewahrer der Wunder. Perfekt in der Kraft, die das Licht aufscheinen lässt.
Der Vater aller Perfektion auf der ganzen Welt ist hier. Deine Kraft und Macht ist vollständig wenn es in Erde umgewandelt wird.
Seine Kraft ist ganzheitlich wenn es in Erde verwandelt wurde.
Seine Kraft ist ganzheitlich sowie es in Erde verwandelt wird.
Seine Kraft ist komplett, sollte es in Erde verwandelt werden können.

Hier wird uns erzählt, dass *es* perfektioniert werden kann, wenn *es* in Erde umgewandelt wird. Dies sind physikalische Begriffe, die aussagen, wenn wir die vier Elemente in Erde verwandeln, die wiederum das Element der physikalischen Ebene in der wir uns befinden ist, dann werden wir *es* perfektionieren. *Es* ist die Kraft, die ich *Lebensenergie* nenne. Wenn wir also die Lebensenergie in eine physikalische Form überführen (in die der Erde) dann haben wir sie auf dieser Ebene perfektioniert. Noch einmal: Wenn wir die Energie der vier Elemente in Erde verwandeln können, dann haben wir die Energie für die Benutzung auf dieser physischen Ebene für uns umgewandelt und perfektioniert. Es muss in Erde verwandelt werden um auf dieser Ebene benutzbar zu sein, denn für die physische Welt brauchen wir einen physischen Stein, der das Gegenstück (Reflektion) des *Einen* auf diesem Level darstellt.

Du siehst also, wie der Stein der Weisen die physikalische Manifestation der Macht Gottes repräsentiert.

Es ist ein Feuer, das unsere Erde wurde. Und du wirst mehr von dem was subtil ist bekommen als von dem, was grob ist, durch Umsicht und Weisheit.
Trenne die Erde von dem Feuer, das Feine vom Groben mit Feingefühl und großer Sachkenntnis.
Trenne die Erde vom Feuer, das Feine und Dünne vom Groben und Ungehobelten, vorsichtig, mit Umsicht und Weisheit.
Du wirst die Erde von dem Feuer trennen, das Subtile vom Dichten, mit Feingefühl und großer Kenntnis der Arbeit.
Trenne die Erde von dem Feuer; das Subtile vom Dichten, das Leichte vom Schweren; mit Umsicht und Weisheit.

Hier haben wir direkte Anweisung wie man den Stein tatsächlich herstellen kann, was natürlich auf die gleiche Art geschieht, wie alle Dinge auf allen Ebenen zur Perfektion gebracht werden. Mit großer Umsicht und Weisheit (die Weisheit wird benötigt, um die Methode herauszufinden) wirst du die leichteren Bestandteile von den dichteren trennen. Das ist beinahe eine buchstäbliche Anleitung zur Herstellung des Steins wie du der folgenden praktischen Anleitung entnehmen kannst, insbesondere dem ersten Teil des großen Werkes.

Ich werde es auch unter spirituellen Gesichtspunkten interpretieren, um dir zu zeigen, dass es auf allen Ebenen gilt. Stelle fest, welche deiner Wünsche Freiheit und welche Beschränkungen fördern. Dann trenne die freiheitsschaffenden von den einschränkenden Wünschen. Konzentriere dich auf die freien und positiven Wünsche (positive Energie, gute Intentionen) und sie werden wachsen und sich ausdehnen und dabei die zurückbleibenden negativen Gedanken (negative Energie, schlechte Intentionen) in ihren eigenen freien, leichten und positiven Formen umwandeln.

Ich hoffe du erkennst, wie die gleichen fundamentalen Prinzipien auf jeder Ebene gelten und warum der Stein wirklich und eine physikalisch herstellbare Substanz ist, die den exakt gleichen Prinzipien gehorcht.

Es steigt von der Erde zum Himmel auf. Es extrahiert das Leichte von den Höhen und sinkt die Kraft des oberen und des unteren enthaltend zur Erde, denn es ist das Licht der Lichter.
Es steigt von der Erde zum Himmel und sinkt wieder zur Erde herab und erhält so die Kraft der überlegenen und unterlegenen Dinge.
Dieses steigt von der Erde in den Himmel und wieder herab vom Himmel zur Erde und erhält die Macht und die Fähigkeit der Dinge des oberen und unteren Bereichs.
Es steigt von der Erde in den Himmel und sinkt wieder herab auf die Erde und erhält die Macht der höheren und niedrigeren Dinge.
Es steigt wiederholt von der Erde zum Himmel und wieder herab vom Himmel zur Erde und erhält so die Macht von beiden, dem Hohen und dem Niedrigen.

Wiederum eine ganz direkte Anweisung, wie der Stein herzustellen ist, jetzt bezogen auf den zweiten Teil der praktischen Ausführung. Der Stein wird wiederholt verdampft (aufsteigen) und kondensiert (absteigen). Dadurch wird er immer weiter gereinigt und gewinnt an Kraft (mehr Lebensenergie).

Der wiederholte Wechsel der Aggregatszustände zwischen fest, flüssig und gasförmig lässt die Substanz reiner werden und mehr Lebensenergie aufnehmen.

Aus der spirituellen Perspektive gesehen könnte man sagen, dass unsere Bewegungen zwischen der astralen und der physikalischen Ebene, immer wieder zu sterben und wieder geboren zu werden ein Beispiel dafür darstellt, wie wir uns perfektionieren, was dem gleichen Prinzip folgt.

Darum flieht alle Dunkelheit vor ihm.
Durch diesen Vorgang wirst du alle Herrlichkeit der Welt erhalten und alles Versteckte wird von dir gehen.
Durch diesen Vorgang wirst du alle Herrlichkeit der Welt erhalten und somit wirst du alle Schatten und Blindheit von dir weisen.
Somit wirst du die Herrlichkeit der Welt besitzen. Alles Obskure wird von dir gehen.
Dann wirst du die Herrlichkeit der ganzen Welt besitzen. Alle Unwissenheit wird dich verlassen.

Dies sagt zuerst einmal aus, dass du *die Herrlichkeit der ganzen Welt* haben wirst, was die größte Ehre auf der physischen Ebene darstellt: den Stein der Weisen, der die physikalische Entsprechung der Macht Gottes ist.

Zum Zweiten werden alle verdeckten Dinge, alle Unwissenheit, von dir gehen. Das gilt natürlich für alle Ebenen. Es bedeutet, dass du jetzt so viel über die Arbeitsweise der Natur weist und nicht länger im Unwissenden darüber bist und dass neues Wissen leicht zu dir kommt. Es wird leicht für dich sein, die Wahrheit von den Lügen zu trennen. Es bedeutet auch, vom Standpunkt der physikalischen Produktion des Steins aus gesehen, dass nach einem bestimmten Entwicklungsstand bzw. Reinheitsgrad der Stein sehr schnell zunehmend reiner wird. Wenn er einmal eine bestimmte kritische Stufe erreicht hat, wird er alles, was nicht vollkommen ist, in seine eigene reinste perfekteste Form überführen, dies im Gegensatz zur Verdünnung bzw. Korrumpierung durch beliebige dichte oder unreine Teilchen (exponentielle Entwicklung).

Die größte Kraft überwindet alles was fein ist und durchdringt alles was grob ist. Seine Kraft ist größer als alle anderen Kräfte, denn es bezwingt alle subtilen Dinge und durchdringt alle soliden.
Denn dieses durch sein Glück nimmt das Wesentliche von allen anderen großartigen Dingen und Mächten an. Denn es kann alle subtilen sowie auch groben und harten Dinge überwinden und durchdringen.
Von allen Kräften ist dies die wahre Stärke, denn es besiegt alles was fein ist und durchdringt alles was fest ist.
Es ist die wahre Macht und die mächtigste, denn es besiegt alle subtilen Dinge und durchdringt alle soliden Dinge.

Der Stein wird alle subtilen und undefinierten Dinge in seine eigene Form überführen und alle soliden (bestimmten) Dinge durchdringen und in ihre wahre perfekte Form überführen. Darum kann es auch eine Lebensform vor dem Verfall schützen und alles

Metall in Gold verwandeln. Er durchdringt alle Dinge und führt sie dazu, ihr volles Potenzial zu erreichen.

[Diese Zeile fehlt in der arabischen Übersetzung.]
So wurde die Welt geschaffen.
Auf diese Art wurde die Welt gegründet.
So wurde die Welt geschaffen.
So wurde die Welt gemacht.

Die Welt wurde geschaffen, indem genau diesen Prinzipien gefolgt wurde. Selbiges gilt für alle Welten, Ebenen, Universen und Wirklichkeiten.

Die Entstehung des Mikrokosmos in Übereinstimmung mit der Entstehung des Makrokosmos.
Aus diesen kommen und werden noch weiterhin bewundernswerte Anpassungen kommen, von dem die Befähigungen (der Prozess) in diesem hier liegt.
Und daher seine bewundernswerten Zusammenfügungen und Wirkungen, denn dies ist der Weg durch den diese wundervollen Dinge geschaffen werden können.
Hieraus entstandenen wunderbare Abwandlungen, und dies ist der Weg (die Methode).
Jeder Ebene ist eine Spiegelung derjenigen, die über ihr liegt; der Mikrokosmos ist in Übereinstimmung mit dem Makrokosmos. Jetzt weißt du, wie alle diese Dinge durch die Anpassung des einen geschaffen wurden.

Alle Dinge, alle Materie, alle Welten, alle Frequenzen, alle Universen, alle Ebenen sind Anpassungen derselben Sache, wobei denselben Prinzipien gefolgt wird. Es beginnt mit dem *Einen* und von da ausgehend ist jede weitere Ebene eine deformierte Spiegelung. Auf diese Art werden alle Dinge geschaffen. Darum gibt es die physikalische Welt. Dies ist was es ist. Dies ist was alle Dinge sind.

Die Gelehrten machten dies zu ihrem Pfad. Darum war der dreifache Hermes voller Weisheit.
Darum werde ich Hermes Trismegistus genannt, denn ich besitze die drei Teile der Philosophie der ganzen Welt.
Und darum haben sie mich Hermes Trismegistus genannt, denn ich habe die drei Teile der Philosophie der ganzen Welt.
Darum werde ich der dreifach Große Hermes genannt, denn ich habe die drei Teile der Philosophie der ganzen Welt.
Dies ist der Weg des Wissens. Darum bin ich Hermes dreifach-groß, denn ich habe die drei Teile der Philosophie der ganzen Welt.

Alchemie ist der Weg des Wissens. Einer der komplizierteren Wege zu Erleuchtung, reserviert für die Weisen und Intellektuellen. Zumindest traditionell war das so, aber jetzt bricht die Zeit der Alchemie an.

Hermes ist dreifach groß, da er der Wächter der drei heiligen Wissenschaften war: Alchemie, Astrologie und Geometrie. Die drei heiligen Wissenschaften sind natürlich alle miteinander verbunden, da sie, wie alles andere auch, denselben Prinzipien folgen.

Dies ist sein letztes Buch, das er in den Katakomben versteckte.
Das was ich über die Funktion in der Sonne gesagt habe, ist vollbracht und beendet.
Meine Rede ist beendet, in der ich über die Arbeit mit der Sonne gesprochen habe.
Es ist vollendet, was ich über die Arbeit der Sonne gesagt habe.
Ich habe alles was notwendig ist über die Funktion der Sonne gesagt.

Gemäß Hermes sind dies alle Informationen, die man benötigt, um vollständig zu verstehen. Dabei wird natürlich vorausgesetzt, dass man bereits über ein gutes Verständnis philosophischer Prinzipien verfügt. Ich hoffe, dass meine Kommentare dabei geholfen haben, die Smaragdtafeln zu verstehen und die Wahrheit in der Alchemie zu erkennen.

Eine fundamentale Wahrheit, ohne Fehler, perfekt und vollständig.
Wie oben, so unten; das größere und das geringere; Makrokosmos und Mikrokosmos: Sie sind das gleiche. Diesem Prinzip folgend wurden alle Dinge aus dem einem geschaffen.
Und da alle Dinge durchgehend Gedanken des einen entstanden sind alle Dinge nur Adaptionen des einen. Dies ist ein fundamentales Prinzip.
Sein Vater ist die Sonne, seine Mutter der Mond. Es wird durch den Wind getragen und ist ernährt von der Erde.
Seine Kraft ist komplett sollte es in Erde verwandelt werden können.
Trenne die Erde von dem Feuer; das subtile vom dichten, das leichte vom schweren; mit Umsicht und Weisheit.
Es steigt wiederholt von der Erde zum Himmel und wieder herab vom Himmel zur Erde und erhält so die Macht von beiden, dem hohen und dem niedrigen.
Dann wirst du die Herrlichkeit der ganzen Welt besitzen. Alle Unwissenheit wird dich verlassen.
Es ist die wahre Macht und die mächtigste, denn es besiegt alle subtilen Dinge und durchdringt alle soliden Dinge.
So wurde die Welt gemacht.
Jeder Ebene ist eine Spiegelung derjenigen, die über ihr liegt; der Mikrokosmos in Übereinstimmung mit dem Makrokosmos.
Jetzt weißt du, wie alle diese Dinge durch die Anpassung des einen geschaffen wurden.
Dies ist der Weg des Wissens. Darum bin ich Hermes dreifach-groß, denn ich habe die drei Teile der Philosophie der ganzen Welt.
Ich habe alles was notwendig ist über die Funktion der Sonne gesagt.
The Emerald Tablet, Hermes, Übersetzung: Author

14. Woraus wird er hergestellt?

Der Stein wird aus nur einer einzigen Substanz hergestellt.

Wisse auch, dass es nur ein Ding in der ganzen Welt gibt, welches für die Zusammensetzung des Steins eine Rolle spielt und somit daher alle Mixturen und Koagulationen verschiedener Bestandteile nur beweisen würden, dass du dich insgesamt auf dem Holzweg befändest.
The Glory of the World, Or, Table of Paradise, Anonym, 1526

Aus der einen Substanz entwickeln sich zuerst das Weiße und dann die rote Tinktur; es gibt nur ein Gefäß, ein Ziel und eine Methode.
The New Pearl of Great Price, Peter Bonus, 1338

Es ist nicht nur so, dass nur dieser eine Bestandteil benötigt wird, sondern besondere Sorgfalt ist von Nöten, damit die Vermischung mit anderen Substanzen auf jeden Fall vermieden wird. Eine kleine Menge Staub oder Wasser würde nicht gleich die gesamte Arbeit ruinieren, würde aber die Gesamtdauer des Prozesses verlängern.

Denn die reine Substanz ist aus einer einfachen Essenz bestehend, es fehlt ihr jede Heterogenität; was nun aber unrein und unsauber ist, besteht aus heterogenen Bestandteilen, es ist nicht einfach sondern verbunden (der Geist des Reinen und Unreinen) und hat die Tendenz zu faulen und zu verderben. Daher lasse nichts in deine Verbindung einfließen, was der Sache fremd wäre, so wie alle Unreinheit; denn nichts wird der Komposition des Steins hinzugefügt, was nicht ohnehin aus ihr besteht, weder in Teilen noch im Ganzen. Jede fremde Substanz, die hinzugemischt wird, würde sofort verderben und die gesamte Arbeit damit nutzlos machen.
The Root of the World, Roger Bacon, 13. Jh.

Der Bestandteil ist Urin. Es ist mir klar, dass sich dies befremdlich und noch dazu auffällig simpel anhören muss, wenn man es zum ersten Mal hört. Es gibt allerdings gute logische Gründe für die Ansicht anzunehmen, der Stein würde aus Urin hergestellt.

Zuerst einmal möchte ich erklären, dass der Stein theoretisch aus jeder beliebigen Substanz hergestellt werden könnte, da alles und jedes zu einem gewissen Grad Lebensenergie enthält. Das ist der aktive Bestandteil des Steins. Urin enthält diese Lebensenergie in hoher Konzentration, was darauf zurückzuführen ist, dass er aus dir heraus kommt und du, ein lebendes Tier, bist voll von Lebensenergie.

Der Stein ist auch in allem enthalten was existiert, denn die Natur ist in allem. Und weil die Natur alle Namen beinhaltet und die Natur die gesamte Welt darstellt, muss auch der Stein viele Namen haben. Es wird behauptet, er wäre in allem enthalten: obwohl manches näher ist als anderes.
Book of the Chemical Art, Marsilius Ficinus, 15. Jh.

Lasst uns zum Zwecke der Illustration annehmen, dass jemand Malz herstellen möchte. Obwohl er dafür auch andere Getreide verwenden könnte ist doch die Gerste die erste Wahl, da sie leichter zum Keimen zu bringen ist und diese Leichtigkeit wiederum ist das, was wir auch bei der Extraktion unseres Quecksilbers anstreben.
On the Philosophers' Stone, Anonym, ca. 12.-17. Jh.

Aus dem Urin werden wir ein Destillat (Wasser) und ein Salz extrahieren müssen. Die Lebensenergie ist in dem Wasser und da diese Lebensenergie hoch flüchtig ist, wird sie mit dem Wasser verbunden bleiben, auch nachdem es destilliert, also verdampft und wieder kondensiert wurde. Unsere Körper wollen die Lebensenergie im Urin eigentlich nicht loswerden, aber sie haben keine Wahl, denn die Lebensenergie ist mit dem Wasser verbunden.

Zum Zweiten ist Urin der perfekte Bestandteil, da er noch unbestimmt ist. Das bedeutet, er wurde gut gefiltert, in seine Bestandteile zerlegt und gereinigt. Er enthält alle möglichen verschiedenen Mineralien, diese jedoch nur in geringen Mengen und noch nicht an einen bestimmten Zweck gebunden.

Unsere wahre und tatsächliche Materie ist nur ein Dampf, der mit einer noch nicht festgelegten metallischen Saat durchtränkt ist.
Aphorisms of Urbigerus, Baro Urbigerus, 1690

Wenn man den Zyklen der Natur folgt, kann man dichte und weniger dichte Partikel trennen; die leichtesten Partikel nennt man ein Salz. Es ist nicht wichtig, welche die tatsächlichen Mineralien im Urin sind, wir interessieren uns einfach nur für die leichtesten, am einfachsten zu verdampfenden. Diese werden in der Form eines Salzes auftreten. Unser Stein benötigt einen Körper, er kann nicht nur aus Wasser allein hergestellt werden. Dieses Salz ist der perfekte Körper, da er das Wasser absorbieren wird, selbst auch hoch flüchtig, jedoch in solider Form existiert. Zudem hat sich das Salz neu geformt, es ist noch unstabil und nicht determiniert und wird daher leicht aufzulösen sein. Das ist es auch, was wir damit tun müssen.

Ich hoffe ihr erkennt die Notwendigkeiten unserer Substanz. Wir suchen ausschließlich nach Wasser, das einen hohen Bestandteil an Lebensenergie enthält, sowie auch sehr leichte Materie, die in der Lage ist, das Wasser zu absorbieren und aufzubrechen. Urin ist nichts magisches oder besonderes, er ist lediglich bereits im Körper gereinigt und vorgefiltert worden und somit erfüllt er all die Bedingungen, nach denen wir suchen. Andere Substanzen könnten ebenso benutzt werden, Urin wurde jedoch von den Alchemisten für die beste gehalten, die ja oft auch mit sehr vielen anderen Substanzen experimentiert haben.

Ein dunkelgelber Urin ist der für unseren Zweck geeignetste, denn dies bedeutet weniger Wasser und mehr Körper, was wiederum im ersten Teil der Arbeit von Nutzen ist. Daher ist der beste Zeitpunkt Urin für die Arbeit zu sammeln, der frühe Morgen, der erste Urin des Tages. Diese Tatsache ist inzwischen ein offenes Geheimnis, wie man am Namen der Geheimgesellschaft „hermetischer Orden des goldenen Sonnenaufgangs" sehen kann. Dieser hat es zwar fertiggebracht, den wahren Bestandteil des Steins der Weisen herauszufinden; unglücklicherweise nahmen sie jedoch an, es handle sich um eine Metapher.

Zur Wiederholung: Einzig und allein Urin ist der alleinige Bestandteil des Steins. Bevorzuge solchen, der am Morgen gewonnen wurde. Du wirst ca. einen Liter benötigen.

Im Folgenden habe ich einige nette Rätsel aus verschiedenen alchemistischen Büchern aufgelistet, die uns zeigen, dass tatsächlich Urin der gesuchte Bestandteil ist.

Diese Substanz ist für jedermann sichtbar; jeder sieht sie, rührt sie, kennt sie aber nicht. Sie ist großartig und grässlich, wertvoll und von geringer Bedeutung, sie kann überall gefunden werden.
The Golden Tract Concerning the Stone of the Philosophers, ein deutscher Philosoph, ca. 16.-17. Jh.

Wisse, dass sich unser Quecksilber vor den Augen aller Menschen befindet, jedoch wenige es erkennen. Wenn es richtig zubereitet wird, ist es im höchsten Grade bewundernswert; allerdings ist seine Ansicht niemandem gewährt mit Ausnahme der Söhne des Wissens. Verachte es nicht, wenn es dir in seiner gewöhnlichen Verkleidung begegnet; wenn du es dennoch tust, wirst du niemals die Meisterschaft erlangen. Falls du allerdings seine Erscheinungsform verändern kannst, wird diese Transformation glorreich sein. Denn dein Wasser ist ein hochkarätiges jungfräuliches Etwas, von Vielen geliebt, die ihren Verächtern in schlechtem Gewand begegnet, damit diese nicht fähig sein sollen, das Wertvolle vom Wertlosen zu unterscheiden.
The Fount of Chemical Truth, Eirenaeus Philalethes, 1694

Nachdem du mit dieser Eigenschaft vertraut bist, wirst du bewundern, wie so eine niedere Substanz so eine himmlische Natur beinhalten kann.
Verbum Dismissum, Count Bernard Trevisan, 15. Jh.

Vom Unwissenden und Anfängern wird sie als das Hässlichste und Wertloseste aller Dinge betrachtet. Sie wird von vielen Heiligen gesucht, jedoch nur von wenigen gefunden. [...] Männer haben es direkt vor ihren Augen, berühren es mit ihren Händen, kennen es jedoch nicht, obwohl sie ständig mit ihren Füßen darauf herumtreten. [...] [Die Substanz ist] sehr gewöhnlich und kann überall im Überfluss gefunden werden.
The Sophic Hydrolith, Or, Water Stone of the Wise, Anonym, 17. Jh.

Unsere Substanz liegt offen vor den Augen eines jeden und doch ist sie unbekannt. [...] Unser Wasser, welches die Hände nicht befeuchtet.
The New Chemical Light, Michael Sendivogius, 17. Jh.

Es gibt etwas, das ein jeder kennt und wer immer es erkennt wird es dennoch so gut wie nie finden. Der Weise wird es behalten und der Dummkopf wegwerfen; die Reduktion ist einfach für den, der sie kennt.
A Magnificent and Select Tract on Philosophical Water, Anonym, ca. 13.-17. Jh.

Das wundervolle Tao existiert nicht weit entfernt von unseren eigenen Körpern. Es wird nicht unbedingt in weit entfernten Bergen oder unbekannten Gewässern gefunden.
Three Alchemical Poems, Chang Po-tuan, 11. Jh.

Es gibt nur eine Quelle in der ganzen Welt, aus der dieses Wasser gewonnen werden kann. [...] Es kommt aus einem geheimen Ort und seine Wasser fließen in der ganzen Welt. Jeder kennt es und doch kennt niemand den wahren Grund oder den Weg zu der Quelle. [...] Aus diesem Grund sagen die Heiligen manchmal "O Wasser des harten und bitteren Geschmacks!" Denn tatsächlich ist die Quelle schwer zu finden. Wer sie allerdings kennt kann dies mit Leichtigkeit, ohne irgendwelche Kosten.

Schwierigkeiten oder Arbeit. Unverändert ist das Wasser von Natur aus hart und bitter, so dass niemand es zu sich nehmen wird. Und da die große Mehrheit der Menschheit wenig Verwendung dafür hat sagt der Heilige auch "O Wasser, welches der Niedrige mit geringem Wert versieht, der deine großen Fähigkeiten nicht erkennt, in dir sind die vier Elemente verborgen. Du hast die Macht, die Natur aufzulösen, zu erhalten und zusammenzufügen wie kein anderes Ding auf Erden."

[...] Es wird Rebis genannt (Zwei-Ding), es ist ein Stein, Salz, ein Körper und für die große Mehrheit der Menschheit ein böses und verachtenswertes Ding [...] unsere Substanz ist die am meisten verbreitete auf Erden und sie enthält in sich selbst die vier Elemente. Es ist tatsächlich erstaunlich, dass so viele ein so gewöhnliches Ding suchen und es dennoch nicht finden können.

[...] Die zwei sind tatsächlich nur ein durchsichtiges Wasser, welches so bitter schmeckt, dass man es eigentlich nicht trinken kann. Die Menge dieses Wassers ist so, dass es auf der gesamten Erde fließt, dennoch führt es zu nichts anderem, als zur Kenntnis unserer Kunst. Diese wird zu oft von denen missbraucht, die sie suchen. Nimm auch das Feuer und in ihm wirst du den Stein finden und nirgends sonst in der ganzen Welt. Alle Männer, sowohl jung als auch alt, kennen es. Es wird auf den Land, auf dem Dorf, in der Stadt, ja in allen Dingen gefunden, die Gott geschaffen hat. Dennoch wird es von allen verachtet. Reich und Arm gehen jeden Tag mit ihm um. Von den Bediensteten wird es in den Rinnstein geworfen. Kinder spielen mit ihm. Doch niemand wertschätzt es, obwohl es neben der menschlichen Seele das schönste und wertvollste Ding auf Erden ist. Es hat die Macht, Könige und Prinzen vom Thron zu stoßen. Nichtsdestotrotz wird es für das übelste Ding auf Erden gehalten. Es wird von allen abgelehnt und verworfen.

[...] Denn der Stein wird aus nichts anderem in der ganzen Welt, mit Ausnahme dieser einen Substanz, die eigentlich keine ist, hergestellt. Derjenige, der damit nicht vertraut ist, wird unserer Kunst nie erlangten. Es ist das eine Ding, das nicht aus Minen hervorgeholt wird oder aus den Höhlen der Erde wie Gold, Silber, Schwefel, Salz usw., sondern man findet es in der Form in der Gott es ursprünglich geschaffen hat. Es wird geformt und erzeugt durch ein übermäßiges Verdicken der Luft, sobald diese den Körper verlassen hat. Es kann deutlich gesehen werden, verschwindet jedoch ohne Spuren zu hinterlassen sobald es die Erde berührt. Da es danach nie wieder gesehen werden kann, muss es gefangen werden, während es sich noch in der Luft befindet.

[...] Niemand würde je auch nur davon träumen, die wahre Substanz in einer Apotheke zu erwerben. Im Gegenteil, Handelsleute schütten es täglich wie wertlosen Abfall in den Rinnstein.

[...] XXXVII. Pythagoras sagt in seinem vierten Tablett: „Wie wunderbar ist die Übereinstimmung der Heiligen inmitten verschiedener Meinungen. Sie alle sagen, sie hätten den Stein aus einer Substanz gewonnen, die von den niederen Menschen als das übelste Ding auf Erden angesehen wird. Tatsächlich, sollten wir den gewöhnlichen Menschen den Namen unserer Substanz verraten, so würden sie dies für eine komplette Lüge halten. Wenn sie allerdings mit seinen Vorzügen und seiner Wirksamkeit vertraut wären, so würden sie nicht ablehnen, was tatsächlich das Wertvollste auf Erden darstellt. Gott hat dieses Geheimnis vor den Narren, den Bösen, den Gewalttätigen verborgen, damit es nicht für böse Zwecke missbraucht werden kann."

[...] Der Stein ist mysteriös oder geheim, da er an einem geheimen Platz gefunden wird, in einer überall verachteten Substanz, in der niemand nach dem größten Schatz der Welt suchen würde. Daher können wir ihn auch den versteckten Stein nennen.

The Glory of the World, Or, Table of Paradise, Anonym, 1526

15. Der Zeitfaktor

Es ist schwierig, anzugeben, wie lange es genau dauern wird, den Stein herzustellen, da dies von vielen Faktoren abhängt.

Die hauptsächlichen Faktoren, welche die Zeit beeinflussen, sind:

1. Wie gut du die Substanz im ersten Teil destillierst und reinigst.
2. Wie genau die Temperatur eingehalten wird.
3. Die Umgebungs- bzw. Raumtemperatur.
4. Die Größe und Form deines Gefäßes (Flasche).
5. Die Menge der Substanz.

Es gibt weitere, weniger wichtige Faktoren, wie zum Beispiel der Luftdruck oder astrologische Einflüsse. Diese befinden sich jedoch außerhalb deines Einflusses. Es lohnt daher nicht, sich über sie unnötig Gedanken zu machen.

Vergleiche Aurel. Augurell., Book III:
„Es wird wohl niemand so genau die Jahre berechnen können,
Um nicht ihrer Zahl hinzuzufügen oder zu verringern,
Da passende Substanz manchmal den Prozess beschleunigt und unpassende ihn verlangsamt.
Oder intensive Hitze wird die Messung nur gering beeinflussen, jedoch Wasser viel.
Und Zeit sowie Ort sind variabel."
An Explanation of the Natural Philosopher's Tincture, of Paracelsus, Alexander v. Suchten, 16. Jh.

Die durchschnittlich benötigte Zeit für den gesamten Prozess beträgt drei Jahre. Man könnte dies eventuell auf 18 Monate verkürzen, indem man sich im ersten Teil mehr Mühe gibt und alle beteiligten Faktoren unter strenger Kontrolle hält. Es könnte aber auch leicht fünf oder sogar acht Jahre dauern, wenn die Bedingungen nicht gut sind.

Es braucht eine lange Zeit, den Stein herzustellen, aber die Arbeit ist nicht sehr hart, sie erfordert keine größeren Anstrengungen. Im Wesentlichen muss man nur gelegentlich den Fortschritt kontrollieren, zumindest einmal alle paar Wochen. Damit kann auch eine vielbeschäftigte Person die notwendige Muße finden, den Stein herzustellen. Es dauert lange, aber die Arbeit ist einfach.
Die allchemischen Bücher sind sehr obskur was den Zeitraum betrifft. Dies geschieht mit voller Absicht, um die Geduld und das Durchhaltevermögen des Anfängers auf die Probe zu stellen. Und es funktioniert. Die meisten Menschen haben keine Vorstellung davon, dass es Jahre dauert, den Stein herzustellen und sie geben auf, selbst wenn sie auf

dem richtigen Weg sind. Einige der Bücher lügen auch ganz klar und deutlich im Bezug auf die benötigte Zeit. Man kann als grobes Maß annehmen, dass immer, wenn ein Monat erwähnt wird, ein Jahr gemeint ist, ebenso ein Monat wenn die Rede von einer Woche ist und eine Woche, wenn sie von einem Tag sprechen.

Die korrekte Dauer unserer Magistralformel, Tag und Stunde seiner Geburt und Herstellung liegen im Dunkeln. Seine Herstellung geschieht tatsächlich in einem einzigen Moment, hierbei sollten wir beachten, wie das gereinigte Element und die Saat des ganzen Vorganges zusammengehören. Wenn wir dies nicht wissen, dann wissen wir nichts über die Magistralformel. Es gibt bestimmte Zeichen, die mit großer Gleichmäßigkeit auftreten, zu ihren eigenen Gezeiten und Rückmeldungen, dies bei der Herstellung des Steins. Wenn wir sie aber nicht verstehen, dann befinden wir uns ebenso hoffnungslos im Dunkeln wie zuvor. Die gleiche Bemerkung ist auch für die genauen Proportionen aller Beteiligten Elemente in der Mischung gültig. Die Zeit, die der gesamte Vorgang braucht, wird von Rhasis mit über einem Jahr angegeben, Rosinus legt es auf neun Monate fest, andere auf sieben, wieder andere mit vierzig und einige andere mit achtzig Tagen.

[...] Ich kannte einen Mann, sagte Gregory, der die Arbeit in der korrekten Weise begann und die weiße Tinktur erzeugte. Als er jedoch Verzögerungen beim Erscheinen der roten Färbung beobachtete, gab er verzweifelt auf. Dieser Mann kannte die einfachen Elemente unserer Kunst, die Reinigung, Mischung und die Anzeichen, die auftreten würden. Da er jedoch nicht wusste, was zur rechten Zeit zu tun war verschwand die ganze Prozedur aus seinem Sichtfeld. Denn der weiße Stein war noch nicht fixiert und da er zu großer Hitze ausgesetzt wurde, verdampfte er.
The New Pearl of Great Price, Peter Bonus, 1338

Der weise Mann verringert Jahre zu Monaten, Monate zu Wochen, Wochen zu Tagen.
A Golden and Blessed Casket of Nature's Marvels, Benedictus Figulus, 1607

Man sollte sich sicherlich bemühen, die Temperatur und andere Faktoren zu optimieren, um den Stein schneller herstellen zu können. Man sollte ihn jedoch nicht drängen. Man kann die Natur nicht drängen. Wer wünscht, die Natur zu beschleunigen, muss sich an ihre Regeln halten, sie wird nicht nach seinen spielen.

Man erinnere sich, dass der größte Fehler in dieser Kunst, Eile darstellt.
The Epistle of Bonus of Ferrara, Peter Bonus, 14. Jh.

Man darf nicht verzagen oder versuchen, den Prozess der Lösung zu beschleunigen. Wenn man dies durch gewaltige Hitze versucht, so wird sich die Substanz vorzeitig in rote Asche verwandeln und der aktive vitale Bestandteil wird passiv werden, quasi wie mit einem Hammer auf den Kopf geschlagen. Geduld ist somit die Haupttugend des Alchemisten.
A Brief Guide to the Celestial Ruby, Eirenaeus Philalethes, 1694

Es ist nötig, besondere Geduld bei der Zubereitung unseres Elixiers aufzubringen. Nur so wird es zu dem werden, was man es sich zu werden wünscht. Keine Frucht kann aus einer zu früh gepflückten Blume erwachsen. Wer zu sehr in Eile ist, kann nichts zur vollständigen Perfektion bringen, sondern wird im Gegenteil das, was er bereits hat, zerstören.
The Twelve Keys, Basilius Valentinus, 15. Jh.

Je größer unsere Eile, desto geringer wird unsere Geschwindigkeit sein.
The Chemical Treatise, Or, The Ordinal of Alchemy, *Thomas Norton, 1477*

16. Die Temperatur

Ein Großteil der Arbeit bei der Herstellung des Steins, besteht aus der Optimierung der Temperatur. Diese muss streng kontrolliert werden; zu viel Hitze wird die Arbeit zerstören, zu wenig und sie wird sich gar nicht erst entwickeln.

Das äußere Feuer des Ofens sollte weder zu gewaltig (damit das Gleichgewicht der chemischen Kräfte in der Substanz nicht gestört wird), noch zu gering sein, damit das innere Feuer nicht zu wenig unterstützt wird durch Mangel an äußerer Hitze. Es sollte lediglich eine gleichmäßige vitale Wärme erhalten bleiben.
A Brief Guide to the Celestial Ruby, Eirenaeus Philalethes, 1694

Die glückliche Verfolgung der gesamten Arbeit besteht aus der genauen Bestimmung der Temperatur des Feuers. Darum vermeide zu viel Hitze, sonst wirst du den Zustand der Lösung vor der Zeit erreichen, also bevor die Substanz reif ist; das würde dich zur Verzweiflung und zum Ende deiner Hoffnungen führen.

[...] Verschließe das Gefäß und verfolge dein Ziel bis zum Ende. Denn es gibt keine Schöpfung von Dingen, außer durch den Fäulnisprozess, die Luft herauslassend und ständiger innerer Bewegung unter gleichmäßig verteilter sanfter Wärme.
The Root of the World, Roger Bacon, 13. Jh.

Im ersten und im allerletzten Teil der Arbeit wirst du große Hitze verwenden. Große Hitze wird von den Alchemisten auch *trockene Hitze* genannt, da hierbei alle Feuchtigkeit verdampft. Um Beschädigungen der Glasgefäße zu vermeiden, sollte die höchste verwendete Temperatur 260°C nicht überschreiten.
Allerdings benötigt der größere Teil der Arbeit die sogenannte *feuchte Hitze*. Das bedeutet, der Körper trocknet niemals vollständig aus, die Feuchtigkeit zirkuliert. Die feuchte Hitze verdampft den größten Teil der Feuchtigkeit, aber nicht alles. Danach kondensiert diese und regnet zurück auf den Körper. So wird der Kreislauf des Wassers in der Natur imitiert.
Der ganz genaue Wert der benötigten Temperatur, ebenso wie die notwendige Zeit, sind schwer in absoluten Zahlen anzugeben, da beide von deiner Substanz und dem verwendeten Gefäß abhängen. Der Trick dabei ist, die Temperatur so einzustellen, dass die Feuchtigkeit zirkuliert (verdampft und kondensiert), und zwar so effizient wie möglich.

Das Wasser oder Feuer als subtiles Element steigt auf, während der Körper solide bleibt wo er ist. Die Trennung muss durch sanfte Wärme erfolgen, im wohltemperierten Bad der Heiligen, welches langsam agiert und weder zu heiß noch zu kalt ist. Dann steigt der Stein auf zum Himmel und kehrt wieder zurück zur Erde. Der Geist und Körper werden zuerst getrennt, dann wieder, durch sanftes Kochen bei einer Temperatur, die derjenigen gleichkommt, mit der eine Henne ihre Eier ausbrütet,

zusammengefügt.
The Glory of the World, Or, Table of Paradise, Anonym, 1526

Das Gefäß mit der Medizin wird unter feuchte Hitze gesetzt, so dass die Hälfte des Gefäßes sich in der feuchten Hitze oder dem Balneo befindet, der gleichen Temperatur wie Pferdedung und die andere Hälfte aus dem Feuer heraus, so dass man täglich darauf schauen kann.
The Root of the World, Roger Bacon, 13. Jh.

Am Anfang des zweiten Teils wird die verwendete Temperatur wahrscheinlich gleich oder etwas höher als die Körpertemperatur sein, ca. 37°C. Diese Temperatur wird im Verlaufe der Entwicklung des Steins erhöht werden müssen, wenn er seine schwarze, weiße und rote Zustandsform anstrebt. Der gesunde Menschenverstand sollte dir zeigen können, welche Temperatur jeweils benötigt wird. Es sollte eine bequeme Temperatur sein, keine aggressive Temperatur und die Zirkulation der Feuchtigkeit sollte durch sie unterstützt werden.

„Also" sagt Rhasis, „sei extrem umsichtig und vorsichtig bei der Sublimation und Verflüssigung der Substanz, damit dein Feuer nicht zu stark wird, wodurch das Wasser aufsteigen würde zum höchsten Bereich des Gefäßes. Es würde dort vergeblich einen Platz zum Abkühlen suchen, es wird dort festsitzen wodurch der Schwefel der Elemente nicht zur Perfektion gelangen würde. Denn tatsächlich während dieser Arbeit ist es häufig notwendig, sie zu erhöhen oder zu sublimieren und dann wieder zu verringern. Und das sanfte, gemäßigte Feuer ist das einzige, das die Mixtur vervollständigen kann, sie verfestigt und die Arbeit somit perfektioniert.
The Root of the World, Roger Bacon, 13. Jh.

17. Andere Methoden

Wie du vielleicht schon geahnt hast, gibt es nicht nur eine mögliche Methode und auch nicht nur einen möglichen Bestandteil für die Herstellung des Steins der Weisen. Es gibt verschiedene Wege zum selben Ort zu gelangen. Solange du den Regeln der Natur folgst, wirst du durch deine Methode zum Stein gelangen. Einige Methoden sind jedoch schneller als andere.

Viele Wege zur Tinktur der Philosophen zu gelangen wurden ausprobiert und sie alle gelangten am Ende zum selben Ergebnis.
The Book Concerning the Tincture of the Philosophers, Theophrastus Paracelsus, 16. Jh.

Viele verschiedene Modi wurden von unterschiedlichen Philosophen erfunden um durch Kunstfertigkeit zu vervollständigen, was die Natur unvollständig gelassen hatte, denn die Natur selbst ist immer ihrer eigenen Perfektion zugeneigt.
Book of the Chemical Art, Marsilius Ficinus, 15. Jh.

Die in diesem Buch vorgestellte Methode ist sicherlich nicht die effizienteste von allen. Es ist jedoch diejenige, die ich kenne. Sie wurde getestet und von einigen der größten Geister über Tausende von Jahren entwickelt.

Der erste Teil der Arbeit ist am ehesten offen für alternative Methoden. Der gewählte Hauptbestandteil, in unserem Fall Urin, könnte auch etwas anderes sein, wenn man etwas gleichermaßen Reines mit den richtigen Qualitäten finden würde. Es könnte auch effektivere Methoden der Zubereitung geben als diejenige, die ich in den folgenden Kapiteln beschreiben werde.

Die zweite Problematik besteht aus dem offensichtlichen Konflikt zwischen denen die behaupten, heutzutage unsere Kunst auszuüben. Unter diesen Personen kann man eine große Vielfalt von Methoden beobachten und sogar eine ebensolche in der Auswahl der Bestandteile.

[...] Es erscheint tatsächlich, als wenn es viele Wege hin zu unserer Kunst geben würde, nicht nur einen. Gerber behauptet, es gebe viele Wege ein und denselben Effekt zu erzielen. Dasselbe behauptet auch Rhasis in seinem Buch über die perfekte Magistratur, in dem er über Körper und geistige Essenzen und deren Reinigung spricht, sowie über deren vielfältige Zusammensetzung.

The New Pearl of Great Price, Peter Bonus, 1338

Um andere Substanzen als unseren Hauptbestandteil vorschlagen zu können, müssen wir die Gesetze und Zyklen der Natur beachten. Ein tiefes Verständnis der Natur und der Alchemie, das Verständnis wie und warum der Prozess funktioniert, wird dir ermöglichen, alternative Substanzen, die wir ebenso verwenden könnten, zu erraten. Mir erscheint es nur sinnvoll, Urin als den für uns wirkungsvollsten Stoff für die Extraktion des Körpers (Salz) zu verwenden, er enthält auch sehr viel Lebensenergie in seinem wässrigen Bestandteil. Es würde allerdings auch logisch durchaus Sinn machen anzunehmen, dass Samen, Blut und frischer Fruchtsaft ebenso hohen Konzentrationen an Lebensenergie, welche das aktive Prinzip darstellt, enthalten könnten, vielleicht sogar in einem höheren Maße als in Urin, oder eben vielleicht auch nicht. Ich habe mit keiner dieser Substanzen Experimente durchgeführt, da der Prozess nach meiner Erfahrung eine so lange Zeit benötigt, dass es wohl schneller ist, den Stein auf traditionelle Art und Weise herzustellen. Wir können allerdings sicher sein, dass die Alchemisten verschiedene Substanzen ausprobiert haben und da alle Alchemisten der jüngeren Geschichte (seit dem 16. Jahrhundert) mit Sicherheit Urin benutzten wäre es nur logisch anzunehmen, Urin stelle die beste Wahl dar. Es wäre allerdings auch denkbar, dass sie ihre Ergebnisse bei den Versuchen mit anderen Substanzen nicht veröffentlicht haben, weil dabei die Zeit bis zur Erreichung des Ziels stark verkürzt wurde und somit die Geduld und Ausdauer des Anfängers nicht mehr zuverlässig auf die Probe gestellt werden könnte.

Was den Körper betrifft, suchen wir nach einem sehr empfindlichen Salz, welches die Feuchtigkeit absorbieren kann und sich dadurch in seine Bestandteile auflöst. Der wässrige Bestandteil muss eine große Menge an Lebensenergie enthalten. Beide Bestandteile müssen sehr rein sein und so wenig wie möglich von anderen Substanzen enthalten. Es wäre grundsätzlich nicht unbedingt notwendig, für die beiden Bestandteile ein und denselben Ausgangsstoff zu wählen. Es hat sich jedoch gezeigt, dass Urin beide Erfordernisse erfüllt. Es wäre jedoch möglich, das Salz des Urins und das Wasser einer anderen Substanz zu nutzen.

Nichtsdestotrotz, die sichere und garantierte Option ist es, Urin zu benutzen und dies ist auch die Methode, die ich aufzeigen werde. Sollte jemand eine andere Variante ausprobieren wollen, so wäre es weise, parallel dazu Urin zu benutzen, damit nicht zu viel Zeit verlorengeht, sollte die Alternative scheitern.
Für alternative Bestandteile benutze die gleiche Anleitung, tausche lediglich die andere Substanz gegen den Urin aus.

Die von mir vorgestellte Methode, die Urin benutzt, ist relativ neu und wird manchmal auch die trockene Methode genannt. Diese Namensgebung geht zurück auf die Tatsache, dass im ersten Teil eine Kalzination stattfindet. Sie wurde unter den Alchemisten durch Paracelsus im 16. Jahrhundert bekannt und berühmt. Es dürfte sich allerdings um eine weitaus ältere Methode handeln, die Paracelsus lediglich wiederentdeckt hat. Die Alchemisten vor der Zeit des Paracelsus benutzten destillierten Urin zusammen mit Gold, was eine weniger wirkungsvolle Methode darstellt. Sie ist zudem auch teurer als nur Urin zu verwenden. Es braucht ungefähr die doppelte Zeit, verglichen mit der Methode, die ausschließlich Urin verwendet.

Die älteren Methode, welche destillierten Urin und Gold verwendet, wurde auch die nasse Methode genannt. In ihr verlässt man sich auf die Lebensenergie im destillierten Urin, um das Gold aufzulösen. Das funktioniert, weil Gold eine sehr reine Substanz ist, die eine große Menge an Lebensenergie enthält. Es wird sich mit etwas Überzeugungsarbeit durch den destillierten Urin auflösen lassen. Es macht allerdings weit mehr Sinn, die leichteren Bestandteile des Urins selber zu benutzen, da diese zwar rein, aber nicht so dicht und zudem noch nicht determiniert sind, im Gegensatz zu Gold.

Ich habe mich jetzt dazu entschlossen, doch viel zu schreiben, obwohl ich am Anfang dieses Buches angekündigt hatte, es in Stille zu begraben. Dies ist die eine große Weisheit aller Adepten; einige sprechen von diesem einfachen Gold und Silber und sie sagen die Wahrheit. Andere wiederum sagen, dass wir es nicht benutzen können und sie sagen auch die Wahrheit. In der Gegenwart Gottes nun werde ich alle unsere Adepten als Zeugen aufrufen und sie eifersüchtiger Missmutigkeit bezichtigen. Ich hatte mich auch fest entschlossen, denselben Weg zu gehen, doch Gottes Hand verwirrte meinen Pfad. Ich sage nun, beide Wege

sind wahr und erreichen am Ende das gleiche Ziel, am Anfang jedoch ist es ein sehr großer Unterschied.
An Open Entrance to the Closed Palace of the King, ein anonymer, wahrheitsliebender Alchemist, 1645

Theophrastus zeigt uns zwei Wege, einen uralten und einen anderen, der von ihm selbst entdeckt und genutzt wurde. Er erzählt, dass die Altvorderen einen sehr langen Weg zu gehen hatten, bevor sie die im vorangegangenen erwähnten Separationen und damit ihr Ziel erreichen konnten. Am Anfang haben sie aus einem Simplex, oder auch aus einem Subjectivum wie Gott selbst, zwei Dinge erzeugt, Wasser und Erde, so wie es auch Theophrastus tat. Und er fährt fort: "dass die Künstler diesen zwei Simplices den Namen Lili gegeben haben, danach benutzten sie die erwähnten Simplices und nicht einen". Aber jetzt ist es egal ob du am Anfang ein oder zwei Dinge benutzt. Wenn unsere Substanz in einer Sache gefunden werden kann, so wird sie ebensogut in zwei Dingen gefunden werden können (die Natur wird bereits das ursprüngliche eine in zwei verwandelt haben).

[...] ich schrieb, dass es niemanden gäbe, der die kürzere Methode nicht hätte wissen wollen und dass man sich nicht über Theophrastus beschweren solle. Er zeigt dir noch einen kurzen Weg, ermahnte ich aber auch, den oben erwähnten anstrengenden Weg sein zu lassen und vom Löwen nichts weiter zu nehmen als sein rosiges Blut und vom Adler den weißen Klebstoff. Diese zwei Körper musst du zu einem verbinden, so wie die männliche und weibliche Saat.
An Explanation of the Natural Philosopher's Tincture, of Paracelsus, Alexander v. Suchten, 16. Jh.

Wenn du weißt, wie aus unserem Quecksilber und gemeinem Gold, das durch es gelöst, belebt und erneuert wurde, ein Amalgam herzustellen ist, so kannst du sicher sein, das großartige Elixier zu erzeugen, allerdings nicht so schnell, so natürlich und auch nicht so reich, als wenn es ohne das Gold getan wäre. Und dies stellt unseren dritten Weg dar.
Das Amalgam unseres Quecksilber-Komplexes (destillierter Urin) mit gewöhnlichem Gold, geschieht nur im richtigen Verhältnis und die unlösbare Vereinigung der beiden, die ohne Hinzufügen von äußerer Hitze in sehr kurzer Zeit geschieht (das ist eine Lüge, es dauert sehr lange). Somit ist ohne das genaue Verhältnis und die korrekte Vereinigung nichts zu erwarten aus deren Ehe.
Wisse nun, das korrekte Verhältnis beträgt zehn Teile unseres Quecksilbers zu einem Teil des besten gewöhnlichen Goldes in Stücken, die sich darin lösen wie Eis in gewöhnlichem Wasser. In einer nicht wahrnehmbaren Weise und sobald die Auflösung vollständig ist, wird die Koagulation und der Fäulnisprozess folgen. Dieser Effekt, wenn er nicht beobachtet wird, ist ein Zeichen dafür, dass unser Quecksilber seine gewünschten Mengenverhältnisse überschritten hat. Wenn dann dein Gold ausreichend gut amalgamisiert, vereinigt, gefault und unlösbar verdaut mit unserem Quecksilberkomplex ist, so wirst du zu dem Zeitpunkt lediglich unseren philosophischen Schwefel haben und in dieser Zeit könnte man ebenso einfach die gesamte Arbeit vollzogen haben, als wenn man sie ohne Gold ausgeführt hätte.
Aphorisms of Urbigerus, Baro Urbigerus, 1690

18. Die Schriften verstehen

Nachdem wir nun die Theorie behandelt haben, werde ich einen kurzen Überblick über die Begriffe geben, um dir damit im Verständnis beim Studium der Bücher über Alchemie zu helfen.

Du solltest zu diesem Zeitpunkt ein gutes Verständnis der Prinzipien, auf denen die Natur aufbaut und die auch bei der Entwicklung des Steins wichtig sind, haben. Das könnte ausreichen, um die alchemistischen Schriften zu verstehen. Trotzdem will ich dir helfen, die Begriffe der Alchemisten besser interpretieren zu können.

Unglücklicherweise hatten die Alchemisten die Angewohnheit, nicht nur verschiedene Worte für ein und dieselbe Sache zu benutzen, sondern zudem ein und dasselbe Wort für verschiedene Dinge. Was bedeutet, du musst immer noch die genaue Bedeutung aus dem Zusammenhang entnehmen, was dir allerdings durch das Verständnis des natürlichen Prozesses gelingen sollte. Einige Alchemisten haben sogar ihre eigenen Wörter und Symbole erfunden, ich kann also nur die für gewöhnlich benutzten Begriffe abdecken.

Das Folgende sollte nicht als Definition sondern lediglich als grobe Richtlinie zum Verständnis der Benutzung verschiedener Begriffe durch die Alchemisten verstanden werden:

Quecksilber. Steht normalerweise für destillierten Urin, oder den Stein zu einem beliebigen Zeitpunkt des Prozesses, oder einfach nur Urin. In seltenen Fällen steht es für das weiße Salz.
Schwefel. Steht normalerweise für das weiße Salz, oder eine beliebige unreine Substanz, die nicht benötigt wird. In seltenen Fällen steht es für den Stein zu einem beliebigen Zeitpunkt des Prozesses.
Alkahest. Der Stein, rot oder weiß.
Amalgam. Die Definition ist eine metallische Verbindung. In der Alchemie repräsentiert der Begriff die Zusammenführung zweier Dinge in ein Einziges, wie zum Beispiel der Beginn des zweiten Teils des Prozesses, oder der Stein zu einem beliebigen Zeitpunkt.
Aqua fortis. Salpetersäure, die allerdings in der Alchemie niemals verwendet wird. Manchmal bedeutet es das Gleiche wie Quecksilber.
Aqua vitae. "Lebendiges Wasser", das Gleiche wie Quecksilber.
Argent vive. Das Gleiche wie Quecksilber.
Kunst (*Art*). Alchemie.
Körper. Steht normalerweise für das weiße Salz, oder den Stein zu einem beliebigen Zeitpunkt des Prozesses oder ein beliebiger Bestandteil all der Dinge, mit denen du zu tun hast.
Buch der Natur. Die Welt selbst. Das Lernen durch die Beobachtung der Natur und durch Experimente.
Kalzination. Trocknen, traditionell durch starke Hitze, manchmal allerdings meinen Alchemisten damit auch das Trocknen durch eine schwache Hitze.
Zinnober. Das Gleiche wie Quecksilber.
Koagulation. Eine Flüssigkeit verfestigt sich.
Konjunktion. Das Zusammenführen zweier Dinge (zum Beispiel das weiße Salz und destillierter Urin)
Gewöhnlich. Das Eigenschaftswort *gewöhnlich* vor einem Substantiv soll darauf hinweisen, dass diese Sache im normalen Sprachgebrauch verwendet wird, also nicht als Metapher. Beispiel: *gewöhnliches Gold*.
Krähe. Steht für den schwarzen Zeitpunkt des Prozesses (Fäulnisprozess).
Tau. Das Gleiche wie Quecksilber.
Verdauung. Das Gleiche wie Fäulnis.
Destillation. Verdampfen und Kondensieren. In der Alchemie wird dies immer durch niedrige Hitze herbeigeführt.
Möwe. Steht gewöhnlich für den weißen Stein, in seltenen Fällen auch für destillierten Urin.
Adler. Steht für Destillation.
Elixier. Der Stein, weiß oder rot.
Fermentierung. Zeitpunkt, an dem der weiße oder rote Stein mit Gold oder Silber gemischt wird.

Erste Materie *(prima mater)*. Entweder Urin oder die Lebensenergie.

Gold. Steht manchmal für normales Gold, ansonsten aber für den roten Stein, oder das weiße Salz oder den Stein zu einem beliebigen Zeitpunkt des Prozesses.

Das große Werk. Der Prozess der Herstellung des Steins der Weisen.

Hermaphrodit. Zustand, in dem das weiße Salz und destillierter Urin bereits kombiniert wurden.

Hermetisch versiegelt. Eine luftdichte Versiegelung.

Absorbieren *(Imbibition)*. Feuchtigkeit bis zur Sättigung aufnehmen.

König. Steht gewöhnlich für den roten Stein.

Blei. Normales Blei oder das Gleiche wie Schwefel.

Löwe. Eine Metapher für eine Schwierigkeit, die es zu überwinden gilt, manchmal auch die schwarze Masse des Urins, die das weiße Salz enthält.

Lebendig. Ebenso wie in *unser* bedeutet es, dass die Substanz Lebensenergie enthält oder durch einen allchemischen Prozess verändert wurde. Ein Beispiel wäre *lebendiges Gold*, abhängig vom Zusammenhang könnte dies auch Urin, das weiße Salz oder den Stein zu einem beliebigen Zeitpunkt des Prozesses bedeuten.

Magnesium. Das Gleiche wie Quecksilber.

Mond *(Luna)*. Das weibliche Prinzip. Steht in der Regel für den weißen Stein oder destillierten Urin, obwohl manche Alchemisten destillierten Urin für einen Repräsentanten des männlichen Prinzips halten. Kann auch für Silber stehen.

Multiplikation. Die Vermehrung des Steins in qualitativer oder quantitativer Hinsicht.

Der Weisen. Ein Wort mit diesem Zusatz ist ein Hinweis darauf, dass das vorangegangene Wort eine Metapher darstellt, wie zum Beispiel in *das Quecksilber der Weisen*.

Unser. Ein Wort mit diesem Zusatz ist ein Hinweis darauf, dass das vorangegangene Wort eine Metapher darstellt, wie zum Beispiel in *unser Quecksilber*.

Pelikan. Das Gefäß. Kein spezielles Gefäß wie einige denken, sondern ein normales rundes.

Philosophisch. Bedeutung wie in *unser*, zum Beispiel *philosophisches Quecksilber*.

Phönix. Ein mythologischer Vogel der Hunderte von Jahren gelebt haben, dann in einem Feuerball gestorben und aus seiner Asche wieder auferstanden sein soll. Dieses Symbol repräsentiert den natürlichen Prozess der Neuerschaffung aus dem Verfall. Alle Dinge müssen zuerst zerstört werden bevor sie sich weiter entwickeln können. Dieses fundamentale Konzept trifft auf alles zu, auch auf den Stein und unsere Zivilisation. In der Alchemie repräsentiert dieses Symbol in der Regel den roten Stein oder den gesamten Prozess.

Projektion. Wenn der Stein dazu benutzt wird, Metalle in Silber oder Gold zu transmutieren.

Verwesung *(Putrefaction)*. Auseinanderbrechen, zersetzen.

Königin. Steht in der Regel für den weißen Stein.

Quintessenz. Steht normalerweise für das aktive Wirkprinzip, welches ich *Lebensenergie* nenne.

Rabe. Steht für den schwarzen Teil des Prozesses (Verwesung).

Rebis. Wenn das weiße Salz und destillierter Urin kombiniert wurden.

Salz. Steht gewöhnlich für das weiße Salz.

Saat. Gebrauch wie umgangssprachlich, jedoch mit breiterem Bedeutungsspektrum, da die Alchemisten annehmen, dass jedes Ding einen Samen enthält.

Seele. Steht gewöhnlich für Lebensenergie.

Geist *(Spirit)*. Destillierter Urin.

Sublimation. Eine Substanz wechselt ihren Aggregatzustand, wie zum Beispiel fest zu flüssig oder flüssig zu gasförmig. In der Alchemie bedeutet es auch manchmal Destillation (eine Flüssigkeit wird zu einem Gas und dann wieder verflüssigt). Jede subsequente Sublimation, welche den Aggregatzustand der Mate

hoch und dann wieder herunter führt (flüssig-gasförmig-flüssig), macht diese Substanz reiner.
Sonne *(Sol).* Das männliche Prinzip. Steht für gewöhnlich für den roten Stein oder das weiße Salz. Kann auch für Gold stehen.
Tinktur. Der Stein, rot oder weiß.
Vulkan. Römischer Gott des nutzbringenden Feuers. In der Alchemie bedeutet das Feuer des Vulkans eine bestimmte Temperatur, die einen Kreislauf aus Verdampfung und nachfolgender Kondensation bewirkt. Es gibt den Vulkan auch als Symbol für Alchemie.
Vulgär. Das Gleiche wie *gewöhnlich*.
Wasser. Das Gleiche wie *Quecksilber*.

Hier ein Beispiel:
„Ein Spirit ist für eine Zeit einem Körper gegeben und dieser Spirit ist das Leben einer Seele. Wenn dieser Spirit die Seele zu sich selbst hinzieht, dann werden sie beide vom Körper getrennt. Dann wohnen drei am selben Ort, bis der wertvolle Körper aufgelöst ist, verfault und stirbt. Nach einiger Zeit jedoch werden der Spirit und die Seele von sanfter Wärme zurückgebracht, sie nehmen dann erneut ihren vorherigen Platz ein. Dann besitzt du die Essenz, es wird dir nicht an Perfektion fehlen, die Arbeit wird durch einen freudigen Abschluss glorifiziert."
The Sophic Hydrolith, Or, Water Stone of the Wise, Anonym, 17. Jh.

Übersetzung: Der Urin enthält sowohl Wasser als auch Salz, die Lebensenergie befindet sich im Wasser. Wenn man das Wasser destilliert wird die Lebensenergie mit hinausgehen. Die drei (Salz, destillierter Urin, Lebensenergien), wenn sie zusammen sind, werden in Fäulnis übergehen, auseinanderbrechen und schwarz werden. Nach einer Weile jedoch kommt das Wasser zurück durch feuchte Wärme und alles wird zusammenkommen, kombiniert. Dann besitzt du den Stein, alles ist perfekt. Das Werk wurde zu einem freudigen Ende geführt.

19. ÜBERBLICK

Die Arbeit ist leicht und die Medizin nicht weit entfernt. Wenn das Geheimnis offenbart ist wird jeder über seine Simplizität lachen.
Wu Chen P'ien, Essay on the Understanding of Truth, Chang Po-tuan, 1078

Das große Werk besteht aus zwei Teilen. Beide Teile folgen demselben Naturgesetz, welches wir bereits in unserer Theorie angesprochen haben.

Der erste Vorgang, der von Hand ausgeführt wird, ist der erste Teil des Prozesses. Er besteht aus Sublimation und Reinigung. Der zweite Teil der Operation, bei dem der Künstler lediglich zusehen muss, ist der zweite Teil des großen Werkes.
The New Pearl of Great Price, Peter Bonus, 1338

Im ersten Teil geben wir der Natur einen Vorsprung, weil wir von Hand einige natürliche Vorgänge übernehmen, indem wir die dichtesten Bestandteile entfernen und damit den gesamten Prozess beschleunigen. Wenn der erste Teil übersprungen werden würde, könnte der Prozess trotzdem funktionieren, er würde allerdings vermutlich länger als deine verbleibende Lebensspanne dauern.

Wir werden wiederholt bei niedriger Temperatur Destillieren und danach Kalzinieren. Dadurch werden verschiedene dichte Schichten erzeugt. Wir werden uns dann die leichtesten subtilsten Bestandteile auswählen, welche die Form des weißen Salzes angenommen haben und werden die übrigen Bestandteile des Körpers wegwerfen. Danach wird der Urin weiterhin destilliert, um ihn so rein wie möglich zu machen, damit nur die leichtesten Bestandteile übrigbleiben. Dadurch erhalten wir am Ende des ersten Teils ein weißes Salz und sehr gut destillierten Urin. Dieser erste Teil wird ungefähr drei Monate dauern.

Durch künstliche Destillation kann der Spirit von den phlegmatischen Wassern und irdischen Untereinheiten getrennt werden. Aus dem Übriggebliebenen wird nach Kalzinieren ein weißes Salz entstehen.
An Anonymous Treatise Concerning the Philosopher's Stone, Anonym, ca. 12.-17. Jh.

Im zweiten Teil kombinieren wir Salz und destillierten Urin, die wir in das richtige Gefäß verbringen, welches danach hermetisch versiegelt wird. Dann lassen wir der Natur freien Lauf. Während des gesamten Ablaufes brauchen wir nur die Temperatur auf dem korrekten Niveau zu halten.
Um Salz und destillierten Urin zu kombinieren, erhitzen wir sehr sanft, bis das Salz den Urin vollständig absorbiert hat und mit ihm gesättigt ist. Dieser Vorgang kann bis zu einem Jahr oder sogar länger dauern. Danach müssen wir lediglich darauf achten, dass die Substanz fault und eine schwarze Färbung annimmt, dann weiter fault und weiß wird, wobei wir die Temperatur entsprechend anpassen müssen. Nachdem die gesamte Substanz eine weiße Farbe angenommen hat, haben wir den weißen Stein erzeugt.

Reduziere die Substanz (die nur eine ist) zu einem Pulver, füge es zusammen mit seinem Wasser in ein wohlverschlossenes Gefäß und setze diese Mischung kontinuierlich einer sanften Wärme aus, die dann ihre Funktion erfüllen wird, während die Feuchtigkeit die Zersetzung unterstützt.
A Demonstration of Nature, John A. Mehung, ca. 16.-17. Jh.

Der weiße Stein kann danach mit Silber fermentiert werden um ihn zu stabilisieren, damit er größere Temperaturen aushält. Man kann sich das als Gefangennahme der Lebensenergie in einem physischen Körper (dem Silber) vorstellen.

Der weiße Stein kann dann größerer Hitze ausgesetzt werden und wird dadurch zum roten Stein reifen. Der rote Stein muss dann mit Gold fermentiert werden.

Ohne das korrekte Fermentieren kann der Mond nicht zur Sonne werden. Die Substanz, da sie nichts davon abhält, würde sich zu Wasser zurück verwandeln.
The Epistle of Bonus of Ferrara, Peter Bonus, 14. Jh.

Es gibt keine anderen Fermente als diese hier. Das Ferment des Silbers ist Silber, das Ferment des Goldes ist Gold, daher ist es nicht nötig, sich woanders umzusehen!
Compound of Compounds, Albertus Magnus, 13. Jh.

Danach wirst du den Stein der Weisen besitzen. Er kann sowohl qualitativ als auch quantitativ vermehrt werden, indem der zweite Teil dergestalt wiederholt wird, wie wir es im Folgenden erklären werden. Jede Wiederholung wird sukzessive weniger Zeit beanspruchen.

Denn unsere Multiplikation ist gemäß Raymundus nichts weiter, als die Wiederholung des Prozesses unserer ersten Schöpfung.
An Explanation of the Natural Philosopher's Tincture, of Paracelsus, Alexander v. Suchten, 16. Jh.

20. Gerätschaft

Nachdem wir nun die Theorie hinter uns gebracht haben, können wir mit der praktischen Anwendung, den Stein herzustellen, beginnen. Zuerst einmal brauchen wir die nötigen Geräte.
Für den ersten Teil wirst du zwei 500ml Retorten zum Destillieren des Urins benötigen. Es ist wichtig, dass du dir eine Retorte beschaffst und keinen modernen Destillierapparat. Denn du wirst nur mit geringer Temperatur destillieren, um die Lebensenergie nicht zu zerstören. In einer modernen Destille würde der Wasserdampf nicht hoch genug aufsteigen, um sich gänzlich trennen zu können, bevor er wieder kondensiert.
Der Grund für die Anschaffung einer zweiten Retorte liegt darin, dass du die erste wohl zerbrechen müssen wirst, um an das weiße Salz zu gelangen. Zudem muss der destillierte Urin in einer sauberen Retorte weiter destilliert werden, bevor du mit dem zweiten Teil beginnen kannst.

Du benötigst weiterhin eine 500ml Glasflasche zum Sammeln und Aufbewahren des destillieren Urins.

Für den zweiten Teil brauchst du eine Flasche mit einem halbkugelförmigen Boden, man nennt sie eine *Kjeldahl-* oder *Florenceflasche*, oder einfach nur *Flasche zum Kochen chemischer Substanzen*. Die benötigte Größe wird vermutlich bei 50ml liegen, in Abhängigkeit davon, wieviel des Körpers du benutzen willst. Versuche eine Flasche mit einem langen Hals zu finden. Zur Not reicht auch eine Flasche mit einem kurzen Stutzen, allerdings sollte dann die umgebende Raumtemperatur niedrig genug sein, um den Wasserdampf auch näher an der Wärmequelle wieder kondensieren zu lassen.

Die *Kjeldahlflasche* hat einen eiförmigen Boden und einen langen Hals, was für unsere Zwecke perfekt ist, wir wollen ja den Zyklus des Verdampfens und Kondensierens von Regenwasser in der Natur emulieren. Allerdings würde jede normale hitzebeständige Flasche für diesen Zweck ausreichen, sofern sie eine runde Unterseite hat. Benutze keine Flasche mit einer flachen Unterseite.

Desweiteren benötigst du eine Pipette um den Urin akkurat in die Flasche transferieren zu können. Dazu auch einen passenden Gummistopfen, um die Flasche dicht versiegeln zu können.

Für beide Teile wird ein Wasserbad mit digitaler Temperaturkontrolle benötigt. Ein Wasserbad stellt die beste Wärmequelle dar, da das Wasser an allen Seiten die gleiche Temperatur aufweist. Die untere Hälfte der Flasche wird in das Wasser eingetaucht und die Temperatur dann sehr genau eingestellt. Kaufe das kleinste für deinen Zweck geeignete Wasserbad, es muss lediglich groß genug für eine 500 ml Retorte sein.

Zudem benötigst du ein Gerät, um trockene Hitze (hohe Temperatur) zu erzeugen, um damit die Retorte zwischen den Destillationsvorgängen zu Kalzinieren. Hierzu könnte man einen transportablen Gasbrenner oder einen elektrischen Ofen verwenden. Das Kalzinieren sollte <u>unbedingt außerhalb bewohnter Räume</u> geschehen, daher kannst du den Küchenherd nicht benutzen.

Zusätzlich wird ein im Chemiefachhandel erhältliches Gerätestativ mit entsprechenden Befestigungsarmen und Klammern benötigt, um die Retorte und die Flasche im Wasserbad zu fixieren.

Sofern du es dir leisten kannst, kaufe zwei oder sogar mehrere von den Dingen, nur für den Fall. Ebenso ist es eine gute Idee, sich Flaschen in verschiedenen Größen zu besorgen, dazu Spateln, Pfropfen, Schalen, einen Mörser, sowie weitere Kleinigkeiten, die nicht alle absolut notwendig, jedoch unter Umständen sehr hilfreich sind. Du kannst natürlich auch mit den Dingen, die du in der Küche findest, improvisieren.

Die Retorten, sowie die Flaschen, sollten aus feuerfestem Glas (Borsilikat) gefertigt sein, was aber ohnehin heute Standard ist. Du solltest keine Probleme damit haben, diese

Teile zu finden. Borsilikatglas ist extrem hitzebeständig und bricht auch unter hoher Temperaturbelastung nicht.

Solltest du das Wasserbad oder andere elektrische Geräte aus Übersee beziehen, so stelle sicher, dass sie mit der in deinem Land üblichen Netzspannung zu betreiben sind. Möglicherweise benötigst du noch einen Umspanner von 110V auf 220V oder umgekehrt.

Das Wasserbad wird rund um die Uhr für sehr lange Zeit laufen müssen. Wenn du in einem Gebiet mit regelmäßigem Stromausfall lebst, so stelle sicher, dass ein Backupgenerator verfügbar ist.

Checkliste (Minimum):

1. 2x Retorte, 500ml
2. Glasflasche, 500ml
3. Glasflasche mit rundem Boden, 50ml
4. Pipette
5. Pfropfen
6. Wasserbad
7. Transportable Hitzequelle (Ofen)
8. Laborstativ

Das folgende Zitat beschreibt das Gefäß, welches wir im zweiten Teil der Arbeit benötigen:

Das Gefäß für unseren Stein ist nur eines. In diesem wird der gesamte Vorgang der zu unserem Elixier führt vollzogen und perfektioniert. Es ist ein Cucurbit, dessen Unterteil rund wie ein Ei geformt ist oder wie eine Urinflasche mit sanften Rundungen innen, damit der Inhalt mit Leichtigkeit auf und absteigen kann. Es ist nicht sehr hoch und das Unterteil ist rund wie ein Ei geformt. Die Größe sollte so gestaltet sein, dass die Medizin nicht mehr als ein Viertel davon einnimmt, gefertigt aus starkem haltbaren Glas, klar und durchsichtig, damit du hindurch sehen kannst und all die Farben, die während des laufenden Prozesses auftreten werden, erkennen kannst. Der Spirit wird sich darin ständig bewegen, er kann das Gefäß jedoch nicht verlassen. Lass es daher so verschlossen sein, dass nichts hinein- oder herausgelangen kann. [...] Und so sagen die Philosophen häufig: Die Substanz soll in das Gefäß gesperrt werden, welches fest verschlossen bleibt. Es genügt vollauf für den Praktizierenden, das Gefäß bis zum Ende der gesamten Arbeit und bis zu seiner Perfektion geschlossen zu halten.
The Root of the World, Roger Bacon, 13. Jh.

21. Der erste Teil

Sammle 500ml Urin, je dunkler desto besser, am besten gleich morgens nach dem Aufstehen. Wenn die Menge beim ersten Mal nicht ausreicht kannst du sie im Laufe des Tages vervollständigen oder bis zum nächsten Morgen warten. Lasse den Urin jedoch nicht in einem offenen Gefäß stehen.

Der Urin muss von seiner wässrigen und irdischen Natur befreit werden (denn zuerst erscheint er erdgleich, schwer, dick, schleimig und hat einen schlierigen Körper) und all das, was dicklich, nebelig, undurchsichtig und dunkel in ihm erscheint, muss entfernt werden und durch eine finale Sublimation wird dann das Herz und die innere Seele, die in ihm enthalten sind, abgetrennt und zu einer wertvollen Essenz reduziert.
The Sophic Hydrolith, Or, Water Stone of the Wise, Anonym, 17. Jh.

Destilliere den Urin mit nicht mehr als 80°C im Wasserbad innerhalb der Retorte. Es sollte ein bis zwei Wochen dauern, den Urin einmal zu destillieren. Verständlicherweise wird die Destillation schneller vorangehen, wenn die Umgebungstemperatur niedriger ist, sie darf jedoch nicht unter den Gefrierpunkt sinken. Die Öffnung der Retorte muss dabei hermetisch versiegelt sein.
Es wäre vorteilhaft, wenn die Flasche, in welcher der destillierte Urin aufgefangen wird, bereits fest mit der Retorte verbunden ist, obwohl es zu dieser Zeit noch nicht absolut notwendig wäre, die Verbindung zwischen beiden hermetisch zu versiegeln. Wenn die zwei also nicht verbunden sind (was zu diesem Zeitpunkt wahrscheinlich sein wird), dann kannst du Klebeband um die Nahtstelle herumwickeln, um den Urin am Verdampfen zu hindern. Das hermetische Versiegeln ist allerdings sicherer. Die Flasche sollte dem direkten Sonnenlicht nicht ausgesetzt sein.

Die Destillation wird sehr viel schneller vorangehen, wenn die Flasche niedriger als die Hitzequelle angeordnet ist, was bedeutet, dass die Retorte an einer Seite über den Rand des Wasserbads hinauslehnen wird, damit ihr Hals so weit wie möglich nach unten reichen kann.
Nachdem der Urin destilliert worden ist, wird eine hässliche schwarze Masse auf dem Boden der Retorte zu sehen sein (nach dem ersten Destillationsgang könnte sie allerdings noch nicht ganz schwarz sein) und diese soll dann kalziniert werden. Nimm die Retorte aus dem Wasserbad, öffne den oberen Verschluss und stelle sie auf eine Quelle großer Hitze, zum Beispiel einen Gasherd. Achte am Anfang darauf, dass die Hitze nicht zu hoch ist, während alle Reste von Feuchtigkeit aus der Retorte verdampfen. Wenn du gleich mit sehr großer Hitze beginnst, besteht die Gefahr, dass diese Feuchtigkeitsreste anfangen Blasen zu werfen und aus der Retortenöffnung herausspritzen.

Nachdem die dunkle Masse vollständig trocken ist, erhöhe die Temperatur. Setze die Masse nun mehrere Stunden dieser hohen Temperatur aus, bis sie gebrannt und gebrochen aussieht. Der Sinn dieser Kalzinierung ist es, die festen Bestandteile des Urins zu verbrennen und zu zerstören, um danach das Salz herausziehen zu können, welches nicht brennbar ist.

Sei also nicht ängstlich, sondern halte die Flamme ruhig direkt gegen das Glas der Retorte (lasse die Temperatur jedoch nicht über 260°C ansteigen). Sie soll auf diese Art für mehrere Stunden einwirken. Die feste Substanz im Urin muss wirklich verbrannt werden. Achte jedoch darauf die Hitze am Anfang langsam ansteigen zu lassen, damit das Glas nicht zu sehr beansprucht wird. Während der ersten paar Runden der Kalzinierungen wird ein sehr stark riechender, fauliger Gestank aufsteigen, der alles in seiner Reichweite schwarz färben und mit einem üblen Geruch versehen kann. Daher ist es absolut notwendig, diesen Vorgang außerhalb geschlossener Räume durchzuführen. Atme diese Dämpfe auf gar keinen Fall ein, sie sind giftig!

Führe die ersten Kalzinierungen nicht innerhalb deines Hauses durch oder es wird unbewohnbar werden.

Wenn der Geist herausgezogen wurde bleibt nur tote Erde zurück, weil sie ihren Geist in der Destillation eingebüßt hat.
The Chemists Key, Henry Nollius, 1617

Zuerst durch leichtes Feuer das gleichmäßig temperiert ist und ständig brennt wird Wasser erzeugt, dann wird das Feuer etwas lebendiger und stärker, bis das Feuer mit dem Feuer gemischt wird. Was am Boden verbrannt übrigbleibt ist die trockene Erde, in dem sich das kristalline Salz des Steins verbirgt.
The Crowning of Nature, Anonym, 16.-17.Jh.

Es existiert in zwei Formen, der Feuchtigkeit, die extrahiert wurde und dem Rest, unserer philosophische Erde. Das Wasser beinhaltet seine fruchtbare Wirksamkeit und die Erde ist ein angemessenes Empfängermedium, worin es Frucht tragen mag. Lasst das Wasser darum getrennt sein und zur weiteren Verwendung behalten, kalziniere die Erde, da sie Unreinheit enthält, die nur durch das Feuer entfernt werden kann, und das auch nur in seiner stärksten Form. An diesem Punkt besteht keine Gefahr, die Qualität des Produkts zu zerstören und unsere Erde muss hochkarätig gereinigt sein, bevor sie die Saat reifen lassen kann.
On the Philosophers' Stone, Anonym, ca. 12.-17. Jh.

Im ersten Destillationsvorgang destilliere nur die Hälfte des Urins und kalziniere dann die verbleibende Hälfte, wobei der unteren Hälfte des Urins erlaubt wird, durch die große Hitze zu verdampfen. Kalziniere den verbleibenden Urin bis er völlig trocken ist und aufbricht. Als Ergebnis wirst du 250 ml Urin erhalten, der einmal destilliert worden ist.

Verwende für den zweiten Destillationsvorgang erneut 500ml frischen Morgenurin.

Schütte ihnen auf die kalzinierten Reste am Boden der Retorte. Destilliere erneut nur die Hälfte des Urins und kalziniere die verbleibende Hälfte. Als Ergebnis wirst du 500ml Urin erhalten, der einmal destilliert worden ist.

Der Grund für diese zwei Destillationen liegt darin, dass wir einen vollen Liter vom *Körper* des Urins gewinnen wollen, um am Ende mehr von dem weißen Salz zu erhalten. Der Grund dafür, nur die erste Hälfte von beiden Urinproben zu destillieren, liegt darin, dass der destillierte Urin die leichtesten Bestandteile enthält; dieser Prozess ist nicht unbedingt notwendig, wird aber das Destillat reiner werden lassen und dadurch den Prozess beschleunigen.

In einer älteren Version dieses Buches empfehle ich die Benutzung einer 1-Liter Retorte für den Vorgang der Destillation (so eine habe ich benutzt). Ich habe die Anweisungen jetzt geändert, da eine 500ml Retorte noch effizienter zu nutzen ist, und auch darum, weil sie billiger und einfacher im Handel zu erhalten sind. Wenn du jedoch bereits eine 1-Liter Retorte besitzt, kannst du diese gern benutzen, der Prozess wird dadurch nur ein wenig länger dauern.

Für alle weiteren Destillationen schütte den destillierten Urin zurück auf den kalzinierten Körper in die Retorte, destilliere den Urin erneut und kalziniere erneut. Du solltest dabei jedes Mal ca. 90% des vorhandenen Urins zurückgewinnen und ca. 10% vor der darauffolgenden Kalzinierung verdunsten lassen. Dadurch wirst du nach jeder Destillation ein bisschen weniger Flüssigkeit haben als zuvor. Schütte den destillierten Urin zurück in die Retorte, destilliere erneut, dann kalziniere erneut. Wiederhole den Zyklus Destillation-Kalzination wieder und wieder. Am Ende solltest du noch ca. 100-150ml des destillierten Urins übrig haben, also ca. 10% der ursprünglichen Menge.

Wisse, mein Bruder, dass die präzise Bereitung des Adlers der Heiligen die höchste Form unserer Kunst darstellt. In diesem ersten Abschnitt unserer Arbeit kann nichts erreicht werden, ohne harte und ausdauernde Arbeit; obwohl es durchaus zutrifft, dass im zweiten Teil der Arbeit die Substanz unter dem Einfluss sanfter Hitze sich mehr oder weniger ohne weiteren Eingriff entwickelt. Die Heiligen erzählen uns, dass ihre Adler dazu gebracht werden müssen, den Löwen zu verzehren und dass sie den Sieg umso eher davontragen, je größer ihre Anzahl ist und auch das die Zahl der Arbeit zwischen 7 und 9 schwankt. Das Quecksilber der Heiligen ist der Vogel des Hermes (jetzt wird er Gans genannt oder auch Fasan) die Adler jedoch werden immer in der Mehrzahl erwähnt und ihre Zahl beträgt von 3-10. Allerdings sollte es nicht so verstanden werden, als dass man so viele Gewichtsanteile Wasser zu einem Anteil Erde hinzufügen sollte, sondern das Wasser muss so häufig angeschwärzt und geschärft werden, wie die Zahl der Adler lautet. Dieses Anspitzen findet durch Sublimation (Destillation) statt. Es gibt also eine Sublimation des Quecksilbers der Heiligen, wenn nur ein Adler erwähnt wird und die siebte Sublimation wird unser Quecksilber derart stärken, dass das Bad für den König bereit ist.

An Open Entrance to the Closed Palace of the King, ein wahrheitsliebender Alchemist, 1645

Diese Zusammensetzung wird dann durch unser feuchtes Feuer gereinigt, was durch Auflösung und Sublimierung dessen, was rein und weiß ist, geschieht. Es wirft seine Exkremente heraus, wie freiwillig Erbrochenes, denn in solch natürlicher Lösung und Sublimierung oder Erhebung werden die Elemente voneinander getrennt und erhöht, sowie das Reinigen und Trennen des Reinen vom Unreinen. So wird das reine und weiße Material aufwärts streben und das unreine erdige unten am Boden des Gefäßes im Wasser fixiert bleiben. Dies soll entfernt werden, denn es ist ohne Wert. Nur die mittlere weiße Substanz wird genommen. Sie fließt und schmilzt und ist gelöst. Sie weist die erdigen Ausscheidungen von sich, welche am Boden liegenbleiben. Diese Ausscheidungen werden zum Teil vom Wasser getrennt und sind die zu verwerfenden Erden, ohne Wert und Nutzen. Anders als die klare weiße und reine Substanz, die heilig ist und genommen und benutzt wird.
The Secret Book of Artephius, Artephius, 12. Jh.

Neun Teile von zehn, so ungefähr, destilliert aus frischem Urin sollen verworfen werden, der zehnte Teil (soweit dieser in flüssiger Form extrahiert werden kann) soll gehalten werden. Aus dem getrockneten Urin der durch ein sanftes Feuer am Boden verbleibt (und der keine Sublimation verursachen wird) soll das Salz mit Wasser extrahiert werden.
The Secret of the Immortal Liquor Called Alkahest, Eirenaeus Philalethes, 17. Jh.

Nach einigen Destillationsvorgängen wirst du weißes Salz auf der schwarzen Masse erkennen können. Wenn du dies kalzinierst, wirst du einen süßen, blumigen Geruch wahrnehmen. Wiederhole die Destillationen und Kalzinationen so oft, bis die gesamte Oberfläche eine weiße Farbe angenommen hat und diese weiße kristalline Masse groß genug ist, um sie von der schwarzen Masse zu trennen. Dies kann bis zu zehn Destillationen erfordern, oder auch sehr viel weniger.

Wenn seine Unreinheit beseitigt ist, wird es einen sehr süßen Geruch entwickeln.
The Glory of the World, Or, Table of Paradise, Anonym, 1526

Wenn das Quecksilber von jemandem sublimiert wurde, dann kleidet es sich in einer weißen Färbung, wie Schnee auf den höchsten Bergen und es entsteht eine wundervolle kristalline Schönheit, die, wenn man das Gefäß öffnet, einen wunderbaren süßen Geruch verströmt.
Verbum Dismissum, Count Bernard Trevisan, 15. Jh.

Solltest du den Urin bereits zehnmal destilliert haben und glauben, nicht genug weißes Salz erzeugt zu haben, dann kannst du mit den Destillationen aufhören und nur noch mit den Kalzinationen fortfahren, indem du destilliertes Wasser anstelle von destilliertem Urin auf die Masse gibst.

Wenn du jedoch genug weißes Salz geformt hast, das sich als leichteste Partikel oben drauf gelegt hat, musst du dieses jetzt extrahieren. Wobei es nötig sein könnte, die Retorte zu zerbrechen. Falls du so vorgehen möchtest, wickle solides Klebeband um die untere Hälfte und versuche, nur das Glas der oberen Hälfte zerbrechen. Die untere Hälfte sollte unbeschädigt bleiben.
Entferne das weiße Salz und reinige es von allen sichtbaren Fremdstoffen. Berühre es

nicht mit deinen Fingern denn es wird sie verbrennen.
Danach soll der destillierte Urin weiter dreimal in einer sauberen Retorte destilliert werden.

Glückwunsch! Jetzt hast du das Quecksilber (destillierter Urin) und den Schwefel (weißes Salz) der Heiligen.

Ich empfehle ausdrücklich, extra viel Zeit mit dem ersten Teil zu verbringen, um sicherzustellen, dass das weiße Salz und der destillierte Urin ausgesprochen sauber und gut gereinigt sind. Wenn du Destillationsstufen überspringst würdest du nicht etwa Zeit sparen, sondern hättest den zweiten Teil um Monate verlängert.

22. Der zweite Teil

Jetzt, wo du das Quecksilber (destillierter Urin) und den Schwefel (das weiße Salz) der Heiligen gewonnen hast, sollst du diese beiden kombinieren, damit sie in Fäulnis übergehen können und eine schwarze Färbung annehmen.
Zerstoße das weiße Salz mit einem Mörser in ein Pulver und füge es in die 50ml Flasche mit dem runden Bodenteil. Füge einige Tropfen destillierten Urins hinzu, gerade genug um das Salz zu bedecken, nicht zu viel.
Versiegele die Flasche hermetisch, indem du den Stopfen mit Wachs, Vaseline oder Silikondichtung hermetisch verschließt. Stelle die Flasche in das Wasserbad. Nur der untere runde Teil der Flasche sollte im Wasser eingetaucht sein, der Rest der Flasche soll in der Luft sein. Das Wasserbad muss eine Abdeckung haben, gerade groß genug, um den oberen Teil der Flasche herausschauen zu lassen. Die Temperatur sollte gleich oder leicht höher als Körpertemperatur sein, also ca. 37-40°C. Zu diesem Zeitpunkt sollte die Temperatur die Verdampfung und anschließende Kondensation des Regens imitieren, das Salz sollte dabei jedoch immer leicht feucht bleiben und nie völlig austrocknen.

Sollte die Umgebungstemperatur zu hoch werden, so wirst du den ganzen Prozess in einen Raum mit Aircondition verlegen oder Eis um den Hals der Flasche legen müssen. Der Prozess wird schneller vorangehen, wenn die Umgebungstemperatur niedrig ist. Solltest du Wassertropfen oben am Hals des Gefäßes erkennen können die niemals herabregnen, dann wirst du die Umgebungstemperatur senken müssen.

Das Salz wird die Feuchtigkeit langsam absorbieren. Der gesamte Prozess kann über ein Jahr dauern, gibt also nicht auf. Solange du sicher sein kannst, dass du keine zu große Hitze benutzt hast, weder jetzt noch im ersten Teil des Prozesses, solange kannst d·

sicher sein, dass er korrekt ablaufen wird.

Sobald das Salz die Feuchtigkeit vollständig aufgenommen hat und anfängt auszutrocknen, gib einige Tropfen destillierten Urins hinzu. Dann warte ab, bis das Salz wieder sehr trocken wird. Dann füge einige weitere Tropfen destillierten Urins hinzu. Fahre damit solange fort, bis das Salz vollständig gesättigt ist. Zu diesem Zeitpunkt sollte es dann die Konsistenz von geschmolzenem Wachs annehmen.

Du hast sicher Bücher über Alchemie gelesen und diese warnen vor jeglicher Störung während des laufenden Herstellungsprozesses des Steins. Sie warnen vor zu viel Hitze, zu wenig Hitze, zu viel Wasser, nicht genügend Wasser, das Anstoßen oder Bewegen des Gefäßes in irgendeiner Weise. Nach meiner Erfahrung ist das alles jedoch nicht so ernst zu nehmen, wie es sich anhört. Wenn du das Gefäß bewegst oder auch anstößt, so ist das keine große Sache. Ebensowenig, wenn die Temperatur falsch ist, solange du die Substanz nur nicht verbrennst. Solltest du zuviel Wasser hinzugefügt haben, so kannst du es einfach mit einer Pipette entfernen oder die Temperatur etwas erhöhen, damit es langsam verdunstet. Während das Problem besteht, wird sich der Stein nicht weiterentwickeln. Allerdings wird der Prozess weitergehen, wenn du die Fehler beseitigt hast.

Es ist sehr wichtig, dass die gereinigte Erde durch händischen Eingriff zu einer schier ungreifbaren Feinheit reduziert wird und dann muss das berichtigte Quecksilber hinzugefügt werden. Jetzt beides zusammenfügen, bis die Erde nichts mehr aufnehmen kann. Diese Anwendung wird Zeit benötigen und zu einem gewissen Grad die Geduld des Anwenders beanspruchen. Denn wie auch immer die Feuchtigkeit unverhältnismäßig zu sein scheint, indem man sie eine Weile in Ruhe lässt, wird sich Trockenheit auf der Oberfläche der Substanz zeigen, die darauf hinweist, dass deine Substanz mehr Feuchtigkeit aufnehmen kann. Der Vorgang soll also wiederholt werden, bis zu dem Zeitpunkt, zu dem sie völlig gesättigt ist.
On the Philosophers' Stone, Anonym, ca. 12.-17. Jh.

Dasjenige, was zuvor Wasser war, muss nun wieder in Wasser gelöst werden und der Körper, der vorher Quecksilber war, muss wieder zu Quecksilber werden. [...] Die beiden müssen durch ein ständiges sanftes Feuer vereinigt werden, mit der gleichen Menge an Wärme, mit der eine Henne ihre Eier ausbrütet.

[...] Der Körper muss seinen Geist langsam und schrittweise trinken, und Schritt für Schritt gewinnt er sein Leben, seine Gesundheit, seine Stärke zurück, was durch die gleiche sanfte Wärme geschieht, die den Magen die Nahrung verdauen und die Früchte reifen lässt.
The Glory of the World, Or, Table of Paradise, Anonym, 1526

Am Anfang ist es notwendig der Erde nur wenig Wasser zu geben, so wie ein Kleinkind am Anfang auch nur wenig Nahrung bekommt, und dann zunehmend mehr. Dies sollte wieder und wieder mit großer Geduld wiederholt werden, und mehr und mehr Wasser soll jedesmal über die Erde gegossen werden, aber nicht mehr als die Erde mit Leichtigkeit aufnehmen kann.
The Epistle of Bonus of Ferrara, Peter Bonus, 14. Jh.

Ein freier Geist wird leicht und schnell einen anderen Geist derselben Art, der gefangen ist, befreien. Dies geschieht zuerst einmal durch die Aktivität und Fähigkeit, mit der der freie Geist versehen ist und zudem durch Harmonie, Gleichheit und Liebe, die zwischen ihnen besteht. Dieser Zusammenhang ist die Ursache dafür, dass der äußere freie Geist sich mit dem Geist des Salzes verbinden kann und auf diese Art leichter mit ihm arbeiten und ihn motivieren kann, denn wie das Sprichwort schon sagt: Gleiches zieht Gleiches an und ihre Vereinigung ist sehr intim.

Du musst jetzt aber wissen, dass der selbe Geist, wenn er frei und herumschwebend sich in flüssigen Körpern oder Flüssigkeiten befindet, durch diesen Zustand befähigt ist, unter Zuhilfenahme von Wärme den gefangenen Geist anzuziehen und ihn aus dem Körper zu befreien, der ihnen eingeschränkt hat.

Der eingeschränkte Geist selber, wie jeder intelligente Gefangene, wird um sein Leben kämpfen und sich bemühen, mit dem freien Geist vollständig zusammenzuarbeiten, sich mit ihm zu vereinen. Der freie Geist bewirkt durch seinen plötzlichen subtilen Aufstieg eine Verstärkung und Belebung und dadurch wird er zur Bewegung angehalten, so wie ein Feuer, das etwas anzündet, diesen Körper dazu zwingt, sich zu verändern, zu kalzifizieren. Somit zerfällt durch seinen eigenen in ihm enthaltenen Geist, dessen Fähigkeiten zuvor behindert und unterdrückt waren, der enthaltene Geist, jetzt freigesetzt und in seiner Kraft und Handlungsfähigkeit durch den anderen gestärkt, sich bemüht heraus zu kommen und sich selbst zu vergrößern. Er wird dadurch seinen Körper zerbrechen und zerstören sowie einen neuen entstehen lassen.

So wird der Geist des Salzes der Erde, wenn er von den ihm innewohnenden Eigenschaften des Elements entmischt wird (denn jedes Salz schmilzt in seiner eigenen Flüssigkeit) dann befreit. Denn jedes Salz, wenn es einmal in seiner eigenen Flüssigkeit gelöst ist, wird darin aktiv. Es wird ein Weizenkorn (in dessen Körper, hinter Schloss und Riegel, der Geist des pflanzlichen Salzes gebunden ist) sobald es auf den Boden geworfen wird, von dem freien Geist des Salzes der Erde durchdrungen und geöffnet. So wird das Salz das in ihm ungenutzt in seiner Eigenschaft und Verwendung ist, den Geist der Pflanzen in dem Weizenkorn zur Aktivität anregt und somit seinen Geist freisetzt, durch Auflösung des Körpers, was wiederum dazu führt, dass die Matrix des Weizens Wurzeln aussendet (die jetzt den neuen Körper darstellen) und durch dessen Hilfe und Wirksamkeit die Erde gezwungen ist, Nährstoffe hoch in die Blätter und den Rest der Pflanze zu senden, damit diese wachsen und zunehmen kann.

[...] Wenn der Geist durch korrektes Behandeln einmal mit dem Körper vereinigt ist, können die beiden nie wieder voneinander getrennt werden.

[...] Viel Wasser löst sich schnell, dann aber dauert die nachfolgende Koagulation sehr viel länger. Dadurch wird der Unwissende, der die Natur unserer Arbeit nicht kennt, verzweifeln und zu erkennen glauben, dass seine Arbeit nicht in der rechten Zeit koaguliert.

The Chemists Key, Henry Nollius, 1617

Lass es verbrannt sein mit dem weißen Öl der Philosophen, langsam aber beständig bis zu dem Zeitpunkt, an dem es plötzlich wie Wachs fließt.

Verbum Dismissum, Count Bernard Trevisan, 15. Jh.

Wenn du dann das gewünschte Ziel erreicht hast, beachte die korrekte Mischung der flüssigen Substanz der Heiligen, damit nicht das, was zu viel ist, das was zu wenig ist, übermannen möge und damit die Erzeugung verhindert. Denn zu viel Regen verdirbt die Frucht und zu viel Trockenheit behindert sein Wachstum. Daher, wenn Neptun sein Bad vorbereitet hat, miss die genaue Menge des benötigten Wassers ab, so dass weder zu wenig noch zu viel vorhanden ist.

The Twelve Keys, Basilius Valentinus, 15. Jh.

Verdauen mit einem sanften Feuer, wie es für das Schlüpfen von Küken Verwendung findet. So lange, bis die Körper aufgelöst sind und die perfekt verbundene Tinktur gewonnen ist.

[...] Und dann wird das eine mit dem anderen gemischt werden, sie sollen sich so umarmen, dass eine Trennung unmöglich ist. Denn der Geist, in wahrer Übereinstimmung, wird mit dem Körper vereint sein und eine dauerhafte feste Substanz bilden.
The Secret Book of Artephius, Artephius, 12. Jh.

23. Die schwarze Phase

Wenn das Salz vollständig zerbrochen und mit destilliertem Urin getränkt ist, wird es sich schwarz färben, was ein Anzeichen für Zersetzung ist. Schwarz ist die natürliche Farbe eines Zersetzungsprozesses der Materie.

Diese Masse auf diese Art geschwärzt, ist der Schlüssel und das Zeichen für Perfektion unserer Erfindung in dieser Arbeit den zweiten Teil der Herstellung unseres sehr wertvollen Steins betreffend und Hermes sagte hierzu: Diese Segnung sehen, glaube nun, dass du auf einem guten Pfad bist und dich in die richtige Richtung bewegt hast.
Diese Schwärze der Farbe zeigt die wahre und richtige Art der Arbeit, denn so ist die Substanz verformt und verändert durch die natürlich auftretende Fäulnis, aus der später die Erzeugung der rechten Substanz folgen wird.
Verbum Dismissum, Count Bernard Trevisan, 15. Jh.

Die Saat zersetzt sich, wenn ein Salz der gleichen Natur mit ihm ist, in einer passenden Flüssigkeit aufgelöst, unterstützt durch eine sanfte Hitze. Durchdringe, analysiere und reinige die Substanz dergestalt, dass der in ihr enthaltene Geist aus seiner eigenen Materie heraus einen passenden Wohnplatz oder Körper für sich selbst erzeugt, in welchem er seine Fähigkeiten zur natürlichen Erzeugung und Vervielfältigung ausführen kann.

[...] Die Hitze, die diesen Zersetzungsprozess fördert, muss so mild und gleichmäßig sein, dass die Flüssigkeit, in der das Salz liegt, sich in Ruhe befindet und nicht verdunstet. [...] Der sich zersetzende Körper darf nicht aus der Matrix entfernt werden, in der dieser Prozess abläuft, bevor er nicht vollständig perfektioniert ist. [...] Wenn alles durch Reinigung und Verwesung gut zusammengefügt ist, dann wird die Substanz weiter gebacken, bis alles zu einer schwarzen glitzernden und schweren Erde geworden ist.
The Chemists Key, Henry Nollius, 1617

Der Körper wird nicht plötzlich schwarz werden, sondern wird während der vorangegangenen Begießungen zunehmend dunkler geworden sein.

Die erste Farbe des zusammengefügten Körpers, die nach der silbernen Farbe auftaucht, ist keineswegs perfekte Schwärze sondern eher ein dunkles Weiß. Die Schwärze wird allerdings von Tag zu Tag deutlicher hervortreten, bis zu dem Zeitpunkt, da die Substanz eine brillante Schwärze annimmt. Diese Schwärze ist das Zeichen dafür, dass die Auflösung erfolgreich durchgeführt wurde, was nicht in einer Stunde passieren wird, sondern ein gradueller kontinuierlicher Prozess ist.
A Brief Guide to the Celestial Ruby, Eirenaeus Philalethes, 1694

Wenn die gesamte Masse schwarz geworden ist, dann weißt du, dass die Verwesung vollständig abgelaufen ist. Das ist ein großartiges Zeichen, denn du hast jetzt den halben Weg zum Stein der Weisen zurückgelegt.

Die Substanz hat jetzt eine einheitliche Farbe, nämlich extrem schwarz und keinerlei Dämpfe oder Winde oder irgendwelche Zeichen von Leben werden gesehen. Das Ganze ist so trocken wie Staub, mit Ausnahme einer erdölähnlichen Substanz, die immer mal wieder Blasen wirft. Das Ganze ist ein Bild des ewigen Todes.
An Open Entrance to the Closed Palace of the King, ein wahrheitsliebender Alchemist, 1645

Wenn du sicher bist, dass das Salz vollständig gesättigt ist, dann wird es notwendig, die Temperatur etwas zu erhöhen. Es ist schwierig an dieser Stelle einen genauen Wert anzugeben, da dies von vielen verschiedenen Faktoren abhängt. Drehe also den Temperaturregler sehr langsam höher, bist du merkst, dass der Körper anfängt auszutrocknen. Die Hitze soll allerdings auch dann noch niedrig genug sein, um die Feuchtigkeit weiterhin herunterregnen zu lassen. Der Unterschied liegt darin, dass während der Befeuchtungsphase das Salz immer feucht gehalten war, während das Salz nun zwischen den einzelnen Regenfällen trocken liegen soll.

Der irdische Körper der Sonne ist vollständig gelöst und aufgelöst und aller Stärke beraubt (der Körper, der zuerst aus einer modrigen Unreinheit bestand ist jetzt zu einer kohlrabenschwarzen Masse geworden, den die Heiligen Männer „den Kopf des Raben" nennen. Dies geschieht innerhalb von 40 Tagen. Auf diese Art wird die Seele entfernt (die Feuchtigkeit). Die Seele bewegt sich aufwärts und der Körper, von der Seele getrennt, liegt da wie tot auf dem Grund des Gefäßes wie Asche. Wenn aber das Feuer verstärkt wird und dabei gut begrenzt, steigt die Seele wieder langsam Tropfen für Tropfen auf um dann gesättigt zu sein und den Körper wiederum zu befeuchten , wodurch verhindert wird, dass er vollständig verbrennt. Dann wiederum steigt er auf und herab, der Vorgang wiederholt sich.
The Sophic Hydrolith, Or, Water Stone of the Wise, Anonym, 17. Jh.

Wie gesagt erzeugt die Hitze zuerst eine schwarze Färbung in einem feuchten Körper, dann wird die Feuchtigkeit aufgebraucht, sie geht heraus und verliert ihre Schwärze, und wenn die Hitze zunimmt und länger andauert wird es langsam weiß.
The Root of the World, Roger Bacon, 13. Jh.

Langsam, sehr langsam wird der Körper eine weiße Farbe annehmen, wobei er durch verschiedene Farben hindurchgehen kann, darunter eine, die ein wenig rötlich wirkt. Kümmere dich nicht um diese Farben, wir müssen lediglich zu dem weißen Zustand kommen.

Aber sobald der höchste Grad an intensiver Schwärze erreicht ist (denn es gibt keine stillen Intervalle in unserer Arbeit) gibt diese Farbe langsam aber sicher einer anderen nach (weiß). Die Zeit in der die Schwärze sich entwickelt, ist sehr lang, und ebenso die Zeit, in der sie wieder verschwindet, allerdings ist es nur ein kurzer Moment, während dem sie weder zu noch abnimmt: denn Dinge finden nur am Ende ihrer Bestimmung Ruhe, und Schwärze ist nicht das Ende unserer Substanz.

[...] Im Verlaufe des Wechsels von Weiß nach Schwarz läuft die Substanz ganz natürlich durch verschiedene Zwischenstufen von Farben. Diese Farben jedoch, (sie sind mehr oder weniger zufällig) sind nicht immer die gleichen und hängen sehr stark von den Verhältnissen in denen die beiden Substanzen am Anfang desjenigen Prozesses vorhanden waren, in dem sie beide kombiniert wurden. In der zweiten Phase, während der die Substanz von Schwarz nach Weiß wechselt, ist die Farbe bereits sehr viel reiner und leuchtender und man kann sich eher auf sie verlassen. In beiden Phasen treten Zwischenstufen der Farben auf, allerdings sind sie in der ersten eher unauffällig und verstärkt, als in der zweiten und es sind auch viel weniger. Im Prozess der Veränderung von Schwarz nach Weiß (die zweite Phase des Prozesses) können die schönsten Farben gesehen werden, beinahe so wie bei einem Regenbogen. Vor der Erreichung der schwarzen Farbe gibt es auch einige Übergänge, wie zum Beispiel Schwarz, Azur und Gelb - in diesem Falle bedeuten die Farben nur, dass die Substanz sich noch nicht vollständig zersetzt hat. Während der Körper stirbt, sind diese Farben sichtbar, bis die schwarze Nacht den ganzen Horizont einnimmt. Wenn der Prozess der Wiederauferstehung beginnt (in der zweiten Phase,) sind die Schattierungen vielfältiger und schöner, weil der Körper jetzt glorifiziert wird und sowohl rein als auch vergeistigt worden ist.
In welcher Reihenfolge tauchen die Farben von denen wir hier sprechen auf? Auf diese Frage kann keine definitive Antwort gegeben werden, denn in der ersten Phase gibt es zu viel Unsicherheit und Varianz. Die Farben werden allerdings um so klarer und deutlicher, je reiner dein Wasser des Lebens sein wird. Die vier Hauptfarben (Weiß, Schwarz, Weiß, Rot) folgen immer in der gleichen Weise aufeinander. Allerdings können die dazwischen liegenden Schattierungen nicht so genau bestimmt werden.
Man muss damit zufrieden sein, in den ersten 40 Tagen (Wochen) die schwarze Farbe zu erreichen. Es gibt hier nur eine Warnung, die man im Kopf behalten sollte(!): Wenn eine rötliche Farbe vor der schwarzen auftaucht (insbesondere wenn die Substanz auch anfängt trocken und pulvrig auszusehen), dann kannst du so gut wie sicher sein, dass die Substanz durch ein zu starkes Feuer beschädigt wurde. Daher solltest du dein Feuer mit größter Vorsicht regulieren. Wenn das Feuer gerade warm genug aber nicht zu heiß ist, wird die innere chemische Reaktion unseres Wassers den Rest erledigen.
A Brief Guide to the Celestial Ruby, Eirenaeus Philalethes, 1694

24. Die weisse Phase

Nachdem man die Temperatur während der schwarzen Phase korrekt eingestellt hat, damit der Körper zwischen den Regenfällen austrocknet, wird sich der Körper langsam durch verschiedene Farbschattierungen hin zu Weiß entwickeln.
Wie auch beim Prozess des Schwarzwerdens wird die weiße Farbe nicht über Nacht oder eines plötzlichen Tages auftauchen, sondern sich langsam im Verlaufe mehrerer Monate entwickeln.

Wenn du es schwarz vorfindest, wisse, dass in der Schwärze das Weiße verborgen liegt und das dieses Weiße aus dem subtilen Schwarzen entwickelt werden muss. Nach der Zersetzung wird es eine wachsähnliche rote Farbe annehmen, die jedoch kein echtes Rot ist, sondern etwas wovon man sagt: „es ist oftmals rot, oft eher zitronenfarben, es schmilzt manchmal und ist oft etwas Zusammengefügtes, bevor die echte weiße Färbung erscheint".

[...] Vor der weißen Färbung erscheinen die Farben des Pfaus, woraufhin man folgendes sagt: Wisse, dass alle Farben der Welt, die man sich nur vorstellen kann, vor dem Weiß erscheinen, und danach die echte weiße Farbe.
The Mirror of Alchemy, Roger Bacon, 13. Jh.

Nach dem Fäulnisprozess und der Genese, die am Boden des Gefäßes stattgefunden hat, gibt es eine weitere Farbveränderung und eine im Kreise laufende Sublimation. Dieser Vorgang dauert nur drei Wochen (Monate). Während dieser Phase kannst Du alle möglichen Farben sehen, über die keine definitive Aussage getroffen werden kann. Die Regenfälle werden zum Ende des Vorgangs häufiger werden, und sein Ende wird angezeigt durch das Auftauchen einer weißen, schneefarbenen Ablagerung an den Seiten des Gefäßes. Freue dich, denn du hast die Regentschaft des Jupiters erfolgreich durchlaufen. Worauf du in dieser Phase des Prozesses besonders zu achten hast ist, dass die jungen Krähen nicht zurück ins Nest gelangen, nachdem sie es einmal verlassen haben. Als Zweites ist darauf zu achten, dass deine Erde weder zu trocken durch unangemessenes Verdunsten der Feuchtigkeit, noch zu sumpfig und feucht wird. Dies kann durch die korrekte Dosierung der äußeren Hitze erreicht werden.

[...] Während es von Schwärze in den weißen Zustand übergeht, können eine große Vielzahl von Farben beobachtet werden, es wird auch nicht sofort perfekt weiß sein, zuerst wird es eine einfache weiße Färbung annehmen, danach jedoch wird es ein fantastisches, großartiges, weißes Vergnügen sein.
An Open Entrance to the Closed Palace of the King, ein anonymer, wahrheitsliebender Alchemist, 1645

Koche die männlichen und weiblichen Dämpfe zusammen, bis zu der Zeit, an der sie ein trockener Körper werden. Denn bevor sie nicht vollständig getrocknet sind, werden die Farben nicht auftauchen. Es wird dagegen immer schwarz sein, während die Feuchtigkeit die Oberhand hat. Wenn das aber einmal beseitigt ist, dann werden verschiedensten Farben sichtbar, nach vielen und in verschiedener Weise.

[...] Und viele Male soll es sich von Farbe zu Farbe verändern, bis ein Zustand der fixierten weißen Farbe erreicht ist. Synon sagt: Alle Farben der Welt werden auftauchen, sowie die schwarze Feuchtigkeit getrocknet ist. Gib keiner dieser Farben irgendeine Bedeutung denn sie ist nicht die wahre Tinktur, ja es wird sogar viele Male gelblich und rötlich erscheinen und viele Male ist es trocken und dann wieder flüssig, bevor die weiße Farbe auftauchen wird.
The Root of the World, Roger Bacon, 13. Jh.

Wenn der Körper vollständig weiß geworden ist und alle Feuchtigkeit verschwunden, dann hast du den weißen Stein, der dann entweder mit Silber fermentiert wird oder aber zum roten Stein weiter reifen kann.

25. Fermentation

Beide, der weiße sowie auch der rote Stein, müssen nun mit Silber bzw. Gold fermentiert werden, bevor sie vollständig sind. Der weiße Stein kann nur mit Silber fermentiert werden und der rote Stein nur mit Gold. Nichts anderes kann benutzt werden. Auch können weder Silber noch Gold für die Fermentierung beider Steine benutzt werden.

Es gibt keine anderen Fermente als diese. Das Ferment des Silbers ist Silber, das Ferment des Goldes ist Gold, schaue nirgends woanders!
Compound of Compounds, Albertus Magnus, 13. Jh.

Das Ferment (Silber oder Gold) wird nicht als ein Bestandteil des Steins angesehen. Der Stein ist bereits vollständig entwickelt, wenn wir das Ferment hinzufügen. Er muss allerdings fermentiert werden, um für unsere Zwecke brauchbar zu sein. Den Stein einzunehmen wäre ohne seine vorherige Fermentierung gefährlich.

Der Stein wird das Silber oder Gold in seine eigene Form herunterbrechen, dabei jedoch die Frequenz und Stabilität des Ferments annehmen. Der Lebensenergie soll der Eindruck einer stabilen Form vermittelt werden.

*Eine kleine Menge von Gold und Silber ist tatsächlich notwendig für die Produktion des Steins, als Medium um der weißen oder roten Tinktur eine (*frequenzmäßige*) Färbung zu geben.*
On the Philosophers' Stone, Anonym, ca. 12.-17. Jh.

(12) Und obwohl der Weise etwas gewöhnliches Gold für die Fermentierung des Steins benötigt, damit selbiger unvollkommene Metalle in Sonne verwandeln kann, so folgt daraus jedoch nicht, dass gewöhnliche Sonne unseren Stein perfektionieren kann.

(13) Im Gegenteil macht unser Stein eher perfekte Sonne und Mond (Sol und Luna), denn selbst die perfekteste Sonne ist nicht vollständig und fruchtlos ohne unseren Stein. Wenn man sie allerdings mit unserem Stein vereinigt, wird sie lebendig und fruchtvoll und kann Teile ihrer eigenen Perfektion an andere Metalle weitergeben.
The Chemists Key, Henry Nollius, 1617

Die rote Tinktur wird mit Gold hergestellt, die weiße Tinktur mit Silber [...] ohne das richtige Ferment kann der Mond nicht zur Sonne werden, sondern die Substanz, ohne dass sie etwas daran hindern würde, wird sich wieder zu Wasser zurückentwickeln. [...] Das Gewicht des Ferments must das Gewicht seines Schwefels überschreiten oder ihm zumindest gleich sein.
The Epistle of Bonus of Ferrara, Peter Bonus, 14. Jh.

Die Fermentation ist der gleiche Prozess wie der zweite Teil der Arbeit, nur wird jetzt Silber oder Gold hinzu gegeben und der Ablauf wird sehr viel schneller sein.

Die Menge an Silber oder Gold, die du benutzen solltest muss zwischen der zwei- bis zehnfachen Menge des Steins liegen. Finde das reinste Silber und Gold, es muss nahezu 100% Reinheit besitzen. Am besten ist es, Gold- oder Silberstaub zu verwenden, damit wird die Reaktion schneller, denn die Teilchen sind kleiner (vergrößerter Oberflächenbereich). Wenn du keinen Zugang zu Staub hast, dann benutze eine Feile, um eine Münze oder etwas Ähnliches zu zerkleinern.
Für die Durchführung der Fermentation (und auch die Multiplikation) zermahle den Stein zu Staub und mische ihn mit dem Ferment (Silber für Weiß, Gold für Rot). Alternativ

dazu kannst du die Mischung aus Stein und Ferment zum Schmelzen bringen, wobei eine Temperatur benötigt wird, die hoch genug ist, um Gold zu schmelzen. Dann schmiede es in kleine Platten und feile sie wieder herunter zu einem Pulver. Dieser optionale Vorgang wird den Prozess beschleunigen. Füge jetzt eine geringe Menge destillierten Urins hinzu und fahre fort mit dem Befeuchten, Schwarzwerden lassen, dann wiederum Weißwerden lassen (Rot, wenn du den Stein fermentierst oder multiplizierst) wie du es auch schon zuvor gemacht hast (folge dabei den Kapiteln 22-24).

Der Prozess der Fermentierung sollte im ersten Durchlauf ein bis drei Monate dauern. Jetzt ist der weiße Stein vollständig. Er kann nun sowohl in Qualität als auch Quantität vervielfältigt werden und auch zur Macht des roten Steines erhoben werden.

Der Stein bzw. das Elixier kann für diesen Zweck nicht so benutzt werden, wie wir es am Ende der letzten Phase gesehen haben (Rot oder Weiß), sondern es sollte erneut wie folgt fermentiert und erweitert werden, denn sonst könnte es nicht ohne weiteres auf Metalle und Körper angewendet werden, denen es an Perfektion mangelt.
Nimm einen Teil der Essenz und füge drei Teile pures Gold (oder entsprechend Silber) hinzu, das gereinigt und mit Antimon geschmolzen und dann zu sehr dünnen Platten verarbeitet wurde. Gib sie zusammen in den Schmelztigel.
Daraufhin wird die gesamte Verbindung in eine reine und wirksame Tinktur verwandelt werden, die, wenn man sie im Verhältnis eins zu tausend auf unedle Metalle anwendet, diese in reines Gold (bzw. Silber) verwandeln wird.

[...] Die Substanz des Weißen wird, nachdem sie allen möglichen Veränderungen unterzogen wurde, als Medizin für den Körper mehr schaden als nützen, wenn man die letzte Zubereitungsstufe wegläßt.
The Sophic Hydrolith, Or, Water Stone of the Wise, Anonym, 17. Jh.

Aurel Augurellius sagt ebenso in seinem dritten Buch:
„Zuerst vermische etwas von der zubereiteten Medizin mit dem gelben Metall, und du wirst sehen, wie es die Stärke des geheiligten Materials annimmt. Oder, wenn du es nach großer und schwieriger Zubereitung wieder gesammelt hast, dann mische ihm eine gleich große Menge an Purpurpulver bei, erwärme das Ganze mit sanfter Hitze und lasse es für zwei Monate ziehen. Während dieser Zeit kannst du eine ganze Reihe von Farben wahrnehmen. So oft, wie du die Prozedur wiederholst, so sehr soll die Qualität und der Vorteil deines Pulvers zunehmen."
An Explanation of the Natural Philosopher's Tincture, of Paracelsus, Alexander v. Suchten, 16. Jh.

Während der Fermentierung soll beachtet werden, dass das Elixier an Qualität nicht die des Ferments überschreitet, sonst kann das Sponsal Ligament (verbundene Elemente) *nicht wirklich durchgeführt werden, wenn aber das Ferment über das Elixier dominiert, wird sich alles in Staub verwandeln.*
Die beste Methode der Fermentation ist es, einen Teil des Elixiers in die Mitte von zehn Teilen der Goldfüllung zu legen.
Aphorisms of Urbigerus, Baro Urbigerus, 1690

26. Widersprüchlichkeiten

Es gibt zwei offensichtliche Widersprüchlichkeiten in der alchemistischen Literatur, die sich auf die Fermentation des weißen bzw. roten Steins mit Silber oder Gold beziehen.

Der erste Widerspruch bezieht sich auf den weißen Stein und die Frage, ob er vor seiner Erhöhung zum roten Stein mit Silber fermentiert werden muss, oder ob er nicht mit Silber fermentiert sondern direkt zum roten Stein heranreifen soll.

Die Schriften, die eine solche Fermentierung mit Silber enthalten, sehen wie folgt aus:

Ohne korrekte Fermentierung kann der Mond nicht zur Sonne werden, sondern die Substanz, da sie ja nichts davon abhält, wird sich in Wasser zurückverwandeln.
The Epistle of Bonus of Ferrara, Peter Bonus, 14. Jh.

Man sollte auch im Gedächtnis behalten, dass Silber auf unser Quecksilber noch vor Gold angewendet werden soll, denn unser Quecksilber ist leicht flüchtig und kann nicht mit Vertrauen auf Erfolg im Ganzen großer Hitze ausgesetzt werden. Silber hat die Macht, den dem Quecksilber innewohnenden Schwefel aufzuwirbeln, wodurch es koaguliert und die Form des Mittels annimmt, das Metalle in Silber transmutiert und diese Verbindung wird durch die sanfte Hitze des Silbers herbeigeführt. Gold benötigt eine viel größere Hitze. Wenn also Gold vor dem Silber dem Quecksilber hinzugefügt würde, so würde das Quecksilber sofort in roten Schwefel überführt werden, welcher wiederum völlig nutzlos für die Herstellung von Gold wäre, denn er hätte seine essenzielle Feuchtigkeit verloren und unsere Kunst setzt nun einmal voraus, dass das Quecksilber zuerst einmal eine Verbindung eingeht, ausgelöst von Silber nach weißem Schwefel, bevor eine größere Menge an Hitze hinzugefügt wird, welche durch das Gold selbigen in roten Schwefel verwandelt. Es muss eine weiße Farbe vorhanden sein, bevor eine rote Farbe auftauchen darf.
Rote Farbe vor weißer Farbe vernichtet unsere gesamte Substanz!
A Tract of Great Price Concerning the Philosophical Stone, ein deutscher Alchemist, 1423

Kein Gold wird hergestellt, außer wenn es vorher Silber war. [...] Da die rote Tinktur aus dem Ferment des Goldes allein hervorgeht, kann Quecksilber nur durch das weiße Ferment des Silbers belebt werden.
A Golden and Blessed Casket of Nature's Marvels, Benedictus Figulus, 1607

Während Schriften, die eine Weiterentwicklung des weißen in den roten Steins ohne Fermentierung mit Silber befürworten, Folgendes zu berichten haben:

Das weiße Elixier, nachdem es zu einem Zustand der Reife gebracht wurde, wünscht den höchsten Zustand der Perfektion zu erreichen, indem es nicht mit Silber fermentiert wird, sondern mit seinem eigenen Fleisch und Blut gebacken wird, was das doppelte Quecksilber erzeugt, durch welches es ernährt, multipliziert in Qualität und Quantität und verdaut, die ganze Arbeit erfolgreich beendet.
Aphorisms of Urbigerus, Baro Urbigerus, 1690

Während seines Reifeprozesses nimmt es eine perfekte weiße Farbe an, wird damit zur weißen Tinktur, die alle niederen Metalle in Silber verwandeln kann und zudem eine machtvolle Medizin darstellt. Wie der Künstler allerdings weiß, ist es auch höherer Arten der Präparationen zugänglich, durch Stärkung seines Feuers.
On the Philosophers' Stone, Anonym, ca. 12.-17. Jh.

Und wenn die wahre weiße Farbe auftaucht, die wie ein helles Schwert leuchtet oder wie poliertes Silber, so wisse, dass in der weißen Färbung Röte verborgen liegt. Dann allerdings hüte dich, dieses weiße Material aus dem Gefäß zu entfernen, sondern du sollst es mit Hitze und Trockenheit bis zum Ende verdauen. Dann wird es eine zitronengleiche Farbe und danach eine wunderschöne Röte annehmen.
The Secret Book of Artephius, Artephius, 12. Jh.

Nimm den Stein und teile ihn auf in zwei Teile. Einen Teil wirst du zum Zustand des weißen Elixiers erhöhen, wie vorher schon beschrieben (von der Art, von der du eine unbeschränkte Menge haben wirst). Lege den anderen Teil in ein neues Bett der Philosophen, sauber, aufgeräumt, durchscheinend, kugelförmig und plaziere es zur weiteren Verdauung in den Brennofen. Erhöhe die Hitze bis zu dem Punkt, an dem die Materie zu einem sehr roten Stein verwandelt wurde.
Compound of Compounds, Albertus Magnus, 13. Jh.

Man sieht also, dass verschiedene Alchemisten unterschiedliche Behauptungen bezüglich der Fermentierung abgegeben haben. Einige behaupten, man müsse den weißen Stein mit Silber fermentieren, bevor er die große Hitze erträgt, die notwendig ist, um ihn in den roten Stein zu überführen. Während andere behaupten, dass diese Fermentierung nicht stattfinden solle, sondern lediglich die Hitze erhöht, um zum gleichen Ergebnis zu kommen. Da diese beiden Methoden von einer ganzen Reihe von Alchemisten unterstützt werden, würde es am ehesten Sinn ergeben anzunehmen, dass beide Methoden zutreffen. Es erscheint demnach notwendig, große Vorsicht bei der Erhitzung des unfermentierten weißen Steins walten zu lassen, während der fermentierte weiße Stein mit weit größerer Hitze und weniger Sorgfalt zur Reife geführt werden kann.

Der sicherste Schachzug wäre es wohl, den Anweisungen Albertus Magnus (siehe oben, den zuletzt zitierten Text) zu folgen, der uns rät, den Stein in zwei Hälften zu teilen, sowie die weiße Phase erreicht ist. Den einen Teil soll man mithilfe von Silber fermentieren, um so zum weißen Stein zu gelangen. Die andere Hälfte soll man sich selbständig zum roten Stein entwickeln lassen. Sollte dann der unfermentierte weiße Stein nicht rot werden, kann man immer noch einen Teil des fermentierten weißen Steins zur Reife führen. Weiterhin wäre es wohl von Vorteil, einen Teil des weißen Steines unfermentiert aufzubewahren, wodurch der weiße Stein nun in drei Teile aufgeteilt wäre. Das bedeutet auch, dass man als Ergebnis sowohl den weißen als auch den roten Stein hätte, ohne sich zwischen ihnen entscheiden zu müssen und man könnte sich die medizinischen Eigenschaften des weißen Steins eher zunutze machen.

Der zweite Widerspruch stammt lediglich von Fulcanelli, einem kontemporären Alchemisten. Fulcanelli behauptet, dass der Fermentierungsprozess beide Steine lediglich befähigen würde, Metalle zu transmutieren und für alle medizinischen Anwendungen nutzlos wäre.

Das Fermentieren des Steines durch Gold, welches das Elixier auf seine Funktion zur Transmutation der Metalle beschränkt.
The Dwellings of the Philosophers, Fulcanelli, 1929

Es ist allerdings klar, dass Fulcanelli den Stein der Weisen noch nicht erzeugt hatte, als er das Buch *The Dwellings of the Philosophers* schrieb; in Büchern älterer Alchemisten finde ich keinen Hinweis darauf, dass der Fermentierungsprozess nur angewendet werden sollte, um Gold herzustellen. Daher muss ich annehmen, dass sich Fulcanelli an dieser Stelle geirrt hat und die Fermentierung notwendig ist, sowie derselbe Stein sowohl als Medizin als auch zur Transmutation von Metallen zu verwenden ist. Ich gebe Fulcanellis Meinung hier wieder, für den Fall, dass er etwas wusste, was ich nicht weiß.

Man kann nun allerdings leicht auf der sicheren Seite bleiben, indem man ein wenig des weißen und des roten Steins beiseitelegt, bevor man den Rest fermentiert. Nur für den Fall, dass Fulcanelli recht hatte. Wenn du jedoch immer noch Bedenken hast, so solltest du die medizinischen Wirkungen an Tieren ausprobieren, bevor du den Stein selber zu dir nimmst.

Keine der beiden Hindernisse, die in diesem Kapitel beschrieben werden, sind ultimativ ein Hindernis für die Herstellung des Steins. Du musst nur ein wenig von dem Stein vor der Fermentierung zur Seite legen. Damit wirst du am Ende vier verschiedene Pulver besitzen: den fermentierten weißen Stein, den unfermentierten weißen Stein, den fermentierten roten Stein sowie den unfermentierten roten Stein. Damit kannst du dann ganz einfach die Wirkungen aller Varianten ausprobieren. Desweiteren ist es von Vorteil, beide Formen des Steins zu besitzen, da damit auch über die in diesem Buch beschriebenen Versuchsreihen Hinausgehende möglich sind.

27. Die rote Phase

Die rote Phase ist lediglich eine Weiterentwicklung des weißen Steins. Du wirst zuerst den weißen Stein erzeugen, um ihn dann zum roten Stein zu perfektionieren.

Erst erzeugt man die weiße Tinktur, dann die rote. Denn die Sonne und der Mond werden in der gleichen Weise bereitet und

ergeben die rote bzw. weiße Tinktur.
A Short Tract, or Philosophical Summary, Nicholas Flamell, 15. Jh.

Während du versuchst, den unfermentierten anstelle des fermentierten weißen Steins zur Reife zu bringen, musst du mit der Temperatur vorsichtiger sein. Es könnte auch eine gute Idee sein, den weißen Stein ein paarmal zu vervielfältigen, bevor man sich daran macht, ihn in die rote Form zu überführen. Das würde den Prozess beschleunigen, da der Stein dann schon viel reiner sein würde.

Um den weißen Stein in den roten Stein zu überführen, lege ihn, wie bereits zuvor, in eine saubere Flasche mit rundem Boden und stelle sicher, dass diese auf jeden Fall hermetisch versiegelt ist. Jetzt positioniere diese Flasche im Wasserbad und justiere sie auf die Temperatur, bei der der weiße Stein die Konsistenz von geschmolzenem Wachs annimmt, was grob gesehen ungefähr einer Verdopplung der vorher verwendeten Temperatur entsprechen sollte. Nach einigen Monaten wird der Stein eine aschfarbene orange Färbung annehmen. An diesem Punkt solltest du das Gefäß aus dem Wasserbad entfernen und es auf eine intensive Hitzequelle stellen (Gasherd, Hitzemantel oder elektrische Kochplatte). Die Temperatur sollte so hoch wie möglich sein, ohne das Gefäß zu gefährden, also nicht höher als 260°C. Lasse den Stein auf dieser Temperatur und warte geduldig für einige Monate. Er wird irgendwann zu einem roten Pulver werden.

Sobald du das rote Pulver hast, fermentiere eine Hälfte mit Gold. Dann besitzt du den roten Stein, sowohl fermentiert als auch unfermentiert.

Nimm den Stein und teile ihn auf in zwei Teile. Einen Teil wirst du zum Zustand des weißen Elixier erhöhen, wie vorher schon beschrieben (von der Art, von der du eine unbeschränkte Menge haben wirst). Lege den anderen Teil in ein neues Bett der Philosophen, sauber, aufgeräumt, durchscheinend, kugelförmig und plazierte es zur weiteren Verdauung in den Brennofen. Erhöhe die Hitze bis zu dem Punkt, an dem die Materie zu einem sehr roten Stein verwandelt wird.

[...] Koche das weiße Elixier perfekt, so dass es die Farbe von Zinnober annimmt, so beginnst du auf dem Weg zum roten Elixier.
Compound of Compounds, Albertus Magnus, 13. Jh.

Wenn der weiße Stein geschaffen ist, löse einen Teil von ihm auf und kalziniere ihn (wie einige behaupten) durch langes Abkochen, bis er zu unberührbar feiner Asche wird, zu weich, um berührt werden zu können und in Zitronenfarbe.
Verbum Dismissum, Count Bernard Trevisan, 15. Jh.

Aber die Hitze des trockenen Feuers sollte zumindest doppelt so hoch sein, wie zuvor die Hitze des feuchten Feuers und dadurch wird die weiße Medizin die bewundernswerten Eigenschaften der roten Tinktur annehmen.

[...] Darum musst du es in einem trockenen Feuer brennen lassen bis zu der Zeit, in der es sich in einem glorreichen Rot kleidet, der reinen purpurroten Farbe. Für diesen Fall sagt Epitus, der Philosoph: "koche das Weiße in einem rotglühenden Brenntigel, bis es sich in purpurfarbene Schönheit kleidet. Gib nicht auf, auch wenn das Rote sich Zeit nimmt, um zu erscheinen. Denn so, wie ich es gesagt habe, wenn das Feuer verstärkt wird, wird sich die erste weiße Farbe nach Rot hin verwandeln. Auch wenn das Zitronengelbe zuerst unter all diesen Farben auftaucht, so ist diese Farbe doch nicht fixiert. Jedoch nicht lange danach, wird die rote Farbe erscheinen. Die, wenn sie nach oben aufsteigt, deine Arbeit vervollständigen wird." Wie Hermes in Turba sagte: „Zwischen der weißen Farbe und der roten wird nur eine Farbe im Geiste auftauchen, Zitronengelb. Es wechselt jedoch die Stärke." Maria sagt ebenso: „wenn du das wahre Weiß hast, dann folgt darauf das falsche, die gelbliche Farbe und zum Schluss erst die perfekte rote. Dies ist die Herrlichkeit und Schönheit der ganzen Welt."
The Root of the World, Roger Bacon, 13. Jh.

Wenn du diese weiße Substanz rot machst, musst du sie ständig in einem trockenen Feuer kochen, bis sie rubinrot wird, so rot wie Blut, und dann ist es nichts als Wasser, Feuer und die wahre Tinktur. Und so durch ständiges trockenes Feuer, wird sich die weiße Farbe verändern, verschwinden, vervollständigen und weiterhin verdaut werden, bis es zum wahren Rot, der endgültigen Farbe wird. Und daraus folgt, wie sehr diese Farbe erhöht wird und eine wahre Tinktur der Röte wird. Weshalb du mit einem trockenen Feuer und trockener Kalzinierung, ohne jede Feuchtigkeit diese zusammengesetzte Masse kochen sollst, bis zu dem Zeitpunkt, an dem es die perfekte rote Farbe annimmt. Erst dann wird es zu dem wahren perfekten Elixier.
The Secret Book of Artephius, Artephius, 12. Jh.

Wenn die Zersetzung unserer Saat auf diese Art vervollständigt wurde, soll das Feuer verstärkt werden, bis glorreiche Farben erscheinen, welche die Söhne der Kunst Cauda Pavonis *oder Pfauenfedern genannt haben. Diese Farben kommen und gehen, so wie die Hitze zugeführt wird auf den dritten Grad, bis es alles ein wunderschönes Grün ist und wie es an Reife zunimmt sieht man perfekte weiße Färbung, die weiße Tinktur, die unedle Metalle in Silber verwandeln kann und als starke Medizin wirkt. Wie der Künstler allerdings weiß, ist sie auch höherer Arten der Präparationen zugänglich, durch Stärkung ihres Feuers, bis es eine gelbe, dann orange Farbe annimmt. Nun die Hitze auf die vierte Stufe erhöhen, bis das Rot wie Blut von einer gesunden Person genommen erscheint und dies ist das Zeichen der sorgfältigen Bereitung und seiner Bereitschaft für die vorgesehenen Verwendungen.*
On the Philosophers' Stone, Anonym, ca. 12.-17. Jh.

28. Die Multiplikation

Der Stein muss nur einmal hergestellt werden und kann dann sehr leicht in Qualität und Quantität vermehrt werden. Diese Vermehrung ist für den weißen wie auch den roten Stein identisch.

Die normale Vorgehensweise bei der Vermehrung besteht darin, den zweiten Teil, die Fermentierung, zu wiederholen. Man kann dies mit oder ohne Hinzufügen von Gold oder Silber erreichen. Durch Hinzufügen von Ferment wird der Stein jedoch sowohl qualitativ als auch quantitativ vermehrt. Mit jeder Wiederholung der Fermentierung wird der Stein größer und zehnmal mächtiger. Die Zeit, die für die jeweilige Vervielfältigung benötigt wird, nimmt ebenfalls von Mal zu Mal ab, da der Stein zunehmend an Macht gewinnt, dies bis zu dem Moment, an dem eine Vermehrung lediglich wenige Sekunden in Anspruch nimmt.

Der unfermentierte Stein kann natürlich auch vermehrt werden, wobei jetzt allerdings der zweite Teil wiederholt wird (Befeuchten, Einschmelzen, die weiße Farbe taucht auf, die rote Farbe taucht auf). Hierbei wird lediglich destillierter Urin, nicht jedoch Ferment hinzugefügt.

Die Vermehrung des Steins. Nimm den perfekten Stein, nimm einen Gewichtsanteil von ihm mit drei oder vier Gewichtsanteilen unseres gereinigten Quecksilbers aus dem ersten Teil der Arbeit, unterziehe es für sieben Tage einer sanften Erwärmung (wobei das Gefäß sehr sorgfältig verschlossen bleiben muss) und lass es durch all die Abschnitte hindurchlaufen, was schnell und ohne Probleme geschehen wird. Die verwende Kraft der Substanz wird auf diese Art vertausendfacht werden und wenn du ein zweites Mal diesen Prozess durchläufst (was Du mit Leichtigkeit in drei Tagen schaffen kannst) wird die Medizin noch viel wertvoller geworden sein. Diesen Prozess kannst du so oft wie du magst wiederholen. Beim dritten Durchlauf wird die Substanz durch alle Phasen in nur einem Tag hindurchlaufen, der vierte Durchlauf dauert nur eine Stunde und so weiter. Der Zuwachs an Qualität wird äußerst erstaunlich sein. Dann knie nieder und danke Gott für diesen wertvollen Schatz.
An Open Entrance to the Closed Palace of the King, ein anonymer, wahrheitsliebender Alchemist, 1645

Wenn du nun aber danach deine Tinktur vermehren möchtest, so musst du wiederum das Rot erzeugen, in neuem und auflösendem Wasser und es dann durch Kochen wiederum zuerst Weiß und später in perfekter rubinroter Farbe erscheinen lassen, durch graduelle Erhöhung des Feuers, dabei die ersten Methoden unserer Arbeit immer wiederholend. Löse auf, verbinde und wiederhole das Verschließen, das Öffnen und vermehren in Qualität und Quantität ganz nach deinem Gusto. Denn durch einen erneuten Zerfall und Erzeugung, wird eine neue Bewegung eingeführt. Daher werden wir auch nie zu einem Ende kommen, wenn wir immer die gleichen Vorgänge wiederholen, durch Lösung, Verbindung, mit der Hilfe unseres auflösenden Wassers, durch das wir lösen und verbinden, so wie wir es vorher berichtet haben, am Anfang unserer Arbeit. Daher ist also der Nutzen auch vermehrt und vervielfacht, sowohl in Quantität als auch Qualität. Wenn du also nach dem ersten Durchgang das Hundertfache erreicht hast, nach dem zweiten Durchgang wirst du das Tausendfache erreichen. Und indem du die Arbeit weiter verfolgst, werden deine Pläne bis in die Unendlichkeit reichen, perfekt und wahrhaftig färbend und so die größte Menge erreichen. Damit hast du durch ein Ding von kleinem Ausmaß und Preis, Farbe, Güte und Gewicht erhalten.
The Secret Book of Artephius, Artephius, 12. Jh.

Du kannst den Stein auch in Wasser auflösen und ihn danach destillieren. Das wird die Quantität und Qualität um den Faktor hundert erhöhen.
Kurz gesagt, alles was du dir nur denken kannst, um den Stein zu reinigen und ihn zu lösen, wird seine Qualität erhöhen und alles, was von dem Stein überwältigt wird oder sich in ihm löst, wird seine Natur annehmen und ihn somit vermehren.

Wenn diese Substanz, welche die Natur zur Verfügung stellt, von unserer Kunst in die Hand genommen wird, gelöst und wieder verbunden und verdaut wird, so wird seine Perfektion von einer einzelnen zu einer zehnfachen Güte vermehrt. Indem man den Prozess wiederholt, erreicht man erst hundertfache, dann tausendfache Wirkung.
A Brief Guide to the Celestial Ruby, Eirenaeus Philalethes, 1694

Nachdem der Stein hinreichend stark ist, kann er dadurch vermehrt werden, dass man eine gewisse Menge Gold (oder Silber) schmilzt und dann ein klein wenig des Steins in das Schmelzgut hineinwirft. Der gesamte Inhalt wird sich schnell in eine noch stärkere Form des Steins der Weisen transformieren. Nachdem der Stein noch sehr viel stärker geworden ist, wirst du in der Lage sein, dies mit jedem beliebigen Metall durchzuführen, da der Stein dann das Ganze in noch mehr „Stein" verwandeln wird, anstatt es als Gold zu belassen (in dem Fall müsstest du den Stein verdünnen, wenn du mit ihm Gold herstellen möchtest.)

Die Methoden für die Projektion und Multiplikation des weißen und roten Steines sind beide eins. Die Multiplikation jedoch kann auf zwei Weisen durchgeführt werden. Eine, indem man einen Teil auf hundert Teile reines Luna oder reines Gold gibt. Es gibt noch andere Methoden, die profitabler und geheim sind, um die Medizin zu projizieren, über die ich im Moment aber schweige.
Verbum Dismissum, Count Bernard Trevisan, 15. Jh.

29. Die Projektion

Die Projektion stellt einen ziemlich einfachen Vorgang dar, bei dem das zu transmutierende Metall geschmolzen und dann ein kleiner Teil des Steins in die Schmelze geworfen wird. Je niedriger die Schmelztemperatur des Metalls ist, desto einfacher kann es transmutiert werden und umso weniger Stein wird dafür benötigt. Daher ist Quecksilber am besten geeignet, darauf folgt Blei.
Einige Alchemisten empfehlen, ein wenig Substanz des Steins in Wachs zu reiben oder kleine Goldspäne in das geschmolzene Metall zu geben. Es soll dem Stein helfen, das Metall vollständig zu durchsetzen. Andere wiederum empfehlen, den Stein in Lösung zu geben und ihn in seinem flüssigen anstelle des festen Zustands zu vermehren.
Wenn der Stein noch schwach ist, wird nicht das gesamte Metall transmutiert werden. Du musst dann mehr von dem Stein hinzufügen. Wenn der Stein jedoch zu stark ist, so wird er das zu transmutierende Metall auch in Stein verwandeln und nicht in Gold. In diesem Fall soll der Stein verdünnt werden.

Wir schmelzen nur die unedlen Metalle über dem Feuer und fügen sie dann dem Stein der Weisen hinzu, der sie dann in nur einem kurzen Moment in die Form von Gold überführt.
The New Pearl of Great Price, Peter Bonus, 1338

Diese wunderbare Medizin durchdringt jeden kleinen Teil der unedlen Metalle (im Mengenverhältnis eins zu tausend) und färbt sie durch und durch mit seiner eigenen noblen Natur. Deine Arithmetik wird lange vor seiner allesdurchdringenden Macht versagen. Jedes kleinste Teil, das mit der belebenden Kraft des Elixiers in Berührung kommt, wird wiederum das ihm

am nächsten liegende Teil färben und so weiter, bis die gesamte Masse seinem fantastischen Einfluss vollständig unterlegen ist und sie zu goldener Perfektion gelangt.
A Brief Guide to the Celestial Ruby, Eirenaeus Philalethes, 1694

Nun wird die Projektion in dieser Weise durchgeführt: Lege den Körper, das Metall in den Tigel und wirft das Elixier, wie bereits erwähnt, darauf, rühre es nun gut und nachdem es geschmolzen und flüssig geworden ist, mische den Körper und mit ihm den Geist. Entferne es vom Feuer und du wirst gutes Gold oder Silber haben, in Abhängigkeit davon, auf welche Art dein Elixier hergestellt wurde. Hier soll nun angemerkt werden, dass, je einfacher der metallene Körper zum Schmelzen gebracht werden kann, desto einfacher wird auch die Medizin die Macht haben, in ihn einzudringen und ihn zu verwandeln. Da Quecksilber flüssiger als jeder andere Körper ist, hat auch die Medizin die größte Macht es in perfektes Gold oder Silber zu verwandeln. Und auch eine größere Quantität davon wird die Medizin umwandeln, als jedes andere Mineral oder Produkt, in Abhängigkeit davon, ob sie schwer oder leicht zu schmelzen sind.
The Root of the World, Roger Bacon, 13. Jh.

Gewöhnliches Quecksilber, mit Blei zu einem Amalgam geformt, wird als das beste Material für eine Projektion angesehen. Diese Verbindung, deine fermentierte Substanz, wird in drei Teile aufgeteilt, wobei ein Teil in Wachs gerollt wird. Dieses wird auf das Amalgam geworfen, welches sich in dem Schmelztiegel befindet, auf einem ständigen Feuer, bis das Geräusch der Trennung und Wiedervereinigung hörbar wird. Dann nehme den zweiten und dritten Teil, wie zuvor, und halte ihn für zwei Stunden in einem ständigen Feuer der Vereinigung, dann lass es ohne weitere Hilfe abkühlen.
Aphorisms of Urbigerus, Baro Urbigerus, 1690

Sobald der Künstler ein beliebiges Metall transmutieren möchte, zum Beispiel Blei, soll er eine bestimmte Menge in einem sauberen Schmelztiegel zum Schmelzen bringen, dabei einige kleine Stückchen Gold dort hinein werfen und wenn das Ganze geschmolzen ist, dann soll ein klein wenig von dem Pulver bereitgehalten werden, was mit Leichtigkeit vom Stein abgekratzt werden kann, die Menge soll sehr geringfügig sein, und diese soll dann in die Verbindung geworfen werden.
Sofort wird ein dicker Qualm aufsteigen, der alle Unreinheiten, die sich im Blei befanden, davonträgt. Ein knackendes Geräusch wird hörbar, wobei die Substanz des Bleis in das reinste Gold verwandelt wird. Ohne besondere Mühe, eine kleine Menge Gold vor der Projektion hinzugefügt, dient es uns als Medium um die Transmutation zu ermöglichen, wobei die Menge unserer Tinktur am besten durch Erfahrung ermittelt werden sollte, da seine Qualitäten sicherlich proportional zur Anzahl der Durchgänge, die du vervollständigt hast, sind.
On the Philosophers' Stone, Anonym, ca. 12.-17. Jh.

30. Das Aussehen

Das Aussehen des roten Steins ist abhängig von der Anzahl der qualitätserhöhenden Multiplikationen und damit von seiner Reinheit und Stärke.
Zuerst ist er nur von schwacher Röte, die durchscheinend aussieht, er wird aber leuchtender und zu einem transparenten Purpur mit zunehmender Verfeinerung. Er ist sehr schwer.

Wisse, dass es Stein genannt wird, nicht weil es wie ein Stein aussieht sondern durch seine feste Eigenschaft, es widersteht Feuer ebenso erfolgreich, wie jeder Stein. Sein Typus ist Gold, reiner als das reinste. Es ist solide und untrennbar, wie ein Stein, erscheint aber wie ein sehr feines Pulver, untastbar bei Berührung, süß im Geschmack, wohlriechend im Geruc'

seine Potenz, die eines durchdringenden Geistes, scheinbar trocken und doch ölig und es hat die Fähigkeit, mit Leichtigkeit jedes Metall zu färben.
A Brief Guide to the Celestial Ruby, Eirenaeus Philalethes, 1694

Diese Tinktur hat eine Farbe, die zwischen Rot und Purpur liegt, mit einem leichten granitartigen Einschlag und sein spezifisches Gewicht ist erheblich.
The Twelve Keys, Basilius Valentinus, 15. Jh.

Unsere goldene Tinktur enthält Sterne, ist eine Substanz größter Härte, verändert nicht seine Eigenschaft durch Vermehrung, ist ein rotes Pulver (mit einem safrangelben Einschlag), von der Viskosität eines Harzes, durchsichtig wie ein Kristall, empfindlich wie Glas, von rubinroter Farbe, und von größter spezifischer Schwere.

[...] Es kann in jeder Flüssigkeit gelöst werden, in dieselbe hineinschmelzen und sich mit ihr vermischen, von safrangelber Farbe, jedoch von solider Masse, dabei rubinrot. Seine purpurne Röte ist das Kennzeichen seiner perfekten Vollständigkeit. Denn es bleibt fest und untrennbar, selbst wenn es Feuer, korrodierenden Flüssigkeiten oder brennendem Schwefel ausgesetzt wird, denn es ist wie ein Salamander unfähig von Feuer zerstört zu werden.
Golden Calf, John Frederick Helvetius, 17. Jh.

Auf diese Art die Operation beendend, lasse das Gefäß abkühlen. Wenn du dieses öffnest, wirst du die Substanz als fest und schwer wahrnehmen, von scharlachroter Farbe und sie kann leicht durch Kratzen zu einem Pulver gemacht werden. Im Feuer wird sie flüssig wie Wachs, allerdings ohne zu qualmen, eine Flamme zu entwickeln oder an Substanz zu verlieren. Wenn sie erkaltet ist, erreicht sie ihren alten festen Zustand wieder, ist dann auch schwer wie Gold, jedoch leicht in Flüssigkeiten zu lösen. Einige wenige Krümel oral eingenommen, haben eine wunderbare Wirkung auf den menschlichen Körper, lassen alle gesundheitlichen Probleme verschwinden und verlängern das Leben zur maximalen Länge. Daher hat es die Bezeichnung "Panacea" bzw. Universalheilmittel erlangt.
On the Philosophers' Stone, Anonym, ca. 12.-17. Jh.

31. Nie erlöschende Lampen

Auf der ganzen Welt wurden Lampen entdeckt, die offensichtlich ohne jede sichtbare Energiequelle hunderte von Jahre brennen können. Die wissenschaftliche Interpretation läuft darauf hinaus, dass es irgendwo geheime Vorräte an Öl geben müsse, die diese Lampen speisen. Allerdings ist dieses Phänomen für uns keine große Überraschung, es handelt sich wieder einmal um Alchemie.

Mir ist nicht ganz klar, wie so eine Lampe gebaut ist. Nach meiner Erfahrung müsste sie in einem hermetisch versiegelten Behälter eingebaut sein. Der Docht müsste aus einem nicht brennbaren Material gefertigt oder ebenfalls durch Alchemie hergestellt worden sein. Dann löst man einfach ein wenig des Steins in dem Öl auf (oder vielleicht handelt es sich lediglich um den Stein, aufgelöst in Wasser).

Ich habe einen guten Bericht im Internet gefunden, der brauchbare Forschung und

Geschichte dieser Lampen enthält. Ich werde ihn hier einfach nur zitieren, anstatt selber über die Lampen zu berichten. Der Autor dieser Geschichte ist ein alternativer Historiker mit dem Namen *Ellen Lloyd*. Ellen dachte, die Lampen wären durch außerirdische Technologie hergestellt worden, was nicht so weit von der Realität entfernt und einfacher zu glauben ist, als die Wahrheit.

Tatsächlich waren keine Außerirdischen in die Sache verwickelt, sondern nur Menschen, die den Stein der Weisen besaßen.

„Das Haus des König Salomon war bei Tag wie bei Nacht hell erleuchtet, denn der König hatte in seiner Weisheit leuchtende Perlen hergestellt, die von der Decke des Palastes herab schienen, wie die Sonne, der Mond und die Sterne in der Nacht."
Quelle: **"The Queen of Sheba and Her Only Son Menyelek"**

Stelle dir vor, du findest eine kleine brennende Lampe tief in einem uralten Verließ. Diese mysteriöse Lampe, die perfekt erhalten ist, muss für über 2000 Jahre gebrannt haben. Was würdest du von deiner unglaublichen Entdeckung halten?

Wahrscheinlich würdest du dir überlegen, ob diese kostbare Beleuchtung ein magisches Objekt sein könnte, ein Werk Gottes oder vielleicht das dunkler Mächte. Könnte dieser uralte Schatz der Beweis für eine ehemalige Hochtechnologie sein? Haben unsere Vorfahren bereits das Geheimnis der ewigen Leuchte entdeckt?

Obwohl es für einige unvorstellbar klingen mag, deuten dennoch einige ungewöhnliche Funde auf die Tatsache hin, dass dauerhaftes Licht in der Vorgeschichte nicht ungewöhnlich war.

Ich befasse mich mit fortgeschrittener vorgeschichtlicher Technologie in meinem Buch *„Stimmen aus legendären Zeiten"*.

Dort beschreibe ich eine ganze Anzahl enigmatischer Ereignisse aus allen Teilen der Welt. Die ewige Lampe ist eine uralte Technologie, die bis zum heutigen Tage mysteriös geblieben ist.

Während des Mittelalters wurden eine Reihe dieser Lampen in uralten Grabstätten und Tempeln entdeckt. Basierend auf alten Schriften lernen wir, dass diese mysteriösen Objekte überall auf der Welt aufgetaucht sind, unter anderem in Indien, China, Südamerika, Nordamerika, Ägypten, Griechenland, Italien, England, Frankreich und Irland.

Unglücklicherweise haben Grabräuber, Vandalen und abergläubische Ausgräber aus Furcht viele dieser Lampen zerstört.

Wie wir alle wissen, kann das Mittelalter nicht gerade als besonders wissenschaftliche Zeit angesehen werden. Es war eine dunkle Periode für diejenigen, die echtes Wissen suchten. Trotzdem war auch zu jener Zeit Neugier Teil der menschlichen Natur und Fragen wurden gestellt. Wie konnten unsere Urahnen Lampen bauen, die ewig brannten? Woher kam dieses geheime Wissen?

Das Thema der ewigen Lampen wurde natürlich schnell zu einer Kontroverse unter der

Autoritäten. Einige Autoren lehnten die Idee einer niemals erlöschenden Lichtquelle kategorisch ab, und das trotz der vorgelegten Beweise. Eine kleine Gruppe geistig offener Personen bestätigte die Existenz dieser wenn auch nicht ewig, so doch extrem lange funktionierenden Lampen. Viele allerdings beschuldigten heidnische Priester, clevere Tricks anzuwenden. Die meisten der gebildeten Menschen bestätigten ihre Existenz, behaupteten allerdings, sie wären ein Werk des Teufels. Das war in jenen dunklen Zeiten eine durchaus übliche Erklärung für alles, was irgendwie seltsam und von der frühen katholischen Kirche nicht anerkannt war. Man schob es dann einfach auf den Teufel und seine dämonischen Heerscharen.

Einige spekulierten, dass hebräische Geheimgesellschaften eine Variante moderner Elektrizität besessen hätten. So zum Beispiel der okkulte Schriftsteller *Eliphas Levi* (ich glaube diesem Typen nicht, er ist immer so theatralisch), der in seinem Buch *Historie de la Magie* die Geschichte eines mysteriösen französischen Rabbis mit Namen *Jechiele* erzählt, der Berater am Hofe König Louis IX. war. Scheinbar besaß Jechiele eine Lampe, die er für jedermann sichtbar direkt vor seinem Haus platziert hatte.

Diese erstaunliche Lampe, die sich selbst beleuchtete, besaß weder Öl noch Docht. Der Rabbi antwortete auf Befragung, woher er denn die Energie für das Licht bekäme, dass dies ein Geheimnis sei. Jechiele experimentierte wohl ziemlich viel mit Elektrizität. Um sich vor seinen Feinden zu schützen, erfand er einen elektrisch geladenen Knopf, den er mit dem Türgriff verband. Es wird erzählt, dass Jechiele lediglich einen Nagel an der Wand seines Studios berühren musste und jemand, der in diesem Moment seinen Türgriff berührte, würde laut schreiend davon springen, weil ihn ein blau leuchtender, laut knisternder Entladungsblitz getroffen hatte.

Es gab unzählige Spekulationen bezüglich der geheimen Energiequelle der ewigen Lampe. Während des Mittelalters und auch der späteren Zeit haben viele große Denker versucht, das Problem eines Brennstoffes, der sich selbst regeneriert, zu lösen.

Keines der durchgeführten Experimente war jedoch erfolgreich. Wie sich herausstellte war es wohl unmöglich, diese Art von Beleuchtung zu reproduzieren. Die Technologie der Vorväter konnte nicht wiederentdeckt werden.

Das früheste Auftreten einer göttlichen ewigen Lichtquelle kann in verschiedenen mythologischen Texten gefunden werden. Diese Art von Licht, welches als Teil des göttlichen Feuers angesehen wurde, ist auf das Engste mit den Göttern verknüpft.

Der griechische Gott Prometheus wurde dafür bestraft, den Menschen das Feuer gegeben zu haben. Das Geheimnis der ewigen Flamme wurde als Gottes persönliches Eigentum angesehen. Dieses Wissen sollte den Menschen verborgen bleiben. Trotzdem erscheint es, dass einige der Götter ungehorsam waren und den Menschen dieses göttliche Wissen zukommen ließen. Nachdem die Menschen gelernt hatten, das ewige Licht herzustellen, wurden die Tempel auf der ganzen Welt mit dieser Art von Altarbeleuchtungen ausgestattet.

Gemäß den alten ägyptischen, griechischen und römischen Traditionen braucht eine tote Person Licht auf ihrer Reise in das Tal der Schatten. Daher war es Brauch, einem Grab so eine Art von Beleuchtung beizugeben. Die Lampe fungierte gleichzeitig als Gabe an die Gottheit des Todes und sie hielt böse Geister fern. Für den Toten beleuchtete sie den Weg in die Unterwelt.

Hunderte von Jahren später, als Archäologen die Grabstätten öffneten, fanden sie die Lampen in perfekt funktionierendem Zustand vor.

Bis jetzt haben wir nur ganz allgemein über die Existenz des ewigen Lichts in alter Zeit gesprochen. Man schätzt, dass ungefähr 170 mittelalterliche Autoren über dieses Phänomen geschrieben haben. Lasst uns einige dieser bemerkenswerten Beschreibungen ansehen.

Plutarch schrieb von einer Lampe, die über der Tür des Tempels von *Jupiter Ammon* brannte. Nach Aussage der Priester brannte diese Lampe für Jahrhunderte, ohne jemals mit irgendeiner Art von Brennstoff gespeist worden zu sein. Weder Wind noch Regen konnte sie löschen.

St. Augustine beschreibt einen ägyptischen Tempel der Venus, der eine Lampe enthielt, die weder von Wind noch Wasser gelöscht werden konnte. Er erklärte sie zu einem Werk des Teufels.

Im Jahre 527 in der Stadt *Edessa* in Syrien, etwa zur Regierungszeit des Kaisers Justinian, entdeckten Soldaten eine ewig brennende Lampe in der Nische eines Torwegs. Um sie vor Luft zu schützen war sie kunstvoll eingehüllt. Gemäß einer Inschrift ist sie im Jahre 27 entzündet worden. Sie hatte 500 Jahre lang Licht gespendet, bevor der Soldat, der sie fand, sie zerstörte.

Im Jahre 140 wurde nahe Rom im Grab des *Pallas*, Sohn des Königs Evander, eine Lampe gefunden. Sie hatte für über 2000 Jahre Licht gespendet und konnte auch jetzt nicht mit normalen Mitteln gelöscht werden. Es zeigte sich, dass weder Wasser noch Versuche sie auszublasen etwas halfen. Sie konnte schließlich gelöscht werden, nachdem eine seltsame Flüssigkeit aus ihr entfernt wurde.

Im Jahre 1540 zur Zeit der Herrschaft von Papstes Paul III. wurde auf der Via Appia in der Nähe von Rom in einem Grab eine brennende Lampe gefunden. Das Grab gehörte, wie man annahm, Tulliola, der Tochter Ciceros. Sie starb im Jahre 44 v.Chr. Die Lampe hatte in dem verschlossenen Verlies für über 1500 Jahre gebrannt und verlöschte, als sie der frischen Luft ausgesetzt wurde. In diesem Zusammenhang ist es noch interessant zu erfahren, dass die Verstorbene in einer unbekannten Flüssigkeit schwamm, die ihren Körper in einem perfekten Zustand erhalten hatte. Sie schien gerade erst vor ein paar Tagen gestorben zu sein.

Als sich König Heinrich VIII. im Jahre 1534 von der katholischen Kirche trennte, befahl er die Auflösung aller britischen Klöster. Infolgedessen wurden viele Grabstätten geplündert. In Yorkshire wurde eine brennende Lampe im Grab des *Constantius Chlorus*, des Vaters von Konstantin dem Großen, gefunden. Er starb im Jahre 300 was bedeutet, dass die Lampe für über 1200 Jahre gebrannt hatte.

In der Mitte des 17. Jahrhunderts, in der Nähe von Grenoble, stolperte ein junger Schweizer Soldat über den Eingang einer Grabstätte. Unglücklicherweise fand er dort nicht die goldenen Schätze, die er sich erhofft hatte. Dennoch war seine Überraschung groß, als er sich einer brennenden in Glas eingefassten Lampe gegenübersah.

Du Praz, so hieß der Soldat, entfernte die Lampe aus dem Grab und brachte sie zu einem Kloster. Er zeigte seine bemerkenswerte Entdeckung den Mönchen. Die Lampe verblieb daraufhin im Kloster und brannte noch mehrere Monate, bevor ein älterer Mönch sie fallen ließ und sie dadurch zerstört wurde.

Bestimmte Entdeckungen weisen darauf hin, dass die Ahnen ihr geheimes Wissen bewahren wollten.

In seinen Briefen an St. Augustine im Jahre 1610 schrieb *Ludovicus Vives* über eine Lampe, die zur Lebenszeit seines Vaters, im Jahre 1580, gefunden worden war. Gemäß einer Inschrift brannte sie für über 1500 Jahre, fiel jedoch auseinander, als man sie berührte. Offensichtlich teilte Ludovicus Vives die Ansicht von St. Augustine nicht. Er nahm an, dass die ewigen Lampen die Erfindungen sehr weiser und begabter Männer wären und nicht etwa die des Teufels.

War den Rosenkreuzern das ewige Licht bekannt? Es erscheint so. Als man das Grab von Christian Rosenkreuz, dem Alchemisten und Gründer des Ordens der Rosenkreuzer, 120 Jahre nach seinem Tode öffnete, fand man darin eine ewige Lampe.

Ein anderer bemerkenswerter Fall ereignete sich in England, wo ein mysteriöses und ungewöhnliches Grab geöffnet wurde. Man nahm an, dass die Grabstätte einem Rosenkreuzer gehören würde. Der Person, die das Grab entdeckte, fiel eine Lampe auf, die von der Decke hängend den unterirdischen Raum beleuchtete. Als der Mann einen Schritt nach vorne tat, bewegte sich ein Teil des Bodens unter seinem Gewicht. Im selben Moment fing eine bewaffnete und mit einer Rüstung versehene Figur an, sich zu regen. Die Gestalt stand zu voller Größe auf und traf die Lampe mit einer Art Waffe, was sie zerstörte. Somit blieb ihre Natur ein Geheimnis.

Die Entdeckungen, die ich in diesem Artikel erwähne, sind nur ein kleiner Ausschnitt all der seltsamen und bemerkenswerten Funde, die weltweit gemacht wurden. Wer weiß, wie viele Lampen es noch gibt, die verborgen in uralten Verließen geschützt vor neugierigen Augen heute noch brennen. Unsere Vorfahren kannten das ewige Licht. Wie schon *Eliphas Levi* hervorhebt: „Es ist sicher, dass die Magier des Zoroaster auf uns unbekannte Art und Weise mit elektrischer Energie umgehen konnten."

So ist es wohl, und die alten Ägypter, Griechen und Römer so wie auch andere Kulturen, besaßen dieses Wissen ebenso. König Salomon war ein weiser Mann. Er verfasste diese Zeilen:
Es gibt nichts Neues unter der Sonne. Wenn jedoch von einer Sache behauptet wird: „Seht her, dies ist neu", dann war es bereits zu einer Zeit lange vor uns bekannt.
The Mystery of Ever-Burning Lamps, Ellen Lloyd, 23. August 2006

32. Takwin

Worin wir viele befremdliche Wirkungen finden: Leben wirkt in jenem fort, durch verschiedene Teile, die man für vital hält, obwohl gestorben und hinweg genommen, wiederbelebt von denen, die tot erscheinen. Wir haben auch alle Gifte ausprobiert und andere Medizin, wie auch Chirurgie und Physik. Durch unsere Kunst können wir sie auch größer oder kleiner machen, zu Zwergen oder Riesen, wir machen sie fruchtbarer mit mehr Nachwuchs oder komplett unfruchtbar und steril. Wir lassen sie sich in Farbe, Größe, Form, Aktivität und anderen Weisen unterscheiden. Wir finden Wege, sie miteinander zu mischen und sie sich untereinander vermehren zu lassen; dadurch sind viele verschiedene Arten entstanden und diese sind nicht unfruchtbar, wie die Allgemeinheit annimmt.
The New Atlantis, Francis Bacon, 1627

Takwin ist fortgeschrittene Alchemie, die sich mit der Erzeugung von Leben befasst. Dies geschieht durch Alchemie und die lebensspendende Kraft des Steins. Es ist nicht einfach, Informationen über Takwin zu finden. Dennoch ist, was Takwin behauptet, natürlich möglich. Wenn die Natur etwas kann, dann kann Alchemie das auch.

Wir dürfen auf keinen Fall die Erzeugung künstlich erzeugter Menschen vergessen. Darin liegt Wahrheit, obwohl es für lange Zeit verborgen war. Es waren keine kleinen Zweifel und Fragen, welche die alten Philosophen hatten, ob es wohl möglich wäre, für Natur oder unsere Kunst, außerhalb des weiblichen Körpers einen Menschen zu erzeugen. Dazu kann ich nur sagen, dass es in keiner Weise abstoßend für die Kunst der Alchemie oder die Natur ist und ja, es ist möglich. Um es allerdings zu erwirken, müssen wir wie folgt vorgehen.
Lass sich das Sperma eines Mannes allein in einem Glas zersetzen, selbiges versiegelt, zur Förderung der Zersetzung in Pferdemist gelegt, für vierzig Tage, oder so lange wie es braucht, bis es lebendig wird und sich bewegt und dreht, was leicht zu sehen sein wird. Nach dieser Zeit wird so etwas wie ein Mann erscheinen, allerdings durchsichtig und ohne Körper.
Danach nun vorsichtig und sorgfältig wird es jeden Tag mit dem Blut des Mannes gefüttert und für weitere vierzig Tage im warmen Pferdedung belassen. Es wird ein echtes lebendes Kind werden, alle Teile eines Kindes wie das durch eine Frau geborene. Es wird allerdings kleiner sein. Dieses nun nennen wir einen Homunculus bzw. einen künstlichen Menschen. Und es muss mit großer Vorsicht aufgezogen werden, wie ein echtes Menschenkind, bis es nach vielen Jahren zur Reife und Verständnis gelangt. Dies ist eines der größten Geheimnisse, das Gott je einem sterblichen sündigen Menschen offenbart hat. Denn es ist ein Wunder und eine der großen Gaben Gottes, das Geheimnis der Geheimnisse. Es verdient, zwischen uns als Geheimnis behandelt zu werden bis zur Endzeit, in der nichts mehr verborgen bleiben wird (die Apokalypse).
Of the Nature of Things, Paracelsus, via Sandrovigius, 16. Jahrhundert.

Der oben beschriebene Prozess wird den Klon eines Mannes erzeugen. Diesen nannte

Paracelsus einen Homunculus. Der beschriebene Prozess ist unvollständig und kryptisch. Wenn ich allerdings aufgrund des Gesagten und meinen Erkenntnissen über die Natur raten sollte, würde ich folgendes behaupten:

Die Spermien sollen in einer einen Liter fassenden chemischen Flasche mit rundem Boden hermetisch versiegelt und einer zirkulierenden feuchten Wärme ausgesetzt werden (damit ist Körpertemperatur gemeint), bis sich alles zersetzt hat (schwarz geworden ist) und wenn dieser Prozess beendet ist, wird es durchsichtig. Zu diesem Zeitpunkt wird es eine Art von Embryo sein. Nun wird der zuvor in Wasser gelöste Stein hinzugefügt. Möglicherweise muss dieser aber auch schon zu Beginn des Vorganges hinzugefügt werden. Wiederum mit Hilfe einer feuchten Hitze wird sich der Klon innerhalb von neun Monaten zu einem Baby entwickeln. Wenn wir dieses Baby sich zu einem Zwerg oder einem Riesen entwickeln lassen wollen, so können wir dies durch die Zugabe von mehr oder weniger Wasser steuern.

Möglicherweise könnten auch aus beliebigen Zellen Klone erzeugt werden. Und was würde passieren, wenn wir die Zellen zweier verschiedener Personen kombinieren würden? Wäre es so, als wenn diese Personen zusammen ein Kind hätten? Was ist mit zwei verschiedenen Tieren? Oder einem Tier und einem Menschen?

All dies ist möglich, obwohl es vermutlich sehr viel komplizierter ist, als nur ein paar Zellen in eine Flasche einzuschließen. Eventuell müssen die Prozesse auch zu verschiedenen Zeitpunkten begonnen und erst später kombiniert werden. Ich weiß es nicht.

Das Zitat am Anfang des Kapitels zeigt uns die Möglichkeit, Hybride aus verschiedenen Tieren oder sogar aus Tieren und Menschen zu erzeugen. Dies würde bedeuten, dass der Hybrid eine neuartige und stabile DNS besitzt, er wäre somit nach allen uns bekannten Definitionen eine neue Schöpfung.

Vielleicht wurden einige der heute auf der Welt lebenden Tiere durch Alchemie erzeugt. Hunde und Katzen sind da interessante Kandidaten, denn sie waren in ihrer heutigen Form niemals frei lebende Tiere und gehörten immer zum Haushalt der Menschen, selbst in ältester Zeit. Insbesondere die Katzen hatten einen hohen Status im alten Ägypten, in dem Alchemie sehr verbreitet war.

Die Juden kreierten einen Menschen mithilfe der Alchemie den sie Golem nannten.

Die Vorstellung von menschengemachten Humanoiden sowie auch anderen lebenden Wesen hat eine lange Geschichte in der Mythologie und Folklore. Durch die Entwicklung des direkten Eingriffs in die menschliche Keimbahn, virtueller Realität und künstlichem Leben verschiedenster Art hat es heute wieder an Bedeutung gewonnen. Unsere momentane Faszination oder auch unser Horror vor der genetischen Modifikation des menschlichen Körpers ist eigentlich keine neue Entwicklung. Es berührt einige zentrale Themen religiöser und okkulter magischer Praktiken, die früher sehr machtvoll und verbreitet waren, heute jedoch eher im Untergrund leben.

Die Kabbala zum Beispiel enthält Legenden und Geschichten über den alchemistisch erzeugten Homunculus und den Golem, eine Art proto-Frankenstein-Monster. In beiden Fällen ist die dahinterstehende Idee, mithilfe magischer Praktiken die kreativen Kräfte Gottes emulieren zu können.

Homunculi, Golems, and Artificial Life, Gary Lachman, 2006

In der jüdischen Tradition ist der Golem in der Regel eine durch Magie künstlich erzeugte Kreatur, die ihrem Schöpfer zu dienen hat. Das Wort Golem selber kommt nur einmal in der Bibel vor (Psalm 139:16). Da bedeutet das Wort Golem „formlose Masse". Der Talmud benutzt das Wort auch im Zusammenhang mit „umgeformt" oder „noch nicht vollständig". Gemäß Talmud wird Adam für die ersten 12 Stunden seiner Existenz auch der Golem genannt, was in diesem Kontext Körper ohne Seele bedeutet (Sanhedrin 38b).

Der Golem wird auch an anderen Stellen des Talmuds erwähnt. Eine Legende erwähnt den Propheten Jeremiah als Schöpfer eines Golems. Einige Mystiker nehmen an, die Erzeugung eines solchen Wesens hätte lediglich symbolische Bedeutung, quasi eine spirituelle Erfahrung, die einem religiösen Ritual nachfolgt.

Das Sefer Yezirah (Buch der Schöpfung) wird von vielen westeuropäischen Juden des Mittelalters als Anleitung für magische Praktiken angesehen. Es enthält Anweisungen zur Erzeugung eines Golems. Verschiedene Rabbiner haben in ihren Kommentaren zum Sefer Yezirah unterschiedlichste Meinungen darüber durchblicken lassen, wie dies praktisch zu erreichen sei. Die meisten Versionen enthalten Anweisungen, eine menschenähnliche Figur zu formen und sie mittels Erwähnung der Namen Gottes zum Leben zu erwecken, da Gott der ultimative Schöpfer allen Lebens ist.

The Golem, Alden Oreck, ca. 2010

Obwohl es strenggenommen kein Teil des Takwin darstellt, soll es möglich sein, einen toten Körper wieder zum Leben zu erwecken. Traditionell muss die Person weniger als drei Tage tot sein, damit dies funktioniert. Der Körper soll dann in ein Bad gelegt werden, in dem der Stein der Weisen in hoher Konzentration gelöst ist.

33. Religiöse Zusammenhänge

Die Texte der Hauptreligionen beinhalten Referenzen zum Stein der Weisen. Die Bücher über Alchemie, die ich gelesen habe, stammen überwiegend aus Europa. Die Alchemisten, die sie verfasst haben, waren daher alle Christen und haben demzufolge Referenzen auf die Bibel in ihren Schriften verwendet.

Die chinesischen Alchemisten waren Taoisten und die Lehre vom Tao handelte fast ausschließlich von Alchemie (und der Natur, was dasselbe ist).

Die Juden haben eine sehr starke alchemistische Tradition. Die Moslems haben einige sehr bekannte Alchemisten hervorgebracht. Die Schriften der Hindus und deren Mythen sind gefüllt mit Referenzen zu alchemistischen Prozessen, ein großer Teil der Veden, das Samaveda, handelt nur von dem Stein.

Da die große Mehrheit der Texte über Alchemie, die mir in die Hände gefallen sind, von Christen stammen, habe ich entsprechende Passagen aus der Bibel gesammelt, welche sich auf Alchemie oder die Herstellung des Steins beziehen. Einige habe ich zusätzlich ganz allein gefunden. Diese werde ich weiter unten aufführen.

Ich sollte hier erwähnen, dass alle Hauptreligionen ursprünglich einmal die Wahrheit repräsentierten, deren richtige Interpretation heute jedoch weit gehend verlorengegangen ist. Die alten Religionen gehen in diesen Dingen allerdings tiefer, denn die Zeit hat die gesamte Zivilisation weniger rezeptiv gemacht.

Keine der populären modernen Interpretationen irgendeiner religiösen Schrift ist zutreffend. Die Schriften widersprechen sich in Wirklichkeit nicht, dies erscheint nur so, weil die Interpretationen falsch sind. Also sind sie alle korrekt und ihr lest sie einfach falsch.

Heilige Texte zu lesen ist wie das Lesen von Texten über Alchemie, sie sind voll von Analogien und Metaphern, gemischt mit Tatsachen. Daher ist es schwer, herauszufinden was wörtlich genommen und was entschlüsselt werden muss. Nun scheint es so, dass jeder die wörtlich zu nehmenden Teile als Metapher versteht und die Metapher wörtlich nimmt.

Wahrlich, ich sage euch, wenn ein Weizenkorn auf den Boden fällt und stirbt, so ist es allein, wenn es aber stirbt, so bringt es viel Frucht hervor.
Die Bibel, (King James Version), Johannes 12:24

Das was du säst wird sich nicht vermehren, außer wenn es stirbt. Und wenn du säst, so säst du nicht den Körper, der einmal sein wird, sondern nacktes Korn. Es könnte Weizen oder ein anderes Korn sein, denn Gott gibt ihm einen Körper, der ihm gefällt, und einer jeden Saat seinen eigenen Körper.
Die Bibel, (King James Version), 1. Corinther 15:36-38

Glücklich ist der Mann, der Weisheit und Verständnis findet, denn der Handel mit diesen ist besser als der Handel mit Silber oder Korn oder sogar der mit feinem Gold. Sie sind wertvoller als Rubine und alle die Dinge, die du dir wünschen könntest, können mit ihnen nicht verglichen werden. Die Länge des Tages ist in ihrer rechten Hand und in ihrer linken Reichtum und Ehre. Ihre Wege sind die der Wohltat und des Friedens. Sie sind der Baum des Lebens für diejenigen, die bei ihnen Rast machen. Und ein jeder, der sie hat, ist glücklich. Der Herr hat durch Weisheit die Erde geschaffen, durch Verständnis den Himmel. Durch sein Wissen werden die Tiefen aufgebrochen und die Wolken lassen den Tau fallen.
Die Bibel, (King James Version), Das Buch der Sprüche 3:13-20

Auf der linken Hand wo er die Arbeit tut kann ich ihn nicht sehen, er versteckt sich auch auf der rechten Hand, damit ich ihn nicht sehen kann. Aber er erkennt die Art, in der ich mich verhalte, wenn er mich versucht hat. So werde ich wie Gold erscheinen. Mein Schritt bleibt fest, seinen Weg habe ich eingehalten und bin nicht abgewichen.
Die Bibel, (King James Version), Das Buch der Sprüche 3:13-20

Mein Geliebter ist weiß und rot, der Stärkste unter Zehntausend. Sein Kopf ist aus feinstem Gold, seine Locken sind wild und schwarz wie ein Rabe, seine Augen sind die Augen der Möwen am Flusse des Wassers, gewaschen mit Milch und genau passend. Seine Wangen sind eine Gabe von Gewürzen, süße Blumen sind seine Lippen, wie Lilien, wie süß riechende Myrrhe. Seine Hände sind voll goldener Ringe, besetzt mit Morganit. Sein Bauch ist von hellem Elfenbein auf dem Saphire liegen. Seine Beine wie Säulen aus Marmor, auf Sockeln aus reinem Gold, sein Angesicht wie Zedern, sein Mund so süß, ja er ist von absoluter Schönheit. Dies ist mein Geliebter, dies ist mein Freund, oh Töchter Jerusalems.
Die Bibel, (King James Version), Lied des Solomon 5:10-16

Zechariah 4

Dann kam der Engel, der mit mir gesprochen hatte zurück und weckte mich auf, wie jemanden, der aus tiefem Schlaf erwachen soll. Er fragte mich: „Was siehst du?" Ich antwortete: „Ich sehe einen massiven goldenen Lampenständer mit einem Deckel auf dem Kopf und sieben Lampen daran und sieben Armen, die die Lampen halten. Es sind dort auch zwei Olivenbäume, einer auf der rechten Seite und einer auf der linken." Ich fragte den Engel, der mit mir sprach: „Was bedeutet das, mein Gebieter?" Er antwortete: „Weißt du nicht was das ist?" „Nein, mein Gebieter", antwortete ich, also sagte er zu mir: „Dies ist die Welt des Herrn von Zerubbabel. Nicht durch meine Macht oder meine Kraft sondern durch meinen Geist" so sprach der allmächtige Herr, „was bist du mächtiger Berg? Im Angesicht des Zerubbabel wirst du zu ebener Erde werden." Dann wird er den Giebelstein bringen, und man wird rufen: „Gott segne es! Gott segne es!" Und dann kam das Wort des Herrn zu mir: „die Hände des Zerubbabel haben den Grundstein für diesen Tempel gelegt, seine Hände werden Ihnen auch vervollständigen. Dann wirst du wissen, dass der allmächtige Herr mich zu dir geschickt hat. Wer wagt es den Tag der kleinen Dinge zu verachten, da doch die sieben Augen des Herrn, welche die Erde überblicken, sich am Anblick des Giebelsteins in der Hand des Zerubbabel erfreuen?" Dann fragte ich den Engel: „Was bedeuten diese zwei Olivenbäume auf der linken und rechten Seite des Lampenständers?" Und wieder fragte ich ihn: „Was bedeuten die Olivenzweige neben den beiden goldenen Röhren aus denen goldenes Öl heraus läuft?" Er antwortete: „weißt du nicht was das ist?" Nein, mein Herr, antwortete ich und so sagte er: „Dies sind die Beiden, die gesalbt sind, dem Herrn der Erde zu dienen."

Zechariah 5

Ich sah noch einmal hin und dort direkt vor mir war eine fliegende Rolle. Er fragte mich: „Was siehst du?" Ich antwortete: „Ich sehe eine fliegende Rolle, zwanzig Cubits lang und zehn Cubits breit." Und er sagte zu mir: „Dies ist der Fluch, der über das ganze Land hinausgeht , denn gemäß der Inschrift auf der einen Seite wird jeder Dieb verbannt werden und gemäß dem, was auf der anderen Seite steht wird jeder, der falsch Zeugnis abgelegt, verbannt werden."
Der Allmächtige erklärt: „Ich werde es aussenden und es wird in das Haus des Diebes und das Haus von jedem, der falsches Zeugnis abgelegt, eindringen und es vollständig zerstören, sowohl das Gebälk als auch die Mauern." Dann kam der Engel, der mit mir sprach und sagte: „Schaue auf und sieh was passiert." Ich sagte: „Was ist es?" Er antwortete: „Es ist ein Korb." Und er fügte hinzu: „Dies ist die Ungerechtigkeit, unter der die Menschen im ganzen Land zu leiden haben." Dann wurde der bleierne Deckel angehoben und in dem Korb saß eine Frau. Er sagte: „dies ist die Falschheit", und er stieß sie zurück in den Korb und drückte den bleiernen Deckel herunter. Dann sah ich auf und vor mir standen zwei Frauen mit Flügeln! Sie hatten Flügel, die aussahen, wie die von Störchen. Sie hoben den Korb auf und brachten ihn zwischen Himmel und Erde. „Wohin bringen sie den Korb?" fragte ich den Engel der mit mir sprach er antwortete: „In das Land Babylon um dort ein Haus für ihn zu bauen. Wenn das Haus fertig ist, werden sie den Korb dort an seinen rechten Platz stellen."

Zechariah 6

Ich sah wiederum auf und vor mir waren vier Kriegswagen, sie kamen zwischen zwei Bergen hervor, Berge die aus Bronze bestanden. Der erste Wagen hatte ein rotes Pferd und der zweite ein schwarzes, der dritte ein weißes und der vierte einen Apfelschimmel. Alle sahen sehr mächtig aus. Ich fragte den Engel, der mit mir sprach: „Was ist das mein Gebieter?" Der Engel antwortete: „Dies sind die vier Geister des Himmels, sie werden vom Herrn der Welt ausgesandt. Derjenige mit dem schwarzen Pferd geht ins nördliche Land, der mit dem weißen Pferd in den Westen, der mit dem Apfelschimmel in den Süden." Als die machtvollen Pferde lostraben, bemühten sie sich, die Erde zu überqueren und er sagte: „Bewegt euch überall auf der Erde", also bewegten sie sich überall auf der Erde. Dann rief er mich und sagte: „Siehe, diejenigen die zum nördlichen Land gegangen sind haben meinen Geist dort zur Ruhe gebracht." Das Wort des Herrn kam zu mir: „Nimm Gold und Silber von den Exilanten Heldai, Tobijah and Jedaiah, die aus Babylon angekommen sind. Gehe am selben Tag noch zum Haus des Josiah, Sohn des Zephaniah. Nimm das Gold und Silber und mache daraus eine Krone. Setze diese auf den Kopf des Hohepriesters Joshua, Sohn des Jozadak. Sage ihm, dies ist was der allmächtige Herr sagt: „Hier ist der Mann, dessen Name der Zweig ist und er wird sich von diesem Platz aus verzweigen und einen Tempel für den Herrn bauen."

„Er ist es, der den Tempel des Herrn bauen wird, er wird in Herrschaft gekleidet werden und wird auf seinem Thron sitzend herrschen. Und er wird auf seinem Thron auch ein Priester sein. Und zwischen beiden wird Harmonie bestehen. Die Krone wird den Heldai, Tobijah, Jedaiah und Hen, Sohn des Zephaniah gegeben werden, als Andenken im Tempel des Herrn. Aus weiter Ferne werden sie kommen und helfen, den Tempel des Herrn zu bauen und du wirst wissen, dass der allmächtige Herr mich zu dir gesendet hat. Dies wird geschehen, wenn du dem Herrn, deinem Gott, mit vollem Herzen dienst.
Die Bibel, (New International Version 2011), Zechariah 4-6

Und ich drehte mich um zu sehen, welche Stimmen mit mir sprachen. Nachdem ich mich gedreht hatte, erkannte ich sieben goldene Kerzen und inmitten der sieben Kerzen einen, der aussah wie der Sohn der Menschheit, in einem Gewand bis zu seinen Füßen gekleidet, mit einem goldenen Gürtel. Sein Kopf und sein Haar waren so weiß wie Wolle, so weiß wie Schnee und seine Augen wie eine Flamme aus Feuer. Und seine Füße wie feinste Bronze, wie in einem Tiegel gebrannt und seine Stimme klang wie viele Wasser. Er hatte in seiner rechten Hand sieben Sterne und aus seinem Mund kam ein scharfes zweischneidiges Schwert. Seine Erscheinung hatte die Stärke der Sonne. Als ich ihn sah, fiel ich wie tot zu meinen Füßen. Und er legte seine rechte Hand auf mich und sagte: „Fürchte dich nicht, ich bin der Erste und der Letzte, ich bin der Lebendige und der Tote und ich werde für immer leben, Amen. Ich besitze die Schlüssel zur Hölle und zum Tod."
Die Bibel, (King James Version), Revelation 1:12-18

Und das Haus Israel nannte es Manna und es war wie Koriandersamen, weiß und der Geschmack war der von Waffeln mit Honig.
Die Bibel, (King James Version), Exodus 16:31

Und ich sah einen neuen Himmel und eine neue Erde: Denn die erste Erde und der erste Himmel waren gestorben, und es gab keine Meere. Und ich, Johannes, sah die heilige Stadt, das neue Jerusalem aus dem Himmel von Gott kommend, vorbereitet wie eine Braut, die für ihren Gatten vorbereitet wurde. Und ich hörte eine Stimme aus dem Himmel kommend, die sagte: „Siehe, das Tabernakel Gottes ist mit den Menschen und er wird unter ihnen wohnen und sie werden sein Volk sein und Gott selbst wird mit ihnen sein und ihr Gott sein. Und Gott wird alle Tränen von ihren Augen nehmen und es soll keinen Tod, keine Sorgen, kein Weinen und keinen Schmerz mehr geben. Denn alle diese Dinge sind aus der Vergangenheit." Und er auf dem Thron sagte: „Siehe, alle Dinge sind neu geschaffen." Und er sagte zu mir: „Schreibe, denn diese Worte sind wahr und treu." Und er sagte zu mir: „Es ist getan, ich bin das Alpha und das Omega, der Anfang und das Ende, ich werde dem Durstigen einen Berg voll Wasser geben, so er in Freiheit leben kann."
Die Bibel, (King James Version), Revelation 21:1-6

Lass denjenigen, der Ohren hat, zu hören. Lasst ihn hören, was der Geist zur Kirche zu sagen hat, demjenigen, der sich selbst überwindet werden ich von dem verborgenen Manna geben, ich werde ihm einen weißen Stein geben und in den Stein wird ein neuer Name geschrieben sein, den niemand kennt, der ihn erhalten hat.
Die Bibel, (King James Version), Revelation 2:17

Und er ließ Manna herabregnen, er gab ihnen das Getreide des Himmels. Die Menschen aßen die Nahrung der Engel.
Die Bibel, (King James Version), Psalm 78:24-25

Dann sagte Jesus zu ihnen: „Wahrlich, ich sage euch, wenn ihr nicht das Fleisch des Menschensohnes esst und sein Blut nicht trinkt, dann habt ihr kein Leben in euch. Wer auch immer mein Fleisch isst und mein Blut trinkt, hat ewiges Leben und ich werde ihm am letzten Tag Auferstehung gewähren. Denn mein Fleisch ist tatsächlich Fleisch und mein Blut ist tatsächlich zum Trinken gedacht. Derjenige, der mein Fleisch isst und mein Blut trinkt lebt in mir und ich in ihm. So wie der lebendige

Vater mich gesendet hat und ich durch den Vater lebe, so wird der, der von mir isst, auch durch mich leben. Dies ist das Brot, das aus dem Himmel kommt, nicht so wie eure Vorväter Manna gegessen haben, sie sind tot, derjenige der dieses Brot isst, wird für immer leben."
Die Bibel, (King James Version), John 6:53-58

Und der Herr sagte: „Der Mensch ist jetzt wie einer von uns geworden, er kennt das Gute und das Böse, es darf ihm nicht erlaubt werden, auch noch vom Baum des Lebens zu essen und dadurch für immer zu leben.
Die Bibel, (King James Version), Genesis 3:22

Dies ist die Geschichte vom Himmel und der Erde als beide erschaffen wurden. An dem Tag, an dem der Herrgott die Erde und den Himmel erschuf, bevor weder eine Pflanze, noch ein Kraut im Feld wuchs. Denn der Herr ließ es auf der Erde nicht regnen und es gab keine Menschen, die den Boden pflügten, es stieg jedoch ein Nebel vom Boden auf und befeuchtete die ganze Erde. Und der Herr formte den Mann aus dem Staub des Bodens und blies ihm durch die Nase den Atem des Lebens ein, und der Mann begann zu leben.
Die Bibel, (King James Version), Genesis 2:4-7

Da der Hinduismus voll von alchemistischen Referenzen ist, hielt ich es für angemessen, dir auch davon einen Eindruck zu geben. Es soll auch nicht der Anschein erweckt werden, ich bevorzuge das Christentum. Persönlich mag ich den Hinduismus sehr, da er sehr viel tiefer als die christliche Lehre reicht.

1. Du, Soma, offenbare dich durch dichterische Gedanken, führe du uns den richtigsten Weg! Unter deiner Führung, du Saft, empfingen unsere weisen Väter von den Göttern das Kleinod.
2. Du, Soma, bist an Einsicht wohleinsichtig, an Verstand wohlverständig, du der Allwissende. Du bist ein Bulle an Bullenstärke, an Größe; du mit dem Herrenauge wardst glanzreich an Glanz.
3. Deine Gebote sind wie die des Königs Varuna; hoch und tief ist dein Wesen, o Soma. Du bist lauter als der liebe Mitra; wie Aryaman bist du zu Gunst geneigt, o Soma.
4. Deine Formen im Himmel, auf Erden, die auf den Bergen, in den Pflanzen, im Wasser sind, mit allen diesen nimm wohlgesinnt, nicht übelnehmend, unsere Opfer an, o König Soma!
5. Du, Soma, bist der rechtmäßige Gebieter, du der König und Vitratöter; du bist die gute Einsicht.
6. So du, Soma, willst, daß wir leben, so sterben wir nicht. Du bist der preisliebende Baumfürst.
7. Du, Soma, schaffst dem Erwachsenen Glück, du dem Jungem, der rechtschaffen wandelt, die Kraft zum Leben.
8. Du König Soma, beschütze uns vor jedem Böswilligen! Der Freund von einem, wie du bist, sollte nicht zu Schaden kommen.
9. Soma! Mit den heilsamen Hilfen, die du für den Opferspender hast, mit denen sei uns ein Helfer!
10. An diesem Opfer, an dieser Rede dich erfreuend komm herbei! Sei du, Soma, uns zum Gedeihen!
11. Wir erbauen dich, Soma, mit Lobesworten, der Rede kundig. Mildtätig geh in uns ein!
12. Den Hausstand vergrößernd, Krankheit vertreibend, Schätze findend, Wohlstand mehrend, halte, o Soma, gute Freundschaft mit uns!

13. Soma! Verweile gern in unserem Herzen wie die Kühe auf der Weide, wie ein junger Mann im eigenen Heim!
14. Welcher Sterbliche, o Gott Soma, in deiner Gesellschaft gern verweilt, dem steht der wirksame Seher zur Seite.
15. Sichere uns, o Soma, vor übler Nachrede; schütz uns vor Not; sei uns ein wohlwollender Freund!
16. Quill auf! Von allen Seiten soll deine Bullenstärke zusammenkommen, o Soma! Sei dabei, wo der Gewinn sich anhäuft.
17. Quill auf, berauschender Soma, mit allen Stengeln; sei du der gern erhörende Freund uns zum Gedeihen!
18. Deine Milchsäfte, deine Siegesgewinne sollen sich vereinigen, deine Bullenkräfte, die den Feind bezwingen. Zum Lebensbalsam aufquellend, o Soma, erwirb dir im Himmel höchsten Ruhm!
19. Deine Formen, die sie mit dem Opfer verehren, die sollen alle das Opfer zusammenhalten. Den Hausstand vergrößernd, Leben verlängernd, gute Söhne gebend, nicht die Söhne tötend, zieh, o Soma, ins Haus ein!
20. Soma schenkt dem, der ihm opfert, eine Milchkuh, Soma ein rasches Streitroß, Soma einen werktüchtigen Sohn, der im Haus, im Rat der Weisen, in der Versammlung tüchtig ist, der dem Vater Ruhm bringt.
21. Wir möchten dir, Soma, zujubeln als dem Sieger, der in den Kämpfen unbezwungen, in den Schlachten heraushilft, der das Himmelslicht gewinnt, das Wasser gewinnt, dem Hirten der Opferpartei, dem Kampfgeborenen, der gute Wohnsitze, guten Ruhm erwirbt.
22. Du hast alle diese Pflanzen, o Soma, du die Gewässer, du die Kühe hervorgebracht. Du hast den weiten Luftraum ausgespannt; du hast mit dem Lichte das Dunkel aufgedeckt.
23. Mit deinem göttlichen Geist, o Soma, erkämpfe uns den Anteil am Reichtum, du Gewaltiger! Er soll dich nicht davon abhalten; du besitzest die Kraft. Sei du für beide Teile beim Rindererwerb der Pfadfinder!

Rigveda I, Hymne 91: An Soma

34. VORGESCHICHTE

Ich hatte eigentlich vor, in diesem und in den folgenden Kapiteln viel tiefer in die Materie einzusteigen. Aber langsam werde ich müde, dieses Buch weiterzuschreiben. Daher werde ich die Geschichtsabhandlung kurz und bündig halten. Ihr könnt euch die Details dann selber zusammensuchen.

Das große Jahr, *oder die Präzession der Äquinoktien, ist ein Zyklus mit einer Länge von 25.920 Jahren.*
Die Präzession der Äquinoktien bezieht sich auf das beobachtbare Phänomen der sich drehenden Himmelsachse. Dieser Zyklus dauert ungefähr 25.920 Jahre. Während dieser Zeit erscheint es so, als ob sich die Tierkreiszeichen langsam um die Erde herum bewegen, wobei sie sich dabei in fester Reihenfolge abwechseln, zum Sonnenaufgang am Frühlingspunkt über dem Horizont zu erscheinen.
Dieser bemerkenswerte Zyklus geht zurück auf eine Synchronizität zwischen der Bahn der Erde um die Sonne und der Dauer einer Rotation unserer Galaxis.

Die Präzession der Äquinoktien = 25.920 Jahres = (360° Drehung)
Wenn man den Himmel in zwölf Abschnitte eingeteilt: (25.920 / 12 = 2.160)
(beachte: 6 x 10 x 6 = 360 and 360 x 6 = 2.160)
Ein neues Sternzeichen taucht alle 2.160 Jahre am Horizont auf (30°)
Beachte: 2 x 2.160 oder 12 x 360 = 4.320 Jahre
Um sich daher 1° am Horizont zu bewegen = 72 Jahre
Die folgenden Ziffern können daher als mit der Präzession in Zusammenhang stehend gesehen werden:
12 ... 30 ... 72 ... 360 ... 2.160 ... 4.320 und 25.920
Die Präzession der Äquinoktien, Quelle: ancient-wisdom.co.uk

Das große Jahr wird in vier Zeitalter unterteilt, von denen jedes eine Länge von 6480 Jahren hat. Gemäß der Lehre des Hinduismus entstehen sie in einem Verhältnis von 4:3:2:1.

Jedes Mal, wenn wir von einem dieser Zeitalter in das nächste wechseln, gibt es eine große Katastrophe. Beim letzten Mal war dies eine große Flut, die Sintflut.

Jede Kultur kennt Geschichten von dieser Flut. Die heutigen Wissenschaftler tun so, als wenn sie nie geschehen wäre, weil sie einfach nicht zugeben wollen, dass ein Bestandteil der Bibel historisch zutreffend ist. Die Beweise sind jedoch überwältigend.

Nach jeder Katastrophe gab es Evolution. Die Bedingungen auf der Erde haben sich aufgrund der Katastrophe stark geändert und darum ändern sich auch alle Lebensformen sehr schnell. So kommt es, dass die Evolution in wenigen Generationen mit Riesenschritten vorangeht. Dafür gibt es zwar Beweise, bisher jedoch keine Erklärung. Es gab zum Beispiel im Verlaufe der Geschichte verschiedene menschliche Rassen, die von uns sehr unterschiedlich aussahen. Sie werden oft mit Außerirdischen verwechselt. Es tut mir leid, es sind keine Außerirdischen, lediglich Individuen früherer menschlicher Rassen, die den Stein besaßen. Hast du dich nie gewundert, warum die Tierwelt aus so vielen verschiedenen Arten besteht? Wie viele verschiedene Hunderassen gibt es? Und dennoch können sie alle miteinander Junge zeugen und es sind trotzdem alle immer noch Hunde. So ist es auch mit Menschen, und einige davon existieren immer noch.

Evolutionäre Veränderungen in Rassen geschehen plötzlich und nicht etwa durch kleine langsame Veränderungen, wie es die Theorie von Charles Darwin vorsieht. Da man einen gewissen Widerstand gegen genetische Veränderungen feststellen kann, ist es wahrscheinlich, dass die Evolution in plötzlichen Ausbrüchen voranschreitet.

Dies meint zumindest Jeffrey H. Schwartz, Professor für Anthropologie an der Universität von Pittsburgh.

Die Biologen behaupten, dass Zellen durch eine Armee von Proteinen geschützt sind, die es sehr schwer macht, ihre Erbinformationen zu ändern. Daher argumentiert auch Professor Schwartz, dass die darwinistische Theorie gegen die Erkenntnisse der Zellbiologie verstößt. Lediglich extremer Stress kann diesen Abwehrmechanismus überwinden und Mutationen in den Zellen hervorrufen. Solche Mutationen können über viele Generationen ineffektiv bleiben, bevor sie

plötzlich als neue Eigenschaften phänotypisch erscheinen. Diese neuen Eigenschaften würden ihren Träger dann mit ebenso großer Wahrscheinlichkeit töten wie sie ihm helfen können.
Der Organismus passt sich also nicht so sehr der Umgebung an als dass er vielmehr von ihr bewegt wird. Weitere Beweise gegen eine langsame schrittweise Evolution kann in den Fossilien gefunden werden. Eine langsame und schrittweise Evolution sollte sich in den Fossilien widerspiegeln. Tatsächlich aber sehen wir riesige Veränderung von einer Art zur nächsten. Die meisten Wissenschaftler erklären dies durch ein so genanntes fehlendes Glied, welches noch nicht gefunden wurde.
Sudden Origins: A Leap in Evolution, Kat Piper, 2007

Diese vier Zeitalter sind Symptome für die Entwicklung (Evolution) der Erde. Auf die gleiche Art und Weise hat sich auch der Stein entwickelt; auch er folgt den Gesetzen und Zyklen der Natur. Der Planet entwickelt sich, so wie auch alle Lebensformen auf oder in ihm. Die Evolution geschieht im Wesentlichen in kurzen Stößen. All diese Dinge sind miteinander verbunden: Natürliche Zyklen, Zeit, Evolution, Katastrophen, Reinigung. Die Reinigung findet durch Wasser oder Feuer statt, durch deren abwechselndes Auftreten ein immer höherer Grad an Reinheit bzw. Evolution erreicht wird.

Das goldene Zeitalter
Katastrophe! Die Erde entwickelt sich zusammen mit den Menschen und Tieren.
Jeder hat den Stein der Weisen und wenn nicht, dann brauchen sie ihn auch nicht. Jedermann ist wahrhaftig glücklich. Es werden weder Regeln noch Technologie benötigt. So etwas wie Geld existiert nicht. Die Wahrheit und die Gesetze der Natur sind offensichtlich. Alle sind sehr spirituell. Gute Zeiten!

Das silberne Zeitalter
Katastrophe! Die Erde entwickelt sich zusammen mit den Menschen und Tieren.
Jeder hat den Stein. Die Menschen sind in überwiegender Zahl glücklich. Sie beginnen, fortschrittliche Technologien zu entwickeln. Dies ist das Zeitalter der Technologien. Niemand muss arbeiten, die Menschen lieben es aber, Dinge zu erfinden. Der Gedanke des persönlichen Eigentums kommt auf. Dies erzeugt Probleme und am Ende sogar Kriege.

Das bronzene Zeitalter
Katastrophe! Die Erde entwickelt sich zusammen mit den Menschen und Tieren.
Die Überlebenden behalten den Stein für sich und verstecken ihn vor der neuen (entwickelten) Menschheit; sie nennen sich selbst Götter. Sie bauen große Städte und herrschen über die Menschen. Es gibt immer noch einige Hochtechnologie, die Götter behalten sie aber für sich. Die Götter entscheiden, dass Gold und Silber die Handelswährung darstellen sollen, da sie diese beiden Metalle mit Leichtigkeit herstellen können, die Menschen jedoch nicht. Die Menschen sind zur Hälfte der Zeit glücklich.

Das eiserne Zeitalter

Katastrophe! Die Erde entwickelt sich zusammen mit den Menschen und Tieren. Die Götter sind jetzt tot oder haben sich versteckt. Ihre Technologie ist fast vollständig verloren. Der Stein ist ein wohlgehütetes Geheimnis der wenigen, die es geschafft haben, das Wissen zu bewahren. Die Menschen beginnen, sich um Geld mehr Sorgen als um alles andere zu machen. Die Menschen können nicht ohne Regeln leben, gerechte Herrscher gibt es jedoch nur selten. Die Menschen sind fast immer deprimiert und haben die Fähigkeit verloren, die Wahrheit zu erkennen oder zu begreifen. Sie bevorzugen es, ihre eigenen Lügen zu glauben.

Zum Ende dieses Zeitalters, wenn der Wechsel zum goldenen Zeitalter beginnt, wird wieder Technologie entwickelt werden. Dies ist jedoch nur ein kurzes Intermezzo. Sie kann sich jedoch nicht richtig entwickeln, da die fortschrittlichste und wirkungsvollste Technologie geheim gehalten wird und die Menschen im Allgemeinen die Naturgesetze nicht richtig verstehen. Am Ende des Eisenzeitalters wird der Stein der Weisen wieder entdeckt und der ganzen Welt zur Verfügung gestellt, was als Katalysator wirkt und so werden auch alle anderen Geheimnisse ans Licht kommen und das goldene Zeitalter erneut eingeläutet werden.

35. Die Geschichte des Steins der Weisen

Die folgenden Zitate beziehen sich auf das silberne Zeitalter, während dem es wahre Technologien gab.

Der Wagen des Pushpaka gleicht der Sonne und gehört meinem Bruder, der ihm vom machtvollen Ravana gebracht wurde. Dieser sich durch die Luft bewegende hervorragende Wagen kann einen überallhin bringen [...] dieser Wagen, der einer hellen Wolke im Himmel gleicht [...] und der König hat ihn, und der hervorragende Wagen, kommandiert von Raghira, steigt in die hohe Atmosphäre auf.
Das Ramayana, ca. 450 v. Chr.

Viele Menschen hatten im Verlaufe der Geschichte den Stein, einige von ihnen waren sogar berühmt.

Ich werde die wahren Heiligen, die unsere Kunst ausübten, in der Reihenfolge ihres geschichtlichen Auftretens auflisten (mit Ausnahme derer, die in der Bibel erwähnt werden).
Es handelt sich um Hermes Trismegistus, Pythagoras, Alexander der Große, Plato, Theophrastus, Avicenna, Galen, Hippocrates, Lucian, Longanus, Rasis, Archelaus, Rupescissa, der Autor des Great Rosary, Mary die Prophetin, Dionysius, Zachaire, Haly, Morienus, Calid, Constantinus, Serapion, Albertus Magnus, Estrod, Arnold de Villa Nova, Geber, Raymond Lully, Roger Bacon, Alan, Thomas Aquinas, Marcellus Palingenius und unter den Zeitgenössischen: Bernard

von Trevisa, Frater Basil, Valentinus, Phillip Theophrastus (Paracelsus) sowie viele andere. Es gibt auch keine Zweifel, dass unter unseren Zeitgenossen einige gefunden werden können, die durch die Güte Gottes täglich in den Genuss dieses Arkanums kommen, sie werden diese Tatsache allerdings gut verdecken.

The Sophic Hydrolith, Or, Water Stone of the Wise, Anonym, 17. Jh.

Darum betrachte mit Wohlwollen all die Dinge, die ich dir zu sagen habe, wie auch die Ausführungen der Alten. Wisse wohl, dass wir in allen Dingen übereinstimmen und wir alle die gleiche Wahrheit berichten. Das war die Überzeugung des Hermes in seiner Secreta, welcher der Vater und der Prophet der Heiligen der Schule des Pythagoras sind, zu der auch diese gehören: Anaxagoras, Socrates, Plato, Democritus, Aristotle, Zeno, Heraclitus, Diogenes, Lucas, Hippocrates, Hamec, Thebit, Geber, Rhasis, Haly, Morienus, Theophilus, Parmenides, Mellisus, Empedocles, Abohaly, Abinceni, Homer, Ptolomeus, Virgil, Ovid und viele andere Philosophen und Wahrheitssucher, deren Namen ich hier nicht alle aufzählen kann. Von den meisten haben wir die Werke studiert und können sagen, dass sie alle ohne Ausnahme echte Adepten und Brüder dieses wunderbaren Ordens sind und dass sie wussten, wovon sie sprechen [...] dem Eingeweihten ist klar, dass Moses, Daniel, Solomon und verschiedene Propheten sowie der Evangelist, der Heilige Johannes, ebenso das Wissen um diese Kunst besaßen.

The New Pearl of Great Price, *Peter Bonus, 1338*

Natürlich ist das Alte Testament der Bibel gefüllt mit Menschen, die viele hundert Jahre lebten, was ihnen durch den Stein gelang. Ebenso lange lebten die alten ägyptischen Pharaonen. Das war natürlich zur Zeit des bronzenen Zeitalters, als der Stein noch weit verbreitet war, allerdings nicht mehr für jedermann zugänglich. Noah rettete ihn vor der Flut und derselbe wird auch als Vater der modernen Alchemie unter dem Namen Hermes angesehen. Allerdings war es wohl auch Noah, der die Sache mit dem Schwur angefangen hat, wir sollten ihn also nicht zu sehr loben. Asien besitzt seine eigene Geschichte der Alchemie, die aber schwerer zugänglich ist. Im Westen hat die Alchemie ihre Wurzeln in Ägypten, verbreitete sich von dort in den mittleren Osten, das alte Griechenland, dann nach Rom und von dort über ganz Europa. Deutschland im Herzen Europas war für mindestens tausend Jahre das Zentrum der Alchemie. Die Erfindung der Druckerpresse durch Gutenberg im 15. Jahrhundert verursachte eine Welle der Alchemie, die bis ins 18. Jahrhundert hinein reicht. Durch diese Technik konnten Bücher nun in großer Zahl produziert anstatt nur handschriftlich kopiert werden. Bücher über Alchemie waren daher viel leichter erreichbar. Paracelsus war ein deutscher Alchemist des 16. Jahrhunderts. Man sagt ihm nach, der erste gewesen zu sein, der ausschließlich Urin verwendet hat, anstelle des langsameren Prozesses, der Urin mit Gold zusammen verwendet.

Nach Paracelsus nahm die Anzahl der Alchemisten dramatisch zu. Im 17. Jahrhundert haben wir Francis Bacon, dem nachgesagt wird, der wahre Shakespeare gewesen zu sein und noch dazu ein sehr interessanter Charakter. Wir werden später mehr über ihn hören. Bacon war ein Rosenkreuzer. Die Rosenkreuzer bilden eine Geheimgesellschaft, die es seit dem 16. Jahrhundert gab. Offiziell wurde ihre Existenz allerdings erst im Jahre 1607 bekanntgegeben. Es war eine Geheimgesellschaft nur für Alchemisten. Sie haben auch Ihr eigenes Kapitel in diesem Buch. Im Jahre 1660 wurde die *Royal Society* in London gegründet. Sie basierte auf der Vorlage des *Invisible College* und propagierte die wissenschaftliche Methode, die auf Francis Bacon zurückgeht.

Ungefähr zur selben Zeit wurden die Freimaurer populär. Der zeitliche Beginn der Freimaurerbewegung ist schwer zu bestimmen. Es gibt viele Theorien und nur wenige von ihnen basieren auf wirklich solider Forschung, wie zum Beispiel die Verbindung zu den Tempelrittern. Freimaurerei verbreitete sich mit Sicherheit in der Mitte des 17. Jahrhunderts, wurde dann auch sehr zentralisiert und von den Rosenkreuzern schwer beeinflusst. Heutzutage ist die Freimaurerei nur noch ein Club für alte Männer, 350 Jahre zuvor war es jedoch eine Mysterienschule für die hochgebildete Elite, die dort in die Geheimnisse der Alchemie und anderer heiliger und geheimer Wissenschaften, wie zum Beispiel Astrologie und Geometrie, eingeführt wurden. Die Mission bezüglich der Alchemie misslang allerdings vollständig, da niemand die wahre Bedeutung der Symbole verstand.

36. GESCHICHTLICHE ZITATE

Einige geschichtliche Zitate den Stein betreffend aus Büchern über Alchemie:

Kapitel eins
Bezüglich des Ursprungs des Steins der Weisen.

Adam war der erste Erfinder der Künste, da er Wissen um alle Dinge vor und nach dem Fall hat. So konnte er auch die Zerstörung der Welt durch Wasser vorhersagen. Daher kam es auch, dass seine Nachfahren zwei Steintabletts errichteten, auf denen sie das Wissen aller Naturwissenschaften in Form von Hieroglyphen zusammenfassten. Dies sollte den späteren Generationen Kenntnis über die Vorhersagen ermöglichen, damit sie sich durch Vorbereitung in Zeiten der Gefahr schützen können.
Später nach der Flut fand Noah eine dieser Tafeln unter dem Berg Ararat. Auf dieser Tafel wurden die Bewegungen der Planeten, des Himmels und der Erde beschrieben. Dieses universelle Wissen war in verschiedene Teile aufgeteilt und somit an Stärke und Eindruck geschwächt. Aufgrund dieser Aufteilung konnte ein Mann Astronom werden, ein anderer Magier, ein dritter Kabbalist und ein vierter Alchemist.
Abraham, der vulkanische Erfinder der Metallurgie, wie auch ein bedeutender Astrologe und Mathematiker, nahm die Kunst mit von Kanaan nach Ägypten, woraufhin die Ägypter so große Höhen darin erreichten, dass andere Nationen von ihnen lernten. Der Patriarch Jakob bemalte seine Schafe mit verschiedenen Farben, dies erreichte er durch Magie.
Im Glauben der Chaldäer, Hebräer, Perser und Ägypter war diese Kunst die höchste Philosophie, sie wurde von ihren Führern und Priestern gelernt. So war es zur Zeit Moses, als sowohl die Priester als auch die Ärzte aus der Gruppe der Magier herausgesucht wurden. Die Priester wurden auch wegen ihrer Erkenntnisse über die Lepra und anderer Krankheiten gewählt. Moses wurde ebenso in ägyptischen Künsten unterrichtet und das auf Kosten der Tochter des Pharao. So erhielt er die große Weisheit und das Wissen dieses Volkes.
Ebenso verhielt es sich mit Daniel, der in seinen Jugendtagen die Lehren der Chaldäer aufnahm und so zu einem Kabbalisten wurde. Man beobachte seine göttlichen Vorhersagen sowie den Satz: „Mene, Mene, Tecelphares". Diese Worte können als

prophetisch und kabbalistisch angesehen werden. Die Kunst der Kabbala war Moses und den Propheten bekannt und wurde ständig von ihnen genutzt. Der Prophet Elias hat viele Dinge durch seine kabbalistischen Berechnungen vorhergesagt. So konnten auch die Altvorderen durch diese natürliche und mystische Kunst Gott in der rechten Weise kennenlernen. Sie hielten sich an sein Gesetz und bewegten sich mit großer Sicherheit in seinen Fußstapfen. Das Buch Samuel beweist, dass der Berelist nicht dem Teufel folgte sondern mit göttlicher Einwilligung Visionen und echte Erscheinungen hatte. Im Buch der überhimmlischen Dinge werden wir mehr darüber sagen.

Dieses Geschenk wird den Priestern von Gott gegeben, die sich an die göttlichen Gesetze halten. Unter den Persern war es üblich, niemandem zum König zu machen, der nicht ein weiser Mann war, was man seinem Namen wie auch seinen Handlungen entnehmen konnte. Dies wird deutlich, wenn man die Namen dieser Könige betrachtet. Sie wurden allesamt Weise genannt. Es sind die Weisen, die aus dem Osten kamen um Jesus zu besuchen, sie werden natürliche Priester genannt. Die Ägypter, die ihre Magie von den Chaldäern und Persern gelernt hatten, wünschten diese Künste auch zu erlernen und tatsächlich wurden sie so erfolgreich, dass alle benachbarten Länder von ihnen unterrichtet werden wollten. Aus diesem Grund wurde Hermes mit vollem Recht Trismegistus genannt, denn er war König, Priester, Prophet, Magier und Kenner aller natürlichen Dinge. Ein anderer war Zoroaster.

Kapitel zwei
Worin erklärt wird, dass die Griechen einen großen Teil ihres Wissens von den Ägyptern erhalten hatten und wie es von ihnen zu uns kam.

Zu der Zeit, als ein Sohn des Noah nach der Flut ein Drittel der Erde besaß wurde diese Kunst in Persien und Chaldäa bekannt, um von dort nach Ägypten zu gelangen. Nachdem die abergläubischen Griechen von dieser Kunst gehört hatten und da sich einige von ihnen weiser zu sein glaubten als andere, begaben sich Letztere zu den Chaldäern und Ägyptern um in deren Schulen die Kunst vollständig zu erlernen. Da ihnen jedoch die theologischen Studien der Gesetze des Moses nicht ausreichten, wichen sie von den Grundlagen dieser natürlichen Kunst und Geheimlehre ab und begannen, ihren eigenen seltsamen Eingebungen Glauben zu schenken. Dies wird deutlich aus ihren fabulierenden Geschichten und ihren Fehlern bezüglich der Gesetze des Moses. Es war üblich, diese Weisheiten lediglich in der Form von heldenhaften Figuren und geschichtlichen Erzählungen weiterzugeben. Homer hat daraus später mit seiner hervorragenden poetischen Begabung seine Werke abgeleitet. Pythagoras war mit ihnen auch vertraut, man findet viele Hinweise auf das Gesetz des Moses in seinen Schriften. Ebenso haben die Weisen Hippocrates, Thales von Miles, Anaxagoras, Democritus und andere ihren Geist auf dieses Thema gerichtet gehabt. Und dennoch hatte keiner von ihnen eine Ahnung von wahrer Astrologie, Geometrie, Arithmetik oder Medizin. Ihr Stolz verhinderte dies, denn sie erlaubten keine Schüler aus anderen als ihren eigenen Nationen. Selbst als sie einige Einsichten von den Chaldäern und Ägyptern übernehmen konnten, wurden sie noch arroganter als sie es ohnehin schon waren und sie vermischten die Thematik mit ihren eigenen feinen Fiktion und Fälschung, woraus eine bestimmte Art der Philosophie entstand, die sie an die Lateiner weitergaben. Diese wiederum, nachdem sie von den Griechen gelernt hatten, erweiterten die Thematik mit ihren eigenen Dogmen und Regeln um ihre Jugend zu unterrichten und dieses System florierte sogar unter den Germanen und anderen Nationen, bis in den heutigen Tag hinein.

Kapitel drei
Was in den ägyptischen Schulen gelehrt wurde

Die Chaldäer, Perser und Ägypter verfügten über das gleiche Wissen um die Geheimnisse der Natur und hatten dieselbe Religion, nur die Namen unterschieden sich. Die Chaldäer und Perser nannten ihre Weisheitslehre Sofia und Magie, die Ägypter, da sie Opferriten hatten, nannten ihre Weisheitslehre Wissen der Priester. Die Magie der Perser und die Theologie der Ägypter wurden beide in den alten Weisheitsschulen unterrichtet. Obwohl es viele gelehrte Männer in Arabien, Afrika und Griechenland gab, wie zum Beispiel Albumazar, Abenzagel, Geber, Rhasis und Avicenna unter den Arabern, sowie unter den Griechen Machaon, Podalirius, Pythagoras, Anaxagoras, Democritus, Plato, Aristoteles und Rhodianus, so gab es dennoch verschiedene Meinungen unter ihnen, was die Weisheitslehre der Ägypter anging und sie stritten sich über viele Details dieser Lehre. Aus diesem Grund kann man Pythagoras auch nicht einen Weisen nennen, denn die Ägypter lehrten nicht vollständig und perfekt, obwohl viele Mysterien und geheimes Wissen vermittelt wurden. Anaxagoras hatte davon besonders viel erhalten, wie deutlich wird, wenn man seine Diskussionen über den Stein und die Sonne liest, die er nach seinem Tode hinterlassen hat. Und dennoch unterschied er sich in vielen Details von den Ägyptern. Selbst diese würde ich nicht weise Männer oder Magier nennen wollen, wie auch schon Pythagoras nahmen sie die Bezeichnung Philosoph an, obwohl sie nicht viel mehr als einen Hauch des Schattens der Magie der Perser oder Ägypter erlernt hatten. Aber Moses, Abraham, Solomon, Adam und die weisen Männer, die aus dem Osten kamen, um Christus zu suchen, waren wahre Magier, göttlich inspirierte Weise und Kabbalisten. Von dieser tiefen philosophischen Weisheit kannten die Griechen sehr wenig oder gar nichts, darum lassen wir die philosophischen Spekulationen der Griechen hinter uns und erkennen sie als völlig eigene und getrennt von anderen wahren Künsten und Wissenschaften.

Kapitel vier
Über die Magier der Perser, Ägypter und Chaldäer

Viele Leute haben es unternommen, die geheimen magischen Praktiken dieser weisen Männer zu untersuchen, es ist jedoch nichts dabei herausgekommen. Viele aus unserer Zeit stellen Trithemius auf ein Podest, andere Bacon oder Agrippa wegen ihrer Magie und der Kabbala, zwei Dinge die scheinbar sehr unterschiedlich sind, ohne zu wissen warum sie das tun. Magie ist tatsächlich eine Kunst und Fähigkeit, mit deren Hilfe elementare Körper, deren Früchte, Eigenschaften, Fähigkeiten und verborgene Taten verstanden werden können. Die Kabbala jedoch führt durch Verständnis der Heiligen Schriften als direkter Weg zu Gott, indem sie denen, die sie lesen, aufzeigt, wie sie handeln sollen und Prophezeiungen von ihr empfangen können. Denn die Kabbala ist angefüllt mit heiligen Mysterien, ebenso wie die Magie angefüllt ist mit natürlichen Geheimnissen. Sie lehrt und sagt die Natur der Dinge, die kommen werden, voraus und auch solche, die im Moment sind, denn ihre innere Natur bedingt die Kenntnis der Bestandteile aller Wesen, aller himmlischen sowohl als auch irdischen Körper, was in jenen latent ruht, ihre okkulten Werte, für die sie ursprünglich geschaffen wurden und mit welchen Fähigkeiten sie ausgestattet wurden. Diese und ähnliche Themen sind die Verbindungsstücke durch die himmlische und irdische Dinge miteinander verknüpft sind, was manchmal sogar mithilfe der körperlichen Augen erkannt werden kann. Solche Verbindung von himmlischen Einflüssen, wobei himmlische Fähigkeiten auf niedere Körper wirken wurde früher von den Magiern ein Gamahea genannt, oder auch die Heirat der himmlischen Mächte mit den Eigenschaften der elementaren Körper. Daraus entstand die hervorragende Mischung aller Körper, himmlisch und irdisch, insbesondere der Sonne und Planeten, ebenso Gemüse, Mineralien und Tiere.

The Aurora of the Philosophers, Theophrastus Paracelsus, 16. Jh.

Hermes, mit dem Nachnamen Trismegistus, wird im Allgemeinen als der Vater dieser Kunst angesehen. Es gibt jedoch unterschiedliche Meinungen im Bezug auf seine wahre Identität. Einige sagen er war Moses. Alle sind sich darin einig, dass er ein sehr klarsichtiger Philosoph war, zudem der erste umfassend berichtende Autor dieses Themas und dass er aus Ägypten stammte.

Andere behaupten, dass *Enoch* diese Kunst erfunden hätte, noch vor der Sintflut. Das steht geschrieben in den sogenannten Smaragdtafeln, die dann später von Hermes im Tal von Hebron gefunden wurden. Auch soll diese Kunst bereits Adam bekannt gewesen sein, der sie an Seth weitergab. Weiterhin, dass Noah die Kunst mit in seine Arche nahm und Gott sie König Salomon offenbart hatte.

Ich stimme allerdings nicht mit denen überein, die für unsere Kunst einen mystischen Hintergrund annehmen und sie auf diese Art in den Augen einer kritischen Welt nur lächerlich machen. Wenn sie auf den ewigen Wahrheiten der Natur basiert, warum muss ich dann meinen Kopf mit dem Problem belasten, ob irgendeine antediluvische Persönlichkeit sie bereits gekannt hat? Es reicht mir zu wissen, dass sie zutreffend und technisch machbar ist und dass sie von den Eingeweihten für viele Jahrhunderte praktiziert wurde, selbst in den entferntesten Weiten der Welt. Obwohl man beobachten kann, dass die meisten in einem obskuren, figurativen, allegorischen und über aus perplexen Stil schreiben und sogar die Tatsache, dass einige von ihnen Lügen mit der Wahrheit gemischt haben, um die Unwissenden zu verwirren. Obwohl diese Schriften über viele verschiedene Zeitalter verteilt sind und in unterschiedlichen Sprachen verfasst wurden, beschreiben sie trotzdem nicht eine unterschiedliche Vorgehensweise. Es zeigt sich sogar eine erstaunliche Übereinstimmung in den Hauptpunkten der Lehre, die eigentlich absolut unerklärlich ist. Außer natürlich man nimmt an, dass unsere Kunst mehr als nur ein Labyrinth von verwirrenden Worten darstellt.

The Metamorphosis of Metals, Eirenaeus Philalethes, 1694

Seit dem Anbeginn der Welt gab es immer göttlich erleuchtete Männer, erfahrene Philosophen und weise Normalsterbliche, die mit vollem Einsatz die Gesetze und Eigenschaften der Natur der niederen Schöpfung erforscht haben. Sie versuchten mit großem Einsatz und Ausdauer herauszufinden, ob die Natur irgendein Mittel enthält, das den irdischen Körper vor Verfall und Tod schützen würde und ihm dauerhafte Gesundheit und Lebenskraft verleihen könnte. Denn durch das Licht der Natur und göttliche Erkenntnis haben sie intuitiv wahrgenommen, dass der Allmächtige in seiner Liebe zu den Menschen ein wundervolles Mittel in der Welt versteckt haben muss, dass in der Lage ist, jedes unvollkommene, kranke und defekte Ding in seinen ursprünglichen, heilen und erneuerten Zustand zurückzuversetzen.

Durch ihre ausführliche und sorgfältige Suche haben sie langsam herausgefunden, dass es in dieser Welt nichts gibt, was für unseren irdischen und leicht zerstörbaren Körper einen Schutz vor dem Tod darstellen würde, da der Tod bereits auf Adam und Eva und alle ihre Nachfahren als dauerhafte Strafe verhängt worden war. Sie haben allerdings eine Sache entdeckt, die selbst nicht korrumpiert werden kann und die als Hilfe und Unterstützung für die Menschheit von Gott gegeben wurde, um Krankheit zu beseitigen, alle Unvollkommenheit zu heilen, hohes Alter zu erreichen und unser kurzes Leben zu verlängern. Dies wurde bereits von den Patriarchen genutzt.

[...] Es wird behauptet, dass Noah mit seiner Hilfe die Arche gebaut hätte, Moses das Tabernakel mit all seinen goldenen Gefäßen und König Salomon den Tempeln und er

zusätzlich viele andere große Taten vollbracht hätte, viele wertvolle Ornamente geschaffen und für sich selbst ein langes Leben und unvorstellbarem Reichtum erreicht hätte.
The Sophic Hydrolith, Or, Water Stone of the Wise, Anonym, 17. Jh.

Nach der Sintflut nahm das allgemeine Verständnis und Wissen über diese echte Naturphilosophie ab und seine Bestandteile wurden in eine Richtung verstreut. Es entstand eine Unterteilung des Ganzen in viele Teile, einige wurden Astronomen, andere Magier, einige Kabbalisten und dann wiederum einige Alchemisten und speziell war es erfolgreich und verbreitet in Ägypten.
A Golden and Blessed Casket of Nature's Marvels, Benedictus Figulus, 1607

Denn Adam, der ja von Gott mit vollem und perfektem Verständnis aller natürlichen Dinge versehen war, wusste ohne Zweifel von denen, die das menschliche Leben verlängern und Immunität vor Krankheiten sichern konnten. Man kann annehmen, dass er selbiges auch seinen Nachfahren vermittelt hat, und die wiederum ihren. Darum leben auch viele der biblischen Vorväter siebenhundert, achthundert und mehr Jahre, einige jedoch auch nicht, denn das Geheimnis wurde nicht allen offenbart.
Man, the Best and Most Perfect of God's Creatures, Benedictus Figulus, 1607

Adam, unser erster Vater wusste um alle Künste, auch die der Medizin, die er von Gott erhalten hatte und sie wurde von den Wissenden geheim gehalten (als ein Geschenk Gottes) bis in Noahs Zeiten. Als Gott die Erde durch die Sintflut zerstörte, gingen mit der Kunst der Heilung auch viele andere Künste verloren. Niemand war mehr übrig, der sie kannte, mit Ausnahme von Noah, der auch Hermes genannt wurde und dem das Altertum das Wissen um alle himmlischen und irdischen Dinge zuweist. Derselbe Noah hat vor seinem Tode noch die Medizin, kunstvoll versteckt zwischen anderen Dingen, beschrieben. Nach seinem Tod kehrte dieses Wissen zurück zu Gott und war dadurch nach der Flut und nach Noahs Tod von den Menschen genommen.

[…] Dann kamen die Götzenbilder, vor Christus, die in Europa Afrika und Asien verbreitet waren. Der menschliche Verstand hat Spekulationen über sie angestellt und auch über die Medizin. Nach der Zeit Noahs mussten Menschen, die von Krankheiten geplagt waren, Zuflucht zu Kräutern, Tieren, Steinen und Metallen suchen und so wurde ein Ding nach dem anderen ausprobiert, ohne Kenntnis des Gesamtbildes und ohne dass es den Anschein irgend eines Nutzens hatte.
Es gab noch keine Ärzte. Die Kranken wurden zu einem öffentlichen Platz gebracht, die Menschen mit gleichen oder ähnlichen Problemen zeigten den anderen die Heilmittel, die sie selbst verwendet hatten und diese probierten sie dann nach dem Zufallsprinzip aus. So

funktionierte Medizin bis in die Zeit des Apollo, also 1915 v.Chr.

Dieser Apollo war ein kluger und gelehrter Mann. Er machte sich Notizen über wirksame Substanzen und begann, die Kranken zu besuchen. Er wurde auf diese Art zu einem öffentlichen Arzt, zu dessen Ehren nach seinem Tod ein Tempel gebaut und göttliche Ehrungen dargebracht wurden. In solch hohem Ansehen wurde die Medizin damals gehalten, die heute um ihr Brot betteln muss.

Aesculapius folgte in den Fußstapfen seines Vaters und behandelte die Kranken mit dem Wissen und Verständnis, dass er von seinem Vater geerbt hatte und ihm zu Ehren wurde ebenfalls ein Tempel errichtet, gleich dem eines Gottes. Nach seinem Tod bestimmte der König, dass alle medizinischen Erkenntnisse und Beobachtungen aufgeschrieben und im Tempel des Aesculapius öffentlich ausgestellt werden sollten. 457 Jahre später lebte Hippokrates Cous, dem befohlen wurde die Experimente im Tempel des Aesculapius zu ordnen, was er tat. So erfand er die methodische Medizin. Von ihm stammt die Art der Medizin, die wir heute in der Schule lernen.

Als die empirische Medizin in Griechenland zu großen Ehren gelangte, traten viele Ärzte auf den Plan, wie zum Beispiel Diocles, Chrysippus, Coristinus, Anaxagorus und Erostratus. 500 Jahre nach Hippocrates lebte Galenus, ein überzeugender Mann, der die Medizin des Hippocrates in den schillerndsten Farben beschrieb. Er erfand Ursachen und Symptome von Krankheiten, ordnete den Kräutern Heilkräfte zu und unterrichtete die Heilung von Fiebern durch Kälte und die von kalten Krankheiten durch Hitze. Auf diese Art hat die Spekulation der Menschen zur Wissenschaft der Medizin geführt. Im Grunde jedoch war es nie wissenschaftlich, sondern nur eine Ansammlung von Meinungen, die als Wahrheiten akzeptiert wurden. Gott jedoch, der dem Menschen nicht immer nur böse gesonnen ist, hat in unserer Zeit Philip Theophrastus Bombast von Hohenheim erwählt, das Licht der medizinischen Wissenschaft erneut zu entzünden und die Falschheiten und Betrügereien der fragwürdigen Praktiker seiner Zeit ans Tageslicht zu bringen. Daher ist dieser Theophrastus der wahre König der Medizin und er wird es bleiben bis zum Ende aller Zeiten.

A Dialogue, Alexander v. Suchten, ca. 16.-17. Jh.

37. Alchemie im Verlauf der Zeit

Es folgt eine Timeline der die Alchemie betreffenden Ereignisse, die ich direkt von der Webseite *Alchemywebsite.com* kopiert habe. Sie ist wohl nicht vollständig und ich habe keine weiteren Informationen hinzugefügt. Sie dient nur dazu, ein grundsätzliches Gefühl für den geschichtlichen Verlauf zu vermitteln. Geschichte kann nie vollständig oder auch nur korrekt aufgeschrieben werden. Daher bin ich der Meinung, man sollte nicht zu ernsthaft mit ihr umgehen. In jedem Fall wiederholt sich die Geschichte.

1144. Früheste westliche Abhandlung über Alchemie - Robert von Chester De compositione alchemiae
1148. Hildegard von Bingen Abhandlung über die Wissenschaften
1150. Turba philosophorum übersetzt aus dem Arabischen
1225. Michael Scot Liber introductorius, Liber particularis
1230. Bartholomew Anglicus De rerum proprietatibus
1231. Erste Erwähnung der Alchemie in der französischen Literatur - Roman de la Rose
1235. Robert Grosseteste, Bischof von Lincoln spricht über die Transmutation von Metallen in De artibus liberalibus und De generatione stellarum
1240. Der Dominikaner Thomas von Cantimpre erwähnt Alchemie in seiner Liber de natura rerum
1250. Vincent de Beauvais Speculum Maius (diese Enzyklopädie erwähnt Alchemie an vielen Stellen)
1256. King Alfonso der Weise von Kastilien befiehlt die Übersetzung alchemischer Texte aus dem Arabischen. Er soll angeblich Tesoro - eine Abhandlung über den Stein der Weisen geschrieben haben
1257. Der Franziskaner Bruder Bonadventura d'Iseo's Liber Compostella stellt einige alchemistische Rezepte zur Verfügung
1264. Albertus Magnus, Bischof von Regensburg, schreibt De mineralibus
1266. Roger Bacon Opus maius
1267. Roger Bacon Opus tertium
1270. Thomas Aquinas sympathisiert mit der Idee der alchemistischen Transmutation in seiner Summa theologia
1272. Die Provinzabteilung von Narbonne verbiete den Franziskaner das Praktizieren der Alchemie
1273. Der dominikanische Orden von Pest warnt seine Ordensbrüder vor dem Studium und der Lehre der Alchemie
1275. Ramon Lull: Ars Magna
1300. Arnald von Villanova schreibt eine Anzahl wichtiger Abhandlung über Alchemie: Quaestiones tam esseentiales quam accidentales, Epistola supe alchemia ad regem Neapolitanum, De secretis naturae, Exempla de arte philosophorum
1310. Dante beginnt seine Arbeit an der göttlichen Komödie
1313. Die Constitution generales antique verbot den Ordensbrüdern das Praktizieren der Alchemie
1314. Zerstörung der Tempelritter
1317. Papst Johannes XXII. erlässt päpstliche Bulle gegen Alchemie Spondet quas non exhibent. Die Zisterzienser bannen die Alchemie
1318. Der Mönch Adolf Meutha wird aus dem Zisterzienserkloster von Walkenried vertrieben, da er Alchemie praktiziert hatte
1320. John Dastin, der Alchemist ist, schreibt seinen alchemistischen Brief an den Papst Johannes XXII.
1323. Die Dominikaner in Frankreich verbieten die Lehre der Alchemie an der Universität von Paris und fordern das verbrennen aller Schriften über Alchemie
1329. King Edward III. befiehlt Thomas Cary zwei entlaufene Alchemisten zu finden und sie bezüglich ihrer Kunst auszufragen
1330. Papst Johannes XXII. stellt seinem Arzt finanzielle Mittel zur Verfügung, um ein Labor für bestimmte geheime Arbeiten aufzubauen
1335. Petrus Bonus von Ferrara Pretiosa margarita novella
1339. Papst Benedikt XII. befiehlt eine Untersuchung der alchemistische Aktivitäten einiger Kleriker und Mönche
1352. Pseudo-Lullian Liber de secretis naturae seu de quinta essentia
1356. Papst Innocent VI. verhaftet den katalanischen Alchemisten John von Rupescissa
1357. Hortulanus Kommentar zu den Smaragdtafeln des Hermes

1358. Francesco Petrarch spricht über Alchemie in De remediis utriusque fortunae
1370. William Langland kritisiert in Piers Plowman Alchemisten als Betrüger
1374. John von Livania, Canon in Trier, schreibt drei Bücher über die Eitelkeiten der Alchemie
1376. Das dominikanische Directorium inquisitorum, das Handbuch der Inquisition, bezeichnet Alchemisten als Magier und Zauberer
1380. König Karl der V. der Weise bestimmt, dass alchemistische Experimente verboten werden sollen
1388. Geoffrey Chaucer Canterbury Tales spricht über Alchemie in the Canon's Yeoman's Tale
1403. König Heinrich IV. von England verbietet Alchemie und das Fälschen von Geld
1415. Ein frühes deutsches Buch der Heiligen Dreifaltigkeit zieht Parallelen zwischen Christus und dem Stein der Weisen
1450. Der Buchdruck wird erfunden. Cosimo de Medici bittet Marsilio Ficino eine platonische Akademie in Florenz aufzubauen
1456. Zwölf Männer senden eine Petition an König Heinrich IV. von England und bitten um eine Genehmigung, Alchemie ausüben zu dürfen
1470. Der Antichrist und die fünfzehn Zeichen assoziiert Alchemisten mit Dämonen und Satan
1471. George Ripley Zusammenfassung der Alchemie. Ficinos Übersetzung des Corpus Hermeticum
1474. Christopher von Paris Elucidarius
1476. George Ripley Medulla alchemiae
1477. Thomas Norton schreibt sein Ordinall
1484. Avicennas De anima. Hieronymous Bosch Garten der irdischen Gelüste
1485. Geber Summa perfectionis
1488. Die Figur des Hermes Trismegistus erscheint in einem Mosaik auf dem Boden der Kathedrale von Sienna
1494. Sebastian Brandts Werk das Schiff der Narren diskutiert die Methoden betrügerischer Alchemisten
1497. Tractatus contra alchymistas, geschrieben von einem Dominikaner, hinterfragt die Echtheit des alchemistischen Goldes
1499. Hypnerotomachia Poliphili
1505. Bergbüchlein gibt die ersten publizierten Informationen über die Tradition des Bergbaus heraus
1519. Braunschweigs Das Buch zum Distillieren
1530. Georgius Agricola Bermannus, das Buch über den Bergbau und den Abbau von Erzen
1531. Agrippas drei Bücher über okkulte Philosophie
1532. Frühestes Manuskript der Splendor solis
1540. Vannoccio Biringuccio De la Pirotecnia
1541. In hoc volumine alchemia first alchemical compendium
1546. Petrus Bonus Pretiosa margarita novella aus dem Jahre 1335 gedruckt
1550. Rosarium Philosophorum veröffentlicht
1555 Erste Ausgabe des Alessio Piemontese Secreti
1556. Georgius Agricola De re metallica
1560. Adam von Bodenstein beginnt, verschiedene Arbeiten von Paracelsus zu editieren. Giambattista della Porta Magia naturalis
1561. Peter Perna druckt das Kompendium von 53 Schriften über Alchemie, Verae alchemiae artisque metallicae
1564. Nazaris Il metamorfosi metallico et humano. John Dee's Hieroglyphic Monad
1572. Peter Perna druckt das Kompendium Alchemiae quam vocant
1574. Peter Perna druckt die gesammelten Werke von Paracelsus auf Latein
1580. Rabbi Loew von Prag erschafft den Golem
1582. Reusner Pandora
1589. Edward Kelley beginnt mit seinen öffentlichen alchemistischen Transmutationen in Prag

1591. Nachdruck von John Dees Hieroglyphic Monad
1595. Libavius Alchymia
1599. Erstes Auftauchen eines Werkes von Basil Valentine. Das Buch von Lambspring ist enthalten in Barnauds Triga Chemica
1600. Giordano Bruno wird verbrannt
1602. Veröffentlichung der ersten Bände des Kompendiums über alchemistische Texte Theatrum Chemicum
1604. Basil Valentine's triumphierender Chariot der Alchemie. Simon Studions Naometria ms. Novum lumen chemicum
1609. Hauptausgabe von Khunraths Amphitheatrum sapientae aeternae. Oswald Croll Basilica chemica
1610. Jean Beguin Tyrocinium chymicum
1611. Ben Jonsons Bühnenstück der Alchemist
1612. Flamel figures hierogliphiques (Erstausgabe). Rulands Lexicon alchemiae. Jacob Boehme Aurora
1614. Fama fraternitatis. Isaac Casaubon datiert die Werke von Hermes Trismegistus neu
1615. Confessio fraternitatis Steffan Michelspacher Cabala, Spiegel der Kunst und Natur
1616. Chymische Hochzeit
1617. Erster Band von Fludds Utriusque Cosmi historia
1618. Theophilus Schweighardt Speculum sophicum rhodo-stauroticum. Maiers Atalanta fugiens
1619. Siebmacher Wasserstein der Weisen
1623. Jean d'Espagnet Enchiridion physicae restitutae
1624. Stolcius Viridarium chymicum
1625. Musaeum hermeticum
1629. Fludd Summum bonum
1631. Arthur Dee Fasciculus chemicus in Latin
1640. Albaro Alonso Barba die Kunst der Metalle
1650. Arthur Dee Fasciculus chemicus Ausgabe auf Englisch
1651. John French die Kunst der Distillation
1652. Ashmole Theatrum Chemicum Britannicum, englische Übersetzung von Fama und Confessi, herausgegeben von Thomas Vaughan.
1654. Pierre Borel Bibliotheca chimica
1666. Helvetius Beschreibung der Transmutation von Den Haag: Crassellame Lux obnubilata
1667. Eirenaeus Philalethes ein offener Eingang zu dem geschlossenen Palast des Königs
1670. Montfaucon de Villars satirises sectret knowledde in seinem Comte de Gabalis
1672. Bibliotheque des philosophes chimiques
1673. William Cooper fängt an, Werke über Alchemie zu publizieren, speziell die von Eirenaeus Philalethes
1674. Knorr von Rosenroth Kabbala Denudata
1677. Mutus Liber
1682. Gichtels Ausgabe der gesammelten Werke von Boehme
1690. Veröffentlichung der englischen Übersetzung des Buches chimische Hochzeit von Christian Rosenkreutz.
1702. Manget Bibliotheca Chemica Curiosa (ein chemisches Kompendium)
1710. Samuel Richter begründet den Orden des Golden and Rosy Cross
1719. Georg von Welling Opus mago-cabalisticum (Erstausgabe)
1723. Kirchweger goldener Thron des Homer
1728. Friedrich Roth-Scholtz Deutsches theatrum chemicum
1735. Abraham Eleazar Uraltes chymisches Werck
1752. Hermaphroditisches Sonn- und Monds-Kind

1758. Dom Pernety Dictionnaire Mytho-Hermetique
1776. Adam Weishaupt begründet den bayerischen Illuminatenorden
1779. Birkholz Der Compass der Weisen
1783. James Price begeht Selbstmord nachdem er einige alchemistische Experimente durchgeführt hatte
1785. Geheime Figuren die geheimen Symbole der Rosenkreuzer
1802. Karl von Eckartshausen Chemische Versuche

38. Nicolas Flamel

Soweit es Alchemie betrifft war Nicolas Flamel (oder Nicholas Flamell) nicht von besonderem Interesse, er hat auch keine nützliche Information über den Stein hinterlassen. Dennoch ist er wahrscheinlich der bekannteste unter den Alchemisten, da er eine Figur in vielen populären Romanen abgibt (insbesondere im *Harry Potter Zyklus*). Dieses Kapitel ist ihm gewidmet weil er so beliebt war.

Flamel hat tatsächlich existiert und er hat auch den Stein gefunden. Es gibt aus seiner Zeit in Paris hinreichend Hinweise um seine Existenz zu beweisen.

Es ist nichts Legendäres am Leben von Nicolas Flamel. Die Aufzeichnungen behaupten, er wäre im Jahre 1330 geboren und im Jahre 1418 gestorben. Er war eine real existierende Person, die zu einem der größten Alchemisten ihrer Zeit wurde. Die Bibliotheque Nationale in Paris enthält Werke, die von ihm abgeschrieben wurden, sowie auch solche, die er selbst verfasst hat. Alle relevanten Dokumente, die sein Leben betreffen, sind aufgefunden worden: Sein Ehevertrag, seine Schenkungsurkunden, sein Testament. Seine Geschichte basiert auf diesen substantiellen Beweisen, nach denen sich alle diejenigen sehnen, die es schwer haben, an die offensichtlichen Dinge zu glauben. Die Legenden haben einige blumige Ausmalungen zu diesen unbestreitbar wahren geschichtlichen Dokumenten hinzugefügt. Allerdings basieren alle diese legendären blumigen Geschichten auf festen Tatsachen.
A Detailed Biography of Nicolas Flamel, Reginald Merton, ca. 2000-2010

Nicolas Flamel, der durch Harry Potter berühmt wurde, war eine reale Person. Einige glauben, er wäre immer noch eine reale Person. Flamel wurde im Jahre 1330 in Paris oder in der nahen Umgebung geboren. Dort hatte er als Gelehrter und Buchhändler einigen Erfolg. Er und seine Frau Pernelle verbrachten die späteren Jahre ihres Lebens in einem Haus an der Rue de Montmorency 51, das im Jahre 1407 gebaut wurde. Es ist heute wohl das älteste Gebäude in Paris. Du kannst eine Vorstellung davon bekommen, indem du das Restaurant besuchst, das sich im Erdgeschoss des Gebäudes befindet. Es hat den Namen Auberge Nicolas Flamel.
Du kannst mehr über Flamel lernen, indem du die Mysteries of Paris Ghost Tour buchst. Diese Tour in englischer Sprache beginnt nicht weit entfernt von Flamels Heim in der O'Sullivan's Rebel Bar nahe der Chatelet U-Bahn-Station in der Rue des Lombards 10. Wie die große Mehrheit seiner Landsmänner war auch Flamel ein Katholik. Eines Nachts hatte er einen Traum, in dem ihm ein Engel ein Buch zeigte: „Zuerst wirst du nichts davon verstehen" sagte der Engel zu ihm, „aber eines Tages wirst du sehen, was kein anderer Mann außer dir sehen kann". Nicht lange danach kam ein junger Mann in seinen Buchladen, um ihm ein Manuskript mit dem Namen The Book of Abraham the Jew anzubieten. Flamel erkannte es sofort als das Buch aus seinem Traum und bezahlte den Kaufpreis in Höhe von zwei Florin ohne zu zögern.
Das Buch enthielt viele befremdliche Symbole und Diagramme und das Wort „Maranatha", welches wieder und wieder auf jeder Seite auftauchte. Es war von einem angeblichen levitischen Priester geschrieben worden, der auch noch ein Prinz, Astrologe und Philosoph gewesen sein soll. Es versprach jedem, der es las ohne ein Priester oder Schriftgelehrter zu sein, dass es ihn

verfluchen würde.

Flamel reiste in den von den Mohren kontrollierten Teil Spaniens auf der Suche nach Juden, die ihm helfen würden, die Teile des Textes zu übersetzen, die in alt-Hebräisch geschrieben waren. In Leon fand er einen Mann, der die wenigen Seiten des Buches von Abraham übersetzen konnte, die Flamel mit sich führte. Dieser Mann stimmte zu, mit Flamel zurück nach Paris zu gehen und ihm beim Entziffern des übrigen Buches zu helfen. In Orleans wurde er allerdings krank und starb.

Flamel kehrte nach Paris zurück und konnte mit Hilfe des Wissens, das er auf seiner Reise angesammelt hatte, den Rest des Buches des Abraham verstehen. Indem er Techniken aus dem Buch anwendete, konnte er angeblich Quecksilber in Silber und Gold verwandeln und so zu Reichtum gelangen. Der Historiker Louis Figuier behauptet, Flamel und seine Frau würden ihren Reichtum daraufhin für philanthropische Zwecke benutzt haben.

„Ehemann und Ehefrau verteilten milde Gaben unter den Armen, gründeten Krankenhäuser, reparierten oder bauten Friedhöfe, restaurierten die Fassade des St. Genevieve des Ardents und vererbten ihren Wohlstand dem Institut Quinze-Vingts, dessen blinde Bewohner in Angedenken dieser Tat, jedes Jahr in der Kirche von St. Jacques la Boucherie für ihre Wohltäter beten."

Figuier behauptet, diese Tätigkeiten hätten bis zum Jahre 1789 angehalten. Die Kirche wurde 1797 abgerissen mit Ausnahme ihres Glockenturmes, der auch Teil der Pariser Ghost Tour ist.

Ein Schatz, den Flamel allerdings nicht mit anderen teilte, war das Geheimnis des Steins der Weisen, der die Transmutation von Metallen ermöglichte und, wie einige behaupten, auch das Geheimnis der Unsterblichkeit. Im Jahre 1410 entwarf Flamel seinen eigenen Grabstein, den man heute immer noch im Museum von Cluny besichtigen kann. Er enthält bildliche Darstellungen der Sonne und eines Mannes, abgebildet mit zwei anderen Männern an seiner Seite, die heilige Männer mit einem Schlüssel und einem Buch darstellen sollen. Ursprünglich stand dieser Grabstein auf dem Friedhof der Unschuldigen, wo Flamel im Jahre 1418 begraben wurde. Da er jedoch in der Folgezeit an Berühmtheit zunahm, wurde sein Grab häufig von Räubern aufgesucht und der Grabstein daraufhin verlegt. Die Legende behauptet, dass der erste Grabräuber geschockt war, weil er das Grab leer vorfand, was wiederum die Geschichten über Flamels Unsterblichkeit unterstützt.

Seeking the Immortal Nicolas Flamel in Paris, Dennis D. Jacobs, 2010

39. Paracelsus

Paracelsus (geboren Philippus Aureolus Theophrastus Bombastus von Hohenheim, am 11. November oder 17. Dezember 1493 in Einsiedeln, gestorben am 24. September 1541 in Salzburg) war ein Arzt der Renaissance, Botaniker, Alchimist, Astrologe und Kenner der allgemeinen okkulten Lehren. „Paracelsus" heißt so viel wie „gleich oder größer als Celsus", was sich auf den römischen Schreiber des ersten Jahrhunderts Aulus Cornelius Celsus bezieht, der für seine Traktate über die Medizin berühmt wurde. Es wird auch behauptet, dass Zink seinen Namen von ihm bekommen hat; er nannte es Zincum. Er wird auch als der erste systematische Botaniker angesehen.

Paracelsus, Quelle: en.wikipedia.org

Ich füge hier ein Kapitel über Paracelsus hinzu, da er von vielen als einer der größten Alchemisten seiner Zeit gleich nach Hermes angesehen wird. Von Paracelsus wird behauptet, er hätte hunderte von Büchern über Alchemie und Medizin geschrieben, darunter über solche anspruchsvollen Themen wie *Takwin* (die Schöpfung des Lebens). Auch deswegen, weil er der erste war, der die verkürzte Methode zur Herstellung des Steins der Weisen aus Urin entweder entdeckt oder wiederentdeckt hat.

Ich nehme allerdings an, dass es schon vor ihm einige Alchemisten gab, die diese kürzere Methode verwendet haben. Ich hatte nur Zugang zu einigen wenigen seiner Bücher, von denen einige wohl auch Fälschungen sind. Diejenigen, die echt sind, enthalten nicht viele Einzelheiten. Somit war Paracelsus keine große Hilfe für mich.

Dennoch war Paracelsus einer der ersten einer ganzen Welle von Alchemisten, die nach der Erfindung der Druckerpresse durch Gutenberg schon sehr offen über diese Kunst geschrieben haben. Es ist durchaus möglich, dass er Verbindung zu den Rosenkreuzern hatte, die zu dieser Zeit in Deutschland bereits existierten, wenn auch noch im Geheimen. Einige nehmen sogar an, er wäre der Gründer der Rosenkreuzerbewegung. Für diese Annahme gibt es allerdings keine Beweise.

Das Leben des Paracelsus ist nicht sehr interessant (zumindest das, was heute darüber erzählt wird) und so werde ich eure Zeit nicht damit verschwenden, indem ich es hier wiedergebe. Ihr könnt es, wenn es euch interessiert, im Internet nachlesen.

40. Die Rosenkreuzer

Die Rosenkreuzer waren eine alchemistische Geheimgesellschaft. Moderne Rosenkreuzer haben keinerlei Bezug zu den Originalen des 17. Jahrhunderts. Die Rosenkreuzer brachten wohl alle Alchemisten dazu, ihrer Vereinigung beizutreten. Sie hatten in jedem Land Europas ihre Agenten und ebenso einen starken Einfluss auf die neue Welt, Amerika, und die moderne Wissenschaft, wie wir sie kennen.

Die Rosenkreuzer sind eine philosophische Geheimgesellschaft, die im späten Mittelalter von Christian Rosenkreuz in Deutschland gegründet wurde.
Sie vertritt eine Doktrin bzw. Heilslehre, die auf den esoterischen Wahrheiten der fernen Vergangenheit aufbaut und die, versteckt vor dem gemeinen Mann, Einsichten in die Natur, das physische Universum und die spirituellen Reiche bietet. Das Symbol der Rosenkreuzer ist das Rosenkreuz. In den Jahren zwischen 1607 und 1616 wurden zuerst in Deutschland, dann in ganz Europa zwei anonyme Manifeste veröffentlicht. Diese waren die Fama Fraternitatis RC (das Schicksal der Bruderschaft des RC) und die Confessio Fraternitatis (das Eingeständnis der Bruderschaft des RC). Der Einfluss dieser Dokumente, die den sehr löblichen Orden mystischer philosophischer Doktoren repräsentierten und für eine Art universelle Reformation der Menschheit warben, gaben zur Begeisterung Anlass, die von der historischen Dame Frances Yates mit den Worten rosenkreuzerische Erleuchtung umschrieben wurde.
Rosicrucianism, Quelle: en.wikipedia.org

Gemäß dem *Altar der therapeutischen Verbindung* und dem *neuen Atlantis* lebten die Rosenkreuzer zusammen in einem Schloss in Deutschland. Sie führten alle möglichen Experimente durch und erfanden viele neue Technologien. Sie hatten auch Zugang zu fortschrittlicher alter Technologie. Sie beeinflussten die Welt im Geheimen, indem sie Erfindungen und Ideen pflanzten wo und wann immer sie es für richtig hielten.

Damit wir Wissen haben
und alle Neuigkeiten des Ordens kennen

so dass alles frei ist
und unverborgen vor uns allen
wir reisen durch alle Länder
unerkannt, jetzt hier, dann dort
[...] wir haben in diesen Zeiten viele Dinge
die von den uralten Vorfahren erfunden wurden
die wir erneuern werden und mit denen wir experimentieren
wir lassen es zu, dass sie nach außen dringen
was wiederum, wenn richtig betrachtet,
vom menschlichen Verstand kaum je verstanden wird
[...] wir leben von sehr wenig
und sind dennoch zufrieden mit wenigen Dingen
unsere Körper heilen wir
richtig und gemäß der Natur
darum ist unsere Gesundheit tatsächlich hervorragend
und wir leben viele lange Jahre
die langsam dahin schleichen wie ein sanfter Bach

Altar of the Theraphic Tie, Quelle: B.M.I. of the Rosicrucians, 1616

Wir praktizieren das Beschneiden und das Aufpfropfen, sowohl bei wilden wie auch bei Nutzbäumen, was viele Wirkungen erzielt. Durch unsere Kunst bewirken wir in den Gärten und Plantagen, dass die Bäume und Blumen früher oder später als in ihrer natürlichen Zeit zur Fruchtreife gelangen, wie auch dass sie schneller und mehr tragen als durch ihre natürliche Art gegeben wäre. Durch unsere Kunst machen wir sie auch größer, ihre Früchte größer und süßer und von unterschiedlichem Geschmack, Geruch, Farbe und Aussehen. Bei vielen werden die Veränderungen zu medizinischer Nutzung herbeigeführt. [...] Wodurch wir viele sehr befremdliche Wirkungen beobachten können: Zum Beispiel, dass die Lebenskraft in ihnen fortfährt und einige wieder belebt werden, die tot erschienen und solcherlei Dinge. Wir experimentieren auch mit Giften und anderen Medizinen wie auch mit Chirurgie und Physik. Durch unsere Kunst machen wir sie größer oder kleiner, als es ihre Art ist, wir bewirken Zwergwuchs, wir machen sie fruchtbarer als es ihre Art ist oder im Gegenteil steril. Wir verändern auch ihre Farbe, Form und Aktivität in vielerlei Weise. Wir finden Wege, unterschiedliche Arten zu mischen und miteinander zu verkuppeln, wir haben viele neue Arten erzeugt und diese sind nicht steril im Gegensatz zur allgemeinen Ansicht. [...] Wir beherrschen auch verschiedene mechanische Künste, die ihr nicht habt und Dinge, die von ihnen geschaffen werden, wie Papier, Gewebe, Seide, hervorragende Arbeiten mit Federn wunderbar anzusehen, ausgezeichnete Färbemittel und vieles andere, und auch Kaufläden für alles, was man üblicherweise nicht erhalten kann, wie auch für die gewöhnlichen Dinge. Du musst wissen, dass mit den Dingen, die vorher angesprochen worden waren, viele bereits im Königreich verbreitet sind. Da diese aus unseren Erfindungen hervorgegangen sind, haben wir die Pläne und grundsätzlichen Gedanken, die zu ihnen gehören.

[...] Wir haben die Möglichkeit, weit entfernte Dinge genau zu sehen, wie zum Beispiel den Himmel und weit entfernte Plätze. Dinge, die sehr in der Ferne liegen, können wir sehr nahe erscheinen lassen. Wir haben auch Hilfe für schlechte Sehfähigkeit, die weit über den Nutzen einer Brille hinaus gehen. Wir haben auch Gläser und Geräte, um kleine und kleinste Teile sehen zu können, perfekt und detailliert, wie zum Beispiel die Formen und Farben kleinster Fliegen und Würmer, Körner und Fehler in Edelsteinen, die sonst unentdeckt bleiben würden, so auch Beobachtungen im Urin und Blut, die sonst nicht möglich wären. Wir erzeugen künstliche Regenbogen, Halos und Lichtkreise. Wir können auch alle möglichen Reflektionen, wie Refraktion und mehrfache Lichtstrahlen auf Objekten darstellen.

[...] Wir haben die Möglichkeit, Töne in seltsamen Strängen und Kabeln auf weite Distanzen zu übertragen.

[...] Wir imitieren den Flug der Vögel, wir können bis zu einem bestimmten Grad in der Luft fliegen. Wir haben Schiffe und Boote, die unter Wasser fahren können. Wir haben Wellenbrecher und Schwimmgürtel.

[...] Zu guter Letzt besuchen wir bestimmte Kreise in verschiedenen Hauptstädten des Königreichs und wenn es uns gefällt, dann veröffentlichen wir nützliche neue Erfindungen, so wie wir es für richtig halten.
The New Atlantis, Francis Bacon, 1627

41. FRANCIS BACON

Francis Bacon, erster und einziger Graf von St. Alban, KC (geboren am 22. Januar 1561, gestorben am 9. April 1626) war ein englischer Philosoph, Staatsmann, Wissenschaftler, Anwalt, Jurist und Autor. Er diente sowohl als Generalstaatsanwalt als auch Lordkanzler von England. Obwohl seine politische Karriere unehrenhaft beendet wurde, blieb er dennoch durch seine Arbeit extrem einflussreich, insbesondere als philosophischer Advokat und Förderer der wissenschaftlichen Revolution. Seine Hingabe zu diesem brachte ihn mit einer sehr besonderen Gruppe von Wissenschaftlern zusammen, die durch ihre eigenen Experimente getötet wurden.

Seine Arbeit war die Basis für die Verbreitung der deduktiven Methodologie in der wissenschaftlichen Arbeit, die daher auch oft die Methode des Bacon oder die wissenschaftliche Methode genannt wird. Seine Forderung nach einer vorausplanenden Prozedur bei der Erforschung aller natürlichen Dinge, markierte eine Wendung in den rhetorischen und theoretischen Rahmenbedingungen für wissenschaftliche Arbeit. Vieles davon wird auch heute noch als die korrekte Methodologie der wissenschaftlichen Forschung angesehen.
Francis Bacon, Quelle: en.wikipedia.org

Francis Bacon war ein Alchemisten und Rosenkreuzer. Er war außerdem der echte Autor der Bühnenstücke des William Shakespeare. Das erreichte er möglicherweise in Zusammenarbeit mit seinem Bruder Antonio und/oder seiner *Gruppe von guten Federn.*

Ein Jahr nach der Veröffentlichung der ersten großen Blattsammlung des William Shakespeare wurde ein erstaunliches Werk über Kryptographie veröffentlicht. Die Titelseite dieses Werkes wird hier wiedergegeben. Das Jahr seiner Veröffentlichung (1694) war auch das der Rosenkreuzer Kontroverse.

Die englische Übersetzung der Titelseite lautet wie folgt: The Cryptomenysis and Cryptography of Gustavus Selenus in the nine books, to which is added a clear explanation of the System of Steganography of John Trithemius, Abbot of Spanheim and Herbipolis, a man of admirable genius. Interspersed with worthy inventions of the Author and others, 1624.

Offiziell nimmt man an, dass der Autor dieses Werks Augustus, Herzog von Brunswick sei. Die Symbole und Embleme, welche die Titelseite schmücken, sind jedoch eindeutige Beweise dafür, dass die Rosenkreuzer hinter dieser Publikation stecken. Im unteren Teil des Bildes ist ein Edelmann, der seinen Hut auf dem Kopf eines anderen setzt. Auf den beiden Seiten sind beeindruckende und subtile shakespearische Anspielungen. Auf der linken Seite ist ein Edelmann (möglicherweise Bacon) abgebildet, der einem anderen Mann von dunkler Erscheinung und mit einem Speer in der Hand ein Blatt Papier aushändigt. Auf der rechten Seite sieht man denselben Mann, der vorher den Speer trug, im Kostüm eines Schauspielers. Er trägt Sporen und bläst in ein Horn. Die Anspielungen auf den Schauspieler, der ins Horn bläst und die Figur, die den Speer trägt, deutet auf vieles hin, insbesondere da die Silbe Speer die letzte Silbe des Namens Shakespeare (im Englischen) ist.

The Secret Teachings of All Ages, Manly P. Hall, 1928

Die Diskussion über die wahre Autorenschaft der Shakespeare-Werke geht nun seit Jahrhunderten vonstatten. Ich werde daher nicht versuchen, dich diesbezüglich von irgendwas zu überzeugen. Wovon ich dich allerdings überzeugen werde ist, dass der Autor der Werke des Shakespeare (ob es nun Shakespeare selber, Bacon oder ein anderer war) mit Sicherheit ein Alchemist war, was aus den Referenzen zur Alchemie in vielen seiner Stücke klar wird und am deutlichsten in dem folgendem poetischen Gedicht hervortritt:

Der Phoenix und die Schildkröte (Taube)

Lass den Vogel hellster Lieder, –
Der in Arabien haust allein –
Schwermutsvollen Herold sein,
Folg' ihm dann, ein keusches Gefieder!
Doch der schreiende Verkünder
Jedes Unglücksfalls und Leidens,
Er, der Bote nahen Scheidens,
Keinen Platz im Zuge find' er!
Dem Vereine fern soll stehen
Jene Vogelschaar, die raubt;
Nur des Adlers Königshaupt
Soll die Feier mitbegehn.
Und der Schwan, als Priester, singe,
Weiß gekleidet, Trauerlieder
Auf das Todtenpaar hernieder,
Und das Requiem erklinge.
Bleibe dreifach alte Krähe, –
Der ein schwarzes Geschlecht erzielt
Atem, den sie gibt und stiehlt, –
In des Trauerzuges Nähe.
Nun beginnt der Trauerchor:
Lieb' und Treu' ist ausgegangen,
Taub' und Phönix, ach, sie schwangen
Sich in Flammengluth empor!
Beide fühlten gleiche Triebe,
Doch die Liebe war nur eine,

Zwei Gestalten, – Trennung keine,
Es verschwand die Zahl in Liebe.
In den Herzen, nicht erkennen
Ließ sich einer Trennung Spur,
Zwischen Taub' und Phönix nur
Darf man das kein Wunder nennen!
So war ihre Liebe gleich,
Dass für jedes alles Licht
Gab des anderen Angesicht,
[Jen]es war im andern reich.
Und das Eigenthum erblich,
Weil das Selbst sich nicht gehörte;
In des Andern Namen hörte
Taub' und Phönix Jedes sich.
Der Verstand, in sich verwirrt,
Sah die Trennung sich vereinen,
Jedes nur das Andre scheinen,
In einander so verirrt,
Daß er ausrief: „Mir will scheinen,
„Daß sich Zwei in Eins hier banden!
„Lieb' allein nur hat's verstanden,
„So Getrenntes zu vereinen!"
Diese Trauermelodie
Für die beiden Liebessterne,
Taub' und Phönix, die nun ferne,
Macht' er drauf als Chor für sie:
Trauergesang.
Schönheit, Treue, Seltenheit,
Anmuth in Bescheidenheit,
Ist's, was diese Asche beut.
Todt ist nun des Phönix Lust,
Und der Taube treue Brust,
Sterben hat auch sie gemußt!
Kinder thun ihr Lob nicht kund,
Doch nicht Schwäche war der Grund,
Nein, der Ehe Keuschheitsbund.
Treue scheint, kann nicht mehr sein;
Schönheit prahlt, es ist nur Schein,
Treu' und Schönheit im Verein
Ruhen hier! Hieher laßt gehn
Sie, die treu sind oder schön,
Und für diese Todten flehn! –

Shakespeare

Bacon war in seiner Zeit eine sehr einflussreiche Figur in England, er erreichte viel und gab auch viel. Man hat ihn sogar zum Vater der modernen Wissenschaft erklärt. Dieser Teil der Geschichte ist allerdings sehr gut dokumentiert und daher werde ich mich damit nicht befassen. Bacon war in alle möglichen einflussreichen Geschäfte verwickelt, darunter auch die erste englische Übersetzung der Bibel (die King James Version) wie auch die Kolonisierung Amerikas.

Bacon schrieb *Das neue Atlantis*, woraus ich im vorangegangenen Kapitel zitiert habe. Dieses Werk wurde von den meisten für reine Fiktion gehalten. Da wir aber wissen, dass Bacon ein Rosenkreuzer war, wird nun auch klar, dass er in dem Buch über die Rosenkreuzer geschrieben hat. So können wir die Beschreibung des Haus Salomons (symbolisch für die Rosenkreuzer) wörtlich nehmen. Ich bin sicher, dass dies seine Absicht war, denn die ganze Geschichte baut sich entlang der Beschreibung der Rosenkreuzer auf und endet dann abrupt. Dem Werk *das neue Atlantis* wurde die *Magnalia Naturae, Praecipue Quoad Usus Humanos* als Anhang angefügt, was wiederum eine Liste des möglichen Nutzens des Steins der Weisen (zitiert in Kapitel fünf) ist.

Bacon hat seinen eigenen Tod auf eine amüsante Art getürkt. Ein allerdings unbestätigter Bericht behauptet, er wäre bei seiner eigenen Beerdigung anwesend gewesen. Man beachte insbesondere alle Hinweise auf die *Konservierung und Haltbarmachung des Körpers* und eine ganz direkte Erwähnung des Steins in seinem letzten Brief.

Am 9. April 1626 starb Bacon an Lungenentzündung, während er sich in Arundel Mansion in der Nähe von Highgate außerhalb Londons aufhielt. Ein Bericht über diesen Vorfall, der große Beachtung fand und die näheren Umstände seines Todes beleuchtete, wurde von John Aubrey verfasst. Aubrey wurde für seine offensichtliche Leichtgläubigkeit oft kritisiert. Andererseits kannte er Thomas Hobbes, den Philosophen, Kollegen und Freund von Bacon. Aubreys lebendige Schilderung, die Bacon als Märtyrer seiner wissenschaftlichen Leidenschaften darstellt, gibt wieder, dass Bacon zusammen mit dem Leibarzt des Königs durch ein Schneetreiben nach Highgate gereist sei, als ihn plötzlich eine Inspiration übermannte, die damit zusammenhing, den Schnee zur Haltbarmachung von Fleisch zu verwenden.

„Sie entschieden sich, das Experiment sofort durchzuführen. Sie stiegen aus der Kutsche und begaben sich in das Haus einer armen Frau am Fuße des Highgate Hügels, um von ihr ein Hühnchen zu erwerben, das die Frau für die beiden Männer ausnehmen musste."

Bacon, der das Tier mit Schnee ausstopfte, setzte sich dabei der Kälte aus und zog sich infolgedessen eine tödliche Lungenentzündung zu. Einige Leute, darunter auch Aubrey, halten die beiden aufeinanderfolgenden, möglicherweise zufälligen, Ereignisse für die Ursache seines Todes.

„Der Schnee hat ihn so abgekühlt, dass er sofort sehr krank wurde und nicht zu seiner eigenen Unterkunft zurückkehrte, sondern im Haus des Grafen von Arundel in ein feuchtes Bett gelegt wurde, in dem lange niemand gelegen hatte und das ihn derart auskühlte, dass er nach 2-3 Tagen erstickte."

Da er nun völlig unvorbereitet auf dem Sterbebett lag, schrieb der Philosoph seinen letzten Brief an seinen abwesenden Freund und Gastgeber, den Grafen Arundel:

„Mein sehr guter Lord, es wird mir wohl das Glück des Caius Plinius des Älteren zustossen, der sein Leben bei dem Versuch verlor, ein Experiment am brennenden Vesuv durchzuführen. Es war ebenso mein Wunsch, <u>ein oder zwei Experimente zur Konservierung und Haltbarmachung des Körpers durchzuführen</u>. Was das Experiment selbst betrifft, so war es ein voller Erfolg. Auf der Reise zwischen London und Highgate allerdings kam ich in so einen Guss, dass ich nicht weiß, ob es <u>der</u>

Stein, das Übermaß oder die Kälte oder etwas von allen dreien war. Als ich allerdings das Haus ihrer Lordschaft erreichte, war es mir nicht mehr möglich weiterzugehen und ich war daher gezwungen, hier Quartier zu beziehen, wo sich dann ihr Diener mit großer Sorgfalt und Umsicht um mich kümmerte. Daher bitte ich, ihn nicht für die Ereignisse verantwortlich zu machen sondern ihm sein Tun sogar zugute zu halten. Denn das Haus seiner Lordschaft war für mich ein glückliches Haus und ich küsse ihre edle Hand als Dank für das Willkommen, dass sie mir sicher gewährt hätten. Ich weiß wie unpassend es ist, dies nicht mit meiner eigenen Hand zu schreiben, meine Finger sind jedoch durch Krankheit so verbogen, dass es mir unmöglich ist, eine Feder ruhig zu halten."

Francis Bacon, Quelle: en.wikipedia.org

42. Robert Boyle

Robert Boyle war einer der Gründungsmitglieder der Royal Society und man sah in ihm den ersten modernen Chemiker. Er war aber auch ein Alchemist (einige der Gründer der Society waren es). Er schrieb *The Sceptical Chymist*. Es war dieses Buch, das die Alchemie unterminierte und es unpopulär machte, an sie zu glauben. Boyles Absicht war es keineswegs, die Alchemie zu zerstören sondern er wollte hinter die Ursache aller Dinge sehen. Zu seiner Zeit nahmen viele Menschen die Bücher über Alchemie wörtlich oder sie missinterpretierten sie zumindest, was den Fortschritt sehr behinderte, wenn man sie als Grundlage für die moderne Chemie benutzte.

Der Hauptpunkt des Werkes befasste sich mit der Frage, woraus die Dinge gemacht sind, was chemische Elemente tatsächlich sind. Unglücklicherweise war das Buch sehr erfolgreich und wurde als Waffe gegen die Alchemie eingesetzt, was nicht die Intention des Autors war.

Robert Boyle FRS (25. Januar 1627 bis 31. Dezember 1691) war ein Philosoph des 17. Jahrhunderts, Chemiker, Physiker und Erfinder, zudem wurden seine Schriften zur Theologie geachtet. Das boylesche Gasgesetz verhalf ihm zu Berühmtheit. Obwohl seine Forschung ganz deutliche Wurzeln in der Alchemie zeigt, wird er noch heute als der erste moderne Chemiker angesehen, quasi als ihr Begründer. Von seinen Werken wird The Sceptical Chymist als Eckstein im Feld der Chemie angesehen.

[...] Boyles größter Verdienst als Wissenschaftler besteht darin, dass er die Prinzipien, die Francis Bacon in seiner Schrift Novum Organum niedergelegt hatte, verwendet. Dennoch wollte er nicht als sein Schüler gesehen werden, wie auch nicht als der irgendeines anderen Lehrers.

Zu verschiedenen Anlässen bemerkte er, dass er, um seine vorurteilsfreie Einschätzung irgendeiner der modernen Theorien oder Philosophien beibehalten können, zuerst entsprechende Experimente vorgeführt bekommen müsste, die ihm helfen würden, den Tatbestand zu beurteilen. Er hielt sich vom Studium der Atome oder kartesischer Systeme vollständig fern, selbst von dem des Novum Organum selbst, obwohl er zugibt, zu seltenen Anlässen einige Details in ihm nachgeschlagen zu haben. Nichts war seiner Denkweise fremder, als das Erzeugen von Hypothesen. Er sah in der Ansammlung von Wissen einen eigenen Nutzen. Infolgedessen war ihm eine größere Perspektive bei der Betrachtung der Ziele der wissenschaftlichen Forschung vergönnt, als sie seine Vorgänger in früheren Jahrhunderten gehabt hatten. Das heißt nicht, dass er der praktischen Anwendung der Wissenschaften keinen Respekt zollte, noch dass er Wissen verachtete, das dabei benutzt wurde.

Boyle war ein Alchemist und somit glaubte er an die Transmutation von Metallen als reale Möglichkeit. Er führte sogar

Experimente durch, um selbige zu erreichen und es ist ihm zu verdanken, dass König Heinrich IV im Jahre 1689 das Gesetz gegen die Vermehrung von Gold und Silber aufhob. Obwohl er Großes auf dem Gebiet der Physik leistete, zum Beispiel die genaue Beschreibung des Gasgesetzes, die Rolle der Luft beim Transport von Tönen, eine Untersuchung über Ausdehnung und zerstörerische Kraft des Eises, die Untersuchung spezieller Schwerkraft- und Anziehungskräfte, Arbeiten über Kristalle, Elektrizität, Farben, hydrostatischen Druck, usw., so war doch Chemie sein Hauptgebiet.

Sein erstes Buch zu diesem Thema war The Sceptical Chymist, das im Jahre 1661 veröffentlicht wurde und in welchem er die Spagyriker verurteilte, die glaubten, den Grund aller Dinge in ihrem Salz, Schwefel und Quecksilber zu finden. Für ihn war die Chemie, die Wissenschaft von den Bestandteilen der Substanzen, nicht einfach nur ein Anhang an die Kunst der Alchemie oder der Medizin. Er befürwortete die Ansicht, Elemente seien unzerstörbare Grundbestandteile materieller Körper, er unterschied auch zwischen Mischungen und Verbindungen. Er machte erheblichen Fortschritt in den Techniken, Bestandteile von Verbindungen zu bestimmen, einen Prozess den er mit dem Terminus Analysis kennzeichnete. Er nahm darüber hinaus an, dass die Elemente schlussendlich doch auf noch kleineren Partikeln basierten, deren Trennung voneinander allerdings in keiner bekannten Art und Weise möglich wäre. Er studierte die chemischen Grundlagen von beschleunigten Verbrennungen und die der Atmung, führte Experimente in Physiologie durch, wobei er allerdings durch die Empfindlichkeit seiner Natur behindert wurde, die ihn davon abhielt, anatomische Sektionen, speziell am lebenden Objekt, durchzuführen, obwohl er sie für ganz besonders informativ hielt.

Robert Boyle, Quelle: en.wikipedia.org

Es ist sehr gut möglich, dass Robert Boyle den Stein der Weisen herstellen konnte. In den letzten Jahren vor seinem Tod kündigte er an, dass er sich mit hermetischen (alchemistischen) Experimenten beschäftigen würde.

Im Jahre 1689 begann sich seine Gesundheit, die nie besonders gut gewesen war, rapide zu verschlechtern. Er zog sich zunehmend von seinen öffentlichen Aufgaben zurück. Er beendete alle Kommunikation mit der Royal Society und ließ sie von seinem Wunsch in Kenntnis setzen, dass er keine Gäste zu empfangen wünsche, außer in ungewöhnlichen Fällen und dann nur an Dienstagen und Freitagen am Vormittag, sowie mittwochs und sonnabends am Nachmittag. Die so gewonnene Freizeit nutze er zur Ordnung seiner Papiere und dem Gebrauch seines Geistes. Zudem plante er wichtige chemische Untersuchungen, die er als eine Art hermetischer Erbschaft zur Förderung des Studiums dieser Kunst der Nachwelt hinterlassen wollte, wobei er allerdings keine weiteren Details über die Natur dieser Untersuchungen bekannt gab.

Robert Boyle, Quelle: en.wikipedia.org

Newton, ein Zeitgenosse Boyles, warnte ihn ausdrücklich davor, über Alchemie zu sprechen. Das ist insofern bemerkenswert, da es erscheint, als ob Newton im Bereich der Alchemie nichts erreichen konnte, während Boyle mit ihr Erfolg hatte.

Isaac Newton schrieb einen Brief an seinen Kollegen, den Alchemisten Robert Boyle, in dem er ihn drängte, absolutes Stillschweigen im Bezug auf die Prinzipien der Alchemie in allen öffentlichen Diskussionen zu wahren. „Aufgrund der Wirkung des merkurischen Prinzips haben diejenigen, die es gekannt haben, es für richtig und nötig gehalten, das Wissen darüber geheim zu halten, und wenn diese Warnungen irgendeinen Wert haben, dann könnte das Publizieren dieser Informationen zu einem immensen Schaden für die ganze Welt führen. Es gibt noch andere Dinge neben der Transmutation der Metalle, von denen niemand außer ihnen etwas versteht."

Newton über die Notwendigkeit, die Alchemie geheim zu halten. Quelle: alchemylab.com

43. James Price

Ich werde hier einfach den Wikipedia-Artikel über James Price zitieren.

James Price (1752–1783) war ein englischstämmiger Alchemist der behauptete, Quecksilber in Silber oder Gold verwandeln zu können. Als man ihn aufforderte, diese Transmutation in der Gegenwart von verlässlichen Zeugen durchzuführen, entschied er sich, durch die Einnahme von Blausäure Selbstmord zu begehen. Geboren in London im Jahre 1752 war sein Geburtsname James Higginbotham, den er aber in den Namen Price änderte, womit er dem Wunsch eines Verwandten nachkam, von dem er eine Erbschaft erhalten hatte. Er besuchte die Universität von Oxford und, obwohl es keine Aufzeichnungen über seine frühen Forschungen in Oxford gibt, begann dort eine bemerkenswerte Karriere. Er wurde bereits im Alter von 25 Jahren „Master of Arts". Die Universität verlieh ihm für seine Arbeiten auf dem Gebiet der Chemie im Jahre 1778 den Titel eines Doktors der Medizin. Bereits im Jahre 1781, im Alter von 29 Jahren, wurde er Mitglied der Royal Society.

Im folgenden Jahr, so scheint es, arbeitete er an der Transmutation von unedlen Metallen in Edelmetalle, woraufhin er am 6. Mai 1782, nachdem er einigen Freunden seine Erkenntnisse mitgeteilt hatte, eine Reihe von öffentlichen Experimenten in seinem Labor in Guildford durchführte. Er führte vor, Edelmetalle aus einer Mischung von Borax, Nitrat und einem roten und weißen Pulver seiner eigenen Herstellung, das er als Produktionspulver bezeichnete, herstellen zu können. Dies geschah durch Mischung mit dem fünfzigfachen des Eigengewichts in Quecksilber und dem darauf folgenden Mischen in einem Brennofen, mittels eines eisernen Stabs.

Wenn die Mischung das rote Pulver enthielt, wurde daraus Gold, im Falle des weißen Pulvers Silber. Er führte diese öffentlichen Demonstrationen sieben Mal vor, zuletzt am 25. Mai 1782, wobei die gesamte Elite versammelt war, Kollegen, Kirchenmänner, Anwälte und Chemiker. Ein Teil des Goldes, das er während dieses Experiments herstellte, wurde König Georg III. übergeben. Die Protokolle dieser Experimente wurden mit großem Erfolg veröffentlicht.

Dennoch wurden die Ergebnisse von Mitgliedern der Royal Society angezweifelt.

Sie forderten ihn auf, die Experimente in Anwesenheit von Mitgliedern der Royal Society zu wiederholen. Es erscheint, als wenn Price nicht wirklich glücklich darüber war. Er behauptete, dass sein Produktionspulver aufgebraucht wäre und dass die Herstellung von neuem Pulver Geld und Zeit kosten würde und auch seine Gesundheit gefährden würde. Er bemerkte auch, dass die Produktion von Gold und Silber mittels seiner Methode nicht ökonomisch wäre, da es siebzehn Pfund kosten würde eine Unze Gold herzustellen, während der Marktwert nur vier Pfund betragen würde. Die Royal Society bestand jedoch auf der Wiederholung dieser Experimente und erinnerte ihn daran, dass er die Ehre der Royal Society infrage stellen würde. Price widersprach ihnen und führte an, dass seine Reputation und Position in der Gesellschaft jedes Körnchen Zweifel an der Echtheit seiner Behauptungen unglaubwürdig erscheinen lassen würde. Dennoch war er am Ende gezwungen, den Forderungen der Royal Society nachzugeben. Die folgenden Ereignisse führten dann zu seinem Selbstmord durch Einnahme von Gift.

Im Januar 1783 kehrte Price in sein Labor in Guildford zurück, angeblich um mit der Produktion seiner geheimnisvollen Pulver zu beginnen. Tatsächlich begann er damit, Laurel-Wasser (das Blausäure enthält) zu destillieren. Zu diesem Zeitpunkt schrieb er auch sein Testament. Es sollten jedoch noch weitere sechs Monate ins Land gehen, bevor er nach London zurückkehren und die Mitglieder der Royal Society einladen würde, seinem Experiment am 3. August beizuwohnen. Trotz des Erfolges seiner früheren Experimente tauchten nur drei Mitglieder an dem vorgesehenen Tag auf. Obwohl er ganz offensichtlich von ihrer geringen Zahl enttäuscht war, hieß er die drei willkommen. Dann trat er zur Seite und trank aus einer Flasche das giftige Wasser, das er zuvor vorbereitet hatte. Den drei Männern fiel sofort eine Veränderung an ihm auf. Bevor sie jedoch irgendetwas Sinnvolles unternehmen konnten, war Price bereits tot.

Die Motive hinter dieser Aktion sind unbekannt. Er war zu dem Zeitpunkt bereits ein angesehener und reicher Mann, der für seine Erfolge in der Chemie geehrt worden war.

Quelle: en.wikipedia.org

Es erscheint seltsam, dass nur drei Personen auftauchten, möglicherweise waren nicht alle rechtzeitig informiert worden. Mein Verdacht ist jedoch, dass diese drei Personen Alchemisten waren und dass die ganze Sache arrangiert worden war. Sie haben ihm entweder dabei geholfen, seinen Tod zu schauspielern oder sie haben ihn gezwungen, das Gift zu trinken. Lasst uns an dieser Stelle nur aus Spaß einmal an das Bühnenstück *Romeo und Julia* (geschrieben von Francis Bacon, einem Rosenkreuzer) erinnern, in dem Julia einen Trank zu sich nimmt, der sie für zweiundvierzig Stunden tot erscheinen lässt. Dieser Trank wird Julia von Bruder Laurence, einem Franziskanermönch, zur Verfügung gestellt. Roger Bacon (kein Verwandter von Francis Bacon) war Franziskaner und ein bekannter Alchemist, wie wir den ersten Zeilen entnehmen können:

Der Morgen lächelt froh der Nacht ins Angesicht und säumet das Gewölk im Ost mit Streifen Licht.
Die matte Finsternis flieht wankend, wie betrunken, von Titans Pfad, besprüht von seiner Rosse Funken.
Eh' höher nun die Sonn' ihr glühend Aug' erhebt, den Tau der Nacht verzehrt und neu die Welt belebt, muß ich dies Körbchen hier voll Kraut und Blumen lesen; voll Pflanzen giftger Art und diensam zum Genesen. Die Mutter der Natur, die Erd', ist auch ihr Grab, und was ihr Schoß gebar, sinkt tot in ihn hinab.
Und Kinder mannigfalt, so all ihr Schoß empfangen, sehn wir, gesäugt von ihr, an ihren Brüsten angen; an vielen Tugenden sind viele drunter reich, ganz ohne Wert nicht eins, doch keins dem andern gleich.
Oh, große Kräfte sind's, weiß man sie recht zu pflegen, die Pflanzen, Kräuter, Stein' in ihrem Innern hegen.
Romeo und Julia, zweiter Aufzug, dritte Szene. Shakespeare, 1597

Man könnte jetzt also spekulieren, Bruder Laurence könne eine Person nach dem Charakter von Roger Bacon darstellen, dessen Bücher Francis Bacon mit Sicherheit gelesen hat, da sie allen Alchemisten bekannt waren. Selbst ich habe ja ausgiebig aus ihnen zitiert.
Nun haben ja die Rosenkreuzer, wie wir aus dem *neuen Atlantis* Francis Bacon wissen, die Wirkungen von Giften bereits zweihundert Jahre vor dem Tod von James Price erforscht. Der Charakter des Bruders Laurence als Alchemist wie auch die Tatsache, dass die ganze Geschichte ohnehin von einem Alchemisten geschrieben wurde, deuten darauf hin, dass so eine Kräutermischung tatsächlich existiert hat. Die könnte Price getrunken haben, denn ich bezwifle, dass die Alchemisten einen der ihren einfach töten würden, insbesondere, da der Schaden ja bereits angerichtet war und es ohnehin niemand geglaubt hat.
Das Stück Romeo und Julia ist, wie auch viele andere der Stücke von Shakespeare, angefüllt mit alchemistischer Symbolik.

44. Fulcanelli

Fulcanelli war der letzte Alchemist, über den Aufzeichnungen existieren. Er lebte während des frühen 20. Jahrhunderts in Frankreich. Über seine wahre Identität wird noch gestritten. Im Internet kann man reichlich Informationen und die wildesten Theorien zu ihm finden, daher werde ich hier nur kurz auf ihn eingehen.

Fulcanelli hat zwei Bücher geschrieben: *The Mystery of the Cathedrals* (1922) sowie *Dwellings of the Philosophers* (1929). Beide Bücher beschäftigen sich überwiegend mit alchemistischer Symbolik und Architektur. Das Letztere enthält auch einige interessante Gedanken über Chemie. Fulcanelli konnte den Stein erst im Jahre 1932 herstellen, nachdem er beide Bücher bereits geschrieben hatte. Das ist wichtig zu wissen, da dort einige Bemerkungen vorkommen, die den alten Alchemisten scheinbar widersprechen. Die wichtigste von ihnen ist wohl die Behauptung, der Prozess der Fermentierung würde den Stein nur dazu befähigen, Metalle zu transmutieren. Dies habe ich bereits im Kapitel über Widersprüche abgehandelt. Der andere bezieht sich auf Fulcanellis Behauptung, die Bruderschaft der Rosenkreuzer hätte nie wirklich existiert. Das ist weder logisch noch werden von ihm irgendwelche unterstützenden Beweise für diese Aussage geliefert.

Der Grund, warum es Fulcanelli überhaupt verdient hier noch einmal gesondert erwähnt zu werden, liegt darin, dass seine Bücher einen eher modernen und wissenschaftlichen Ansatz zum Thema Alchemie zeigen. Zudem beweist seine Existenz, dass die Alchemie bis vor sehr kurzer Zeit lebendig und verbreitet war. Wenn ich ehrlich bin glaube ich, dass Fulcanelli niemanden besonders damit geholfen hat, diese Bücher zu schreiben. Sie sind angefüllt mit der Art von Symbolismus, den man nur versteht, wenn man bereits in die Kunst eingeführt wurde. Ich persönlich glaube, dass diese Art der schriftlichen Äußerung nur eine Behinderung darstellt. Sie dient nur dazu, die Tatsachen unnötig zu verkomplizieren. Sie entfernen die Menschen von der Führung durch die Natur und hin zu unnützen Trugbildern des Geistes und der Begeisterung für Schatten.

45. Wohin sind sie gegangen?

Wo sind die Alchemisten geblieben? Wandern sie immer noch auf diesem Planeten umher? Was ist mit den Rosenkreuzern geschehen?

Zuerst einmal können wir wohl annehmen, dass viele der Alchemisten inzwischen tot sind. Die Fähigkeit ewig zu leben bedeutet nicht automatisch, dass man dies auch wünscht. Irgendwann wird das Leben langweilig. Ich glaube nicht, dass viele von ihnen mehr als ein paar 100 Jahre gelebt haben. Am Ende hätten sie bereits alles gesehen, alles getan und wären der weiteren menschlichen Unternehmungen müde. Ich denke auch, sie hätten sehr wenige Gesprächspartner gefunden. Die Welt wäre für sie wie das Leben eines Erwachsenen in einem Hort voll von Kleinkindern gewesen.

Das Werk von St. Dunstan, De Occulta Philosophia E: G: I: A, nennt es die Nahrung der Engel, das himmlische Lebensmittel, das Brot des Lebens. Es ist unzweifelhaft Gott am nächsten, das wahre Mittel zur Verlängerung der Jahre.

Der Frage, ob ein Mensch sterben muss, der es benutzt, werden wir gar nicht erst nachgehen. Warum sollten die Besitzer dieses Mittels den Wunsch haben zu leben, da sie doch die glorreiche Ewigkeit vor ihren fleischlichen Augen sehen können?
The Crowning of Nature, Anonym, ca. 16.-17. Jh.

Ich kümmere mich nicht mehr darum, wie ich es ehedem tat, ob der wahre Heilige, welcher den Stein besitzt, es für wichtig erachtet, sein Leben zu verlängern. Denn er sieht doch täglich den Himmel vor seinen Augen, so wie du dein Gesicht in einem Glas widerspiegeln siehst. Wenn Gott dir gibt, was du dir wünschst, dann wirst du mir glauben und es der Welt nicht kundtun.
The New Chemical Light, Michael Sendivogius, 17. Jh.

Andererseits gab es sehr viele Alchemisten im 17. und 18. Jahrhundert. Das ist nur dreihundert Jahre her. Da seitdem so viel passiert ist, sollten doch wenigstens einige von ihnen hier noch irgendwo herumhängen. Wo also könnten sie sein? Reisen wäre schwierig, denn Personalausweise wären ein Hindernis für sie. Sie müssten besondere Beziehung haben, um immer wieder neue Papiere erhalten zu können. Diese Beziehungen würden allerdings immer wieder sterben. Es wäre extrem unwahrscheinlich, dass sie direkt mit den Regierungen zusammenarbeiten, denn die Politiker würden mit Sicherheit den Stein haben wollen, die Alchemisten ihn aber nicht herausgeben wollen. In unserer Welt der Pässe und Personalausweise hätten sie also ein Problem. Wenn es sie noch gibt, dann würde man immer wieder mal das Erscheinen eines Buches über Alchemie erwarten können, es ist aber seit Jahren kein neues erschienen. Das ist eine lange Zeit der Stille. Zuvor hatten sie mehr und mehr Texte veröffentlicht, da sie annahmen, das Zeitalter käme zu einem Ende. Jetzt kommt es wirklich zum Ende, es gibt aber keine Neuigkeiten von ihnen.

Es wäre möglich, dass diese Stille etwas mit den Rosenkreuzern zu tun hat. Sie hatten damals versucht, alle Alchemisten in einer Gruppe zusammenzuführen. Ich nehme an, es hat funktioniert.
Die Alchemisten haben davon gehört und da sie bereits vom alleine Umherziehen gelangweilt waren, haben sie sich alle den Rosenkreuzern angeschlossen. Diese waren im 17. Jahrhundert besonders aktiv. Im 18. Jahrhundert hatten sie bereits so etwas wie eine moderne Gesellschaft aufgebaut. Diese war auch stark von den Freimaurern und deren Symbolen beeinflusst. Die Rosenkreuzer hatten einen großen Anteil an der Erschaffung der Neuen Welt bzw. den Kolonien, die später zu den USA wurden. Es ist also wahrscheinlich, anzunehmen, dass sie ihr Hauptquartier in die USA verlegt haben. Zurückblickend können wir jedoch erkennen, dass die moderne Wissenschaft es versäumt hat, die Natur zu verstehen, die Freimaurer haben es nicht verstanden, die Symbole zu verstehen und die USA wurden zu einem der korruptesten Länder auf dem Planeten. Und die Rosenkreuzer sind verschwunden. Also sind sie entweder alle gestorben, freiwillig oder durch einen Unfall oder sie wandern umher, das aber unter großen Schwierigkeiten oder

sie wurden auch korrumpiert und interessieren sich nicht mehr dafür, der Welt zu helfen. Eine positive Möglichkeit bleibt jedoch. Sie sind möglicherweise alle nach Shambala ausgewandert.

46. SHAMBALA

Es gibt ein Land, nicht weit von hier,
außer Sichtweite, doch nicht außer Hörweite,
wo das Wasser und die Luft unbelastet sind,
wo alle jung und gesund sind,
wo Generationen unsterblicher Menschen leben,
und viele eigenartige Tiere,
kein gewöhnlicher Sterblicher darf hinein,
denn man erreicht es nur durch die Luft,
und doch ist der Platz nicht im Himmel,
und auch nicht erreichbar mit einem Flugzeug,
Mythen und Geflüster entnehmen wir Hinweise,
sei achtsam, ob das, was du glaubst, wahr ist,
und tatsächlich könntest du dich auf zwei Ländern zugleich befinden,
wenn alles, was du sehen kannst, nur eins ist,
zwei Länder nur von einem Stein getrennt,
eins sichtbar, eins unbekannt.

Ich habe dieses Gedicht verfasst. Eine Tradition, die während des gesamten Verlaufs der menschlichen Geschichte existiert hat und aus sehr intelligenten Menschen besteht, die Zugang zu verloren geglaubter Hochtechnologie hat, deren Bewohner niemals altern und über unbegrenzte Mengen an Gold verfügen, was würde man in so einem Fall erwarten? Rein logisch würde ich annehmen, dass diese Menschen ihr eigenes Land gründen würden. Eine Parallelzivilisation, die unabhängig von unserer eigenen existieren würde. Das ist einfach das am ehesten einleuchtende Verhalten.

Also habe ich mich nach Information umgesehen, die ein Land der Unsterblichen beschreiben. Und siehe da, es dauert nicht lange, solche Informationen zu finden.

Kein menschlicher Traum ist universeller, als das Verlangen nach dem Paradies auf Erden, ein Platz frei von der zerstörerischen Wirkung der Zeit und Krankheiten, in dem das Beste in der Natur floriert und das Schlechteste keinen Zugang hat. Definitionsgemäß kann so ein Land nicht direkt in unserer Nähe sein. Es muss weit entfernt und unerreichbar sein, nur durch eine Heldenreise, eine Pilgerfahrt epischen Ausmaßes, erreichbar. Der antike tibetische Buddhismus erzählt uns von so einem Königreich, in dem die Könige mit extrem langen Lebensspannen gesegnet den Tag erwarten, an dem sie die Herrschaft über die Erde übernehmen können und damit das Goldene Zeitalter des Friedens und der Gerechtigkeit einläuten können. Dieses mystische Königreich wurde Shambala genannt. Sein Aufenthaltsort, der nur wenigen Eingeweihten bekannt ist, sollte angeblich irgendwo in Nordindien sein, oder in der Provinz Xinjiang in Westchina oder sogar in der Wüste Gobi. Es wird erzählt, dass dieses Land von einem doppelten Ring schneebedeckter Gipfel umgeben sei. Das berühmte Tal von Shambala, es

gleicht einem buddhistischen Mandala, dem kreisförmigen Symbol der Einheit der Schöpfung.
Exploring the Unexplained, Kelly Knauer, 2006

Seit tausenden von Jahren kreisen Gerüchte und Berichte unter den Wissenden vieler Nationen, die besagen, dass es irgendwo zwischen Tibet und Zentralasien, unter den eisigen Gipfeln und verborgenen Tälern dieser Region ein unerreichbares Paradies geben soll, einen Ort universeller Weisheit und unberührbaren Friedens mit Namen Shambala, obwohl er auch gelegentlich anders lautet. Dort leben Vertreter aller Rassen und Kulturen, deren innerer Kreis die heimliche führende Kraft der menschlichen Evolution ist. An diesem Platz haben Heilige seit Anbeginn der menschlichen Geschichte existiert, in diesem Tal überwältigender Schönheit, welches sie vor den eiskalten arktischen Winden schützt und mit einem milden Klima versehen ist, wo das Wetter warm und ausgeglichen ist und wo die Sonne immer scheint, wo eine sanfte Brise die großartig anzusehende blühende Landschaft durchweht.
Dort, in der ewig frostfreien Oase, können diejenigen, die reinen Herzens sind, in erhabener Ruhe ohne jede Bedrohung durch Leiden oder Altern leben.

[...] Die Bewohner sind langlebig und tragen wunderschöne perfekte Körper. Alle haben übernatürliche Kräfte, ihr spirituelles Wissen ist tief, ihre Technologie sehr hoch entwickelt, ihre Gesetze milde und ihr Studium der Künste und Wissenschaften umfasst das gesamte Spektrum des kulturellen Reichtums und das auf einer weit höheren Ebene, als sie irgendwo außerhalb erreicht worden wäre.
In dieses Thema eines nördlichen Utopia hat die Folklore seltsame und wunderbare Eigenschaften hineingewoben. Der Platz wäre unsichtbar, er würde aus subtiler Materie bestehen, eine Insel in einem See von Nektar sein, ein den Himmel durchstoßender Berg, verbotenes Gelände. Alles, was dort wächst, ist mit Gold und Silber durchsetzt und wertvolle Juwelen bedecken die Bäume. Rubine, Diamanten und Garlanden aus Jade. Der Platz wird von mächtigen Göttern einer anderen Welt beschützt und von Mauern, die so hoch sind wie der Himmel. Magische Springbrunnen, Seen aus Edelsteinen oder Kristallen und der Nektar der Unsterblichkeit, wunscherfüllende Früchte und fliegende Pferde, Steine die sprechen, unterirdische Höhlen, die mit allen Schätzen der Erde gefüllt sind. Diese und viele andere Wunder, enthält die in den höchsten Tönen gelobte Landschaft dieses einzigartigen Paradieses, was wohl die tiefsten Wünsche des menschlichen Herzens wiederspiegelt.

[...] Viele verschiedene Quellen unterstützen die traditionelle Meinung, Shambala hätte einmal nahe am Nordpol gelegen. Die Scythen, eine Untergruppe der vedischen Völker, welche die Steppen Zentralasiens im ersten Jahrtausend n. Chr. durchkreuzten, erzählen diese Geschichte von dem wunderbaren Platz Shambala, der in Richtung des Nordpols liegen würde. Sie behaupten, dass wenn man nur weit genug reisen würde, man auf diesen mystischen und fantastischen Stamm treffen würde, hinter den Ripheus-Bergen und der verlassenen Schneewüste, die kein Sterblicher durchkreuzen könnte. Hinter dieser Sperre liegt ein wunderbares Land, warm und geschützt von den eiskalten Winden der Außenwelt, an dem die Sonne nur einmal im Jahr auf und wieder untergeht, so wie es auch innerhalb der arktischen Wendekreise geschieht. Dort lebt eine glückliche Rasse, in einer parkartigen Landschaft voller blühender Bäume.

Die alten Griechen behaupten, dass dies die nördliche Station des delphischen Gottes Apollo, des Gottes der Medizin, wäre. Dort läge das Land der legendären Hyperboräer, zu denen Apollo alle neunzehn Jahre zurückkehren würde, wobei er in einem Wagen von Schwänen gezogen über den Himmel fliegt. Es war ein geheimes Paradies, an dem die Himmel sich um ihre polare Achse drehten, welchen die Hyperboräer die Säule des Atlas *oder den* Himmelsträger *nannten. Dieser Ort gehörte einem weisen und wohlhabenden Volk, das tausende von Jahren in Harmonie lebte, frei von Leiden, Krankheit und Alter. Für die Griechen waren diese Halbgötter nur Material für Mythen, denn ihr Land war nur den Göttern zugänglich und natürlich den Helden, aber nicht den normalen Sterblichen und es konnte nur über den Luftweg erreicht werden. Der Poet Pindar schrieb, dass man weder per Schiff noch zu Fuß den wundersamen Weg zu der Versammlung der Hyperboräer finden könne.*

[...] Reisen durch die Luft sind ein weiteres sich wiederholendes Thema in den Legenden über Shambala. Reisen zwischen den Sternen wurden den Bewohnern lange vor der Entwicklung moderner Technologie und astronomischen Wissens zugesprochen. Gemäß den alten chinesischen Sagen, reisten die Raumschiffe und Flugzeuge der Unsterblichen zwischen den Sternen um die Bewohner und Handlungen fremder Rassen und Königreiche überwachen zu können. Andrew Tomas behauptet, es gäbe eine bekannte tibetische Legende von einem sogenannten Chintamani Stein, dessen innere Strahlung stärker sein soll, als die von Radium und der auf dem Rücken eines geflügelten Pferdesmit Namen Lung-Ta *zurück zur Erde gebracht worden sein soll. Er glaubt, dass Lung-Ta nur einen Metapher für ein Raumschiff ist. Es wurde von dem Pferd behauptet, es könne als ein Bote für die Götter das gesamte Universum durchqueren. Geschichten über tibetische Könige und Heilige, die mit ihm Flüge über enorme Entfernungen unternommen haben sollen, kursieren schon seit Jahrhunderten überall in Tibet.*
Shambhala: The Fascinating Truth, Victoria LePage, 1996

Heilige Texte der Tibeter sprechen von einem mystischen Königreich mit Namen Shambala, versteckt hinter schneebedeckten Gipfeln irgendwo nördlich von Tibet, dort, wo die heiligste buddhistische Lehre, die Kalachakra, auch das *Rad der Zeit genannt, aufbewahrt werden. Es wurde prophezeit, dass ein zukünftiger König von Shambala mit einer riesigen Armee kommen würde, um die Welt von Barbarei und Tyrannen zu befreien. Damit soll das Goldene Zeitalter beginnen. In gleicher Weise sagen die Puranas der Hindus, der Befreier der Welt, der Kalki-Avatara, die zehnte und letzte Manifestation von Vishnu, käme aus Shambala. Beide, die Hindu- und die buddhistische Tradition sagen, es gäbe einen wunderbaren zentral gelegenen Ort, der ein machtvolles diamantgleiches Licht ausstrahlen würde.*
Shambhala: a real place or only myths? Quelle: bibliotecapleyades.net

Obwohl sein wahrer Ort unbekannt, sein zeitlicher Beginn ebenso und seine nackte Existenz unbewiesen ist, wird Shambalas Existenz von mindestens acht Hauptreligionen anerkannt und von den meisten esoterischen Traditionen als der wahre Mittelpunkt des Planeten und sein spirituelles Machtzentrum angesehen. Es wird behauptet, dass es von Adepten aller Rassen und Kulturen bewohnt wird, die einen inneren Kreis bilden, der im Geheimen die Evolution der Menschheit anleitet.
Dieses bemerkenswerte Königreich existiert scheinbar sowohl über als auch unter der Erde, mit einem Netzwerk von Tunneln, die sich über hunderte von Meilen erstrecken sollen.
„Fahrzeuge mit seltsamem Aussehen rasen auf ihren Trassen entlang" schreibt Andrew Tomas, der Autor von Shambhala, Oasis of Light, *„und sie werden beleuchtet von einem brillanten, indirekten, künstlichen Licht, das hilft, Korn und Gemüse anzubauen und die Bewohner mit einem langen Leben ohne jede Krankheit zu versehen."*
Atlantis Rising #21, Quelle: atlantisrising.com

Agartha (manchmal Agartta, Agharti, Agarta oder Agarttha) ist eine legendäre Stadt, deren physischer Ort der Erdkern sein soll. Sie steht im Zusammenhang mit der Theorie von der hohlen Erde und ist ein beliebtes Thema in bestimmten esoterischen Kreisen.
Agartha ist der am meisten verbreitete Name für eine Gesellschaft von unterirdisch lebenden Menschen. Shambala, auch bekannt als Shangri-La, soll angeblich seine Hauptstadt sein. Obwohl dies im letzten Jahrhundert eine verbreitete Theorie war, findet sie heute kaum noch Anklang und wird von der modernen Wissenschaft auch nicht unterstützt.
Das Buch von Ferdynand Antoni Ossendowski, im Jahre 1920 erschienen unter dem Titel: Beasts, Men, and Gods, *enthält Hinweise auf Agartha. Der Mythos von Agartha ist in Indien unter dem Namen Shambala bekannt, die Unterwelt der Eingeweihten und Meister, der spirituellen Führer der Menschheit.*
Agartha, Quelle: en.wikipedia.org

In seinem Buch aus dem Jahre 1922 mit dem Titel Beasts, Men and Gods, *schreibt der polnische Wissenschaftler*

Ferdinand Ossendowski (1876–1945), der die meiste Zeit seines Lebens in Russland gelebt hatte, über seine kürzlichen Reisen in die äußere Mongolei während eines Feldzuges des Herzogs von Ungern-Sternberg. Ossendowski erzählt darin, dass ihm verschiedene mongolische Lamas von einem Platz mit Namen Agharti berichtet hätten. Dies sei ein unterirdisches Königreich unterhalb von der Mongolei, das vom König der Welt beherrscht wird. In der Zukunft wird der Materialismus die Welt ruinieren und ein fürchterlicher Krieg wird ausbrechen. Zu diesem Zeitpunkt werden die Menschen Aghartis an die Oberfläche kommen und helfen, den Konflikt zu beenden. Ossendowski berichtet, er hätte Ungern-Sternberg von seiner Geschichte überzeugen können, und dieser hätte zwei Missionen auf die Suche nach Agharti geschickt. Beide wurden von Prinz Poulzig angeführt. Die Missionen scheiterten und der Prinz kam von seiner zweiten Expedition nicht zurück.

[...] Der englische Astronom Sir Edmund Halley unterstützte im späten 17. Jahrhundert die Theorie von der hohlen Erde. Der französische Schriftsteller Jules Verne machte diese Idee in seiner Novelle populär Reise zum Mittelpunkt der Erde aus dem Jahre 1864. Im Jahre 1871 beschrieb der englische Romanschriftsteller Edward Bulwer-Lytton in seinem Buch The Coming Race eine Rasse überlegener Menschen, die Vril-ya. Sie sollen angeblich unter der Erde gelebt haben und ihr Plan wäre es, die Erde mit Hilfe einer Vril genannten psychokinetischen Energie zu erobern.
In dem Buch Les Fils de Dieu (Die Söhne Gottes-1873), zeigt der französische Autor Louis Jacolliot eine Verbindung zwischen Vril und dem unterirdisch lebenden Volk von Thule auf. Der indische Freiheitskämpfer Bal Gangadhar Tilak identifiziert in seinem Werk The Arctic Home of the Vedas (1903), die südliche Auswanderungswelle der Bewohner von Thule mit dem Beginn der arischen Rasse. Im Jahre 1908 veröffentlichte der amerikanische Autor Willis George Emerson seine Novelle The Smokey God, eine Reise in die innere Welt, die von einem norwegischen Seemann erzählt, der durch eine Öffnung am Nordpol in das Innere der Erde eindringen kann und dort eine verborgene Welt vorfindet.

Mistaken Foreign Myths About Shambhala, Alexander Berzin, 1996

47. UFOs

Wir haben in diesen Zeiten viele Dinge,
die von den Vorfahren erfunden wurden,
deren Existenz wir zugeben und mit denen wir experimentieren,
und die wir bereitwillig weitergeben,
die aber bei richtiger Betrachtung
vom menschlichen Verstand kaum verstanden werden können.

Altar of the Theraphic Tie, B.M.I. of the Rosicrucians, 1616

Ufos. Eines der meist vermiedenen Themen der Welt. Warum haben die Leute Angst, über Ufos zu reden? Es ist, als wenn wir programmiert worden wären, jeden, der über diese Dinge redet, für verrückt zu halten. Wir können über alle möglichen verrückten Dinge reden, aber nicht über Ufos. Wir sind aus keinem erkennbaren Grund aktiv bemüht, dieses Thema zu vermeiden. Paul Hellyer ist der frühere stellvertretende Regierungschef von Kanada und auch der ehemalige Verteidigungsminister. Selbst wenn dieser Mann über Ufos spricht, hört niemand zu.

Am 2. Juli 1995 berichtete die große Londoner Tageszeitung *The Mail*, Nick Pope, der Chef des Büros für Sonderreporte der Luftwaffe, eine Unterabteilung des Verteidigungsministeriums, wäre zurückgetreten und hätte öffentlich ankündigte, er glaube an Ufos und hätte verschiedene offizielle Berichte über sie gesehen, als er noch im Dienste des Verteidigungsministeriums stand.

Es gibt auch ziemlich viele Malereien, auf denen Ufos abgebildet werden und die hunderte von Jahren alt sind. Suche im Netz einfach nach den Begriffen „*Ufos in der Kunst*".

Ich könnte weitermachen, aber das wäre ohne Bedeutung. Es gibt bereits eine überwältigende Anzahl von Hinweisen. Ich hoffe nur, du wirst verstehen, wie das alles zusammengehört und wer wirklich diese Ufos steuert.

Im Folgenden ein Ausschnitt aus einer Abschrift eines Mitschnitts von der UFO Konferenz, die 1972 in Tampa, Florida stattfand.

(Moderator: „Es war Professor Carr der am 14. Oktober Schockwellen durch das Pentagon und die Luftwaffe sandte, als er ihnen vorwarf, nicht die Wahrheit über Ufos zu sagen. Auf einer Konferenz mit Reportern in Tampa, Florida berichtete Carr, dass er Informationen hätte, dass die Air Force zwei fliegende Untertassen und zwölf Körper von Besatzungsmitgliedern besitzen würde. Letztere wären im eingefrorenen Zustand in einem Gebäude des Wright Patterson Luftwaffenstützpunkts in Dayton in Ohio verstaut.")

Auf einem Symposium über fliegende Untertassen sprach Professor Carr für über eine Stunde lang über das von ihm so genannte am schlechtesten gehütete Geheimnis der Welt, die Entdeckung von zwei fliegenden Untertassen im Nordwesten von New Mexiko, nahe der Stadt Aztec, im Februar des Jahres 1948.

„Es ist in der gesamten akademischen Welt, der medizinischen Welt und auch in der gesamten Luftwaffe und vor allem dem CIA bekannt, dass die Air Intelligence von Wright Patterson Field ein Raumschiff besitzt, das einunddreißig Fuß Durchmesser misst und vollständig unbeschädigt bis auf ein kleines Loch in der Plastikkuppel ist. Die Kuppel bedeckte das Cockpit. Wegen eines Unfalls im Weltall starben die zwölf kleinen menschlichen Wesen auf ganz menschliche Art durch plötzliche Dekompression, ebenso wie die russischen Astronauten im letzten Jahr bei einem ähnlichen Unfall während des Wiedereintritts in die Atmosphäre. Sie wurden nicht durch unsere Jäger abgeschossen, es war ein Unfall.

Allerdings war es in diesem speziellen Fall sehr glücklich, dass unser westliches Radarnetz die Ufos bereits erfasst hatte. Tatsächlich haben drei Stationen ein unindentifiziertes Flugobjekt in immenser Höhe verfolgt, das mit unglaublicher Geschwindigkeit flog und dann plötzlich außer Kontrolle geriet und zur Erde herab trudelte. Da diese drei Radarstationen es ständig im Blick hatten, konnte man die Aufschlagstelle triangulieren. Dieser Punkt befand sich drei Meilen westlich der kleinen Stadt Aztec in New Mexico, im nördlichen Teil des Staates nahe der Grenze zu Colorado. Zu dieser Zeit besaß und führte ich eine Ranch in der Nähe der Gebirgszüge im nördlichen New Mexiko. Es geschah also in meiner unmittelbaren Nachbarschaft.

Alle verfügbaren Polizisten wurden zur Absturzstelle befohlen, Flugzeuge steuerten die in der Nähe befindliche Luftwaffenbasis an, und das war die Edwards Air Force Base in der Mojave Wüste. Als sie ankamen stand dort bereits ein glänzendes diskusförmiges Flugobjekt auf drei Landebeinen. Das UFO war automatisch gelandet, nachdem seine Insassen bereits tot waren. Als die lokalen Sheriffs sich dem Raumschiff mit gezogener Waffe näherten (und ihr könnt sicher sein, dass die Waffen gezogen waren-lass irgendetwas Neues auftauchen und die Waffen werden gezogen) und in das Cockpit hineinsahen, erkannten sie zwölf kleine Männer, die regungslos über ihren Instrumenten zusammengesunken waren.

Die Luftwaffe kam an und aufgrund ihrer Genialität war es ihnen möglich, die Tür des Raumschiffs zu öffnen. Der Sanitätsoffizier berichtete, dass die Körper noch warm wären und erst seit kurzer Zeit tot sein würden. Sie wurden in ein Hospitalflugzeug gepackt und zur nächstgelegenen Pathologie überführt, die sich auf der Edwards Air Force Base befindet. Jede große Basis, die dem Tode gewidmet ist, braucht eine große pathologische Abteilung.

Edwards Air Force Base hat diese Körper im Februar des Jahres 1948 empfangen. Das war während einer der schlimmsten Perioden des kalten Krieges. Der Präsident wurde benachrichtigt, kam aber nicht. Niemand wusste so recht, was zu tun war. Die Körper wurden jedenfalls sorgfältig im tiefgefrorenen Zustand aufbewahrt. Dies ist nicht, was der Sprecher der Luftwaffe gestern im Fernsehen berichtete, als er sich über mich lustig machte und meine Äußerungen für seine Zwecke missbrauchte. Er sagte „Bob Carr sagt, kleine grüne Männchen werden von uns in einer Tiefkühltruhe aufbewahrt". Ihr seht also, man muss nur ein paar Worte etwas verdrehen und schon wird aus der Geschichte des Jahrhunderts ein lächerlicher idiotischer Vorfall. Zuerst einmal waren sie nicht grün. Sie hatten eine helle Hautfarbe. Alle waren männlich. Sie waren zwischen drei und vier Fuß groß. Alle waren nur leicht behaart, mit verschiedenen Schattierungen von bräunlicher und gelblicher Haarfarbe. Alle hatten blaue Augen. Alle hatten perfekte Zähne, ohne jegliches Anzeichen von zahnärztlicher Behandlung. Alle waren in bester physischer Verfassung ohne jegliche asymmetrische Entwicklung. Wenn man sie in amerikanische Kleidung stecken würde könnten sie vermutlich unerkannt auf den Straßen Tampas als kleine Männer oder Kinder durchgehen.

Nun, dann wurde entschieden...(Carr pausiert)

Über was wollt Ihr zuerst etwas hören? Die wirklich wichtigen Neuigkeiten, die unsere führenden Elektronikexperten und Luftfahrtingenieure über das Raumschiff herausgefunden haben oder wollt Ihr zuerst etwas über die Körper erfahren? Lasst uns darüber zuerst einmal abstimmen. Wie viele von euch wollen etwas über die Konstruktionsweise und den Inhalt des Raumschiffes wissen? (Pausiert um die erhobenen Hände zu zählen) Nun, wie viele von euch werden keine Ruhe geben, bis sie etwas über die Autopsie erfahren haben? (Gelächter in der Menge) Dies ist die große Mehrheit. Und es ist auch nur menschlich. Wer will schon etwas über einen gigantischen Solenoid erfahren wenn er etwas über eine Autopsie hören kann.

Einer der Körper wurde durch eine Gruppe von regierungseigenen Ärzten für die Autopsie ausgewählt. Sechs von den Ärzten führten die Autopsie durch. Es wurde fotografiert, gefilmt, man darf annehmen, dass es in einem Operationssaal unter Beteiligung vieler Augenzeugen durchgeführt wurde. Und während unser unglücklicher kleiner Raumfahrer sorgfältig in seine Einzelteile zerlegt wurde, erkannte man, dass er exakt dieselben Organe wie ein Mensch hatte. Er war menschlich, sein Blut war menschlich, seine Gene und Chromosomen würden zu denen einer Frau von der Erde passen. Entweder sind wir eine verlorene Kolonie oder sie sind unsere verlorenen Cousins. Biologisch gesehen sind die Chancen dafür, völlig identisches biologisches Leben auf verschiedenen interstellaren Körpern zu entwickeln, ungefähr so groß wie 37 Mal hintereinander die sieben beim Würfeln zu haben, es kann einfach nicht passieren. Nein, wir sind irgendwie miteinander verwandt.

Sie kamen wahrscheinlich hierher, weil sie auch Sauerstoff atmen und Wassertrinker sind. Wenn sie Ammoniak atmende Schildkröten wären, würden sie zum Jupiter oder einem ähnlichen Platz fliegen. Aber nein, sie sind wie wir, also besuchen sie unseren Planeten. Ohne Zweifel gibt es eine Verbindung, die eine lange Zeit zurückreicht.

Alles war einigermaßen normal, bis der gefeierte Hirnchirurg seine kleine Säge herausnahm und den Kopf des Wesens öffnete, wodurch die rechte Gehirnhälfte sichtbar wurde. Alle sechs versammelten Chirurgen holten hörbar Luft, da ihnen klar war, dass sie hier etwas vor sich hatten, was noch nie ein menschliches Auge zuvor gesehen hatte. Hier, im Körper eines jungen Mannes, den man auf 30 Erdenjahre schätzen könnte, lag das Gehirn eines Menschen, der mehrere 100 Jahre alt sein musste. Die Spezialisten sagten, sie hätten noch nie ein Gehirn mit so vielen Windungen gesehen. Wie wir alle wissen, ist die Anzahl der Windungen ein Zeichen dafür, wie hoch entwickelt das Gehirn ist. Es ist sowohl ein Zeichen für das Alter, als auch für die geistige Entwicklung. Ein geistig unterentwickelter Mensch eines beliebigen Alters hat ein relativ schwach gefaltetes Hirn, ebenso wie ein neugeborenes Kind.

Hier aber war ein Mann, mehrere 100 Jahre alt, dem die Last des Alterns erspart geblieben war und der ganz sicher nicht senil war. Was für ein Geschenk es wäre, wenn sie uns erklären könnten, wie das funktioniert. Ponce De Leon und sein Jungbrunnen. Wenn sie also Ihre medizinischen Geheimnisse mit uns teilen würden, was für ein Geschenk wäre das für die menschliche Rasse. Noch viel verblüffender als die Waffen, von denen ich euch erzählen muss, oder das Antriebssystem. Die Russen sind gerade hochgradig bemüht, so etwas für sich selbst einzufangen. Dies ist das, womit sich die Luftwaffe jeden Tag herumschlagen muss, wenn sie bewaffnet gegen Ufos vorgeht. Diese Ufos haben den USA nichts getan, außer vielleicht dass sie es versäumt haben, das Erkennungssignal, welches gerade aktuell ist, zu senden, und das auch noch in der richtigen Sprache. Major Donald E. Keyhoe hat in seinem letzten Buch mit dem Titel Aliens from Space *über eintausend Fälle dokumentiert, in denen Jagdflieger versucht haben, harmlose Ufos mit den tödlichsten Waffen, die wir im Moment zur Verfügung haben,* anzugreifen. Sie hatten jedoch niemals Erfolg. Die jeweiligen Piloten haben ihren Befehlshabern sichtlich gestresst mitgeteilt, dass sie mit ihren Bordkanonen das Feuer eröffnet hätten, jedoch nicht eines der Geschosse das UFO getroffen hätte. Offensichtlich sind sie von einem machtvollen Kraftfeld umgeben, welches sie wohl auch vor Meteoriten in ihrer Flugbahn schützt. Denkt mal darüber nach, was allein dieses Geheimnis wert wäre.

Das hohe Alter dieses hübschen jungen Mannes hat auch profunde psychische Relevanz. Denkt mal darüber nach, was es für eine großartige Gelegenheit wäre, paranormale Fähigkeiten zu haben, eine echte Kultur zu entwickeln, Literatur, Geschichte und wie wenig Raumfahrt für eine Rasse bedeuten würde, die ein Vielfaches der Lebensspanne hat, die wir haben. Meine Damen und Herren, ich bin ein alter Mann, ein pensionierter Professor. Ich habe mein Leben auf der Suche nach der Wahrheit verbracht, auch wenn diese Suche unvollkommen geblieben sein mag. Ich kann Ihnen daher von der zentralen Tragödie der menschlichen Rasse erzählen und es ist nicht der Fluch des Krieges, so schrecklich er auch ist, es ist nicht die Last der Armut, so unentschuldbar sie auf einem reichen Planeten auch ist, es ist nicht einmal der Schmerz, den Krankheiten uns zufügen, denn Krankheiten sind nur ein Maß für unsere Unwissenheit und unsere Wissenschaftler bemühen sich ja, sie zu besiegen. Nein, die zentrale Tragödie des menschlichen Lebens ist so gewöhnlich, dass die meisten von uns ihr niemals ins Gesicht sehen. Es ist die Kürze des menschlichen Lebens. Ein Mann oder eine Frau haben gerade gelernt, ihre Arbeit gut zu machen und dann werden sie schon pensioniert. Sie können nur einige wenige Eindrücke des Verständnisses, der geistigen Einsichten erreichen und dann werden sie beerdigt. Das Leben ist lange vor dem Ablauf von 100 Jahren beendet. Eine Person, die 100 Jahre alt wird ist schon etwas Besonderes und auch ziemlich schwach und unfähig, ein normales Leben zu leben. Oder wie es ein Farmer aus Pennsylvania einmal so sehr treffend zu mir sagte: So langsam werden wir weise, so schnell werden wir alt. Das ist die zentrale Tragödie des menschlichen Lebens und es ist gleichzeitig eines der Geheimnisse, eines der Vorteile, die unsere außerirdischen Freunde uns in dieses 20. Jahrhundert mitbringen könnten.

Wenn wir nur aufhören würden, auf sie zu schießen und sie in Frieden in einem extra dafür vorgesehenen Bereich landen lassen würden. Wir nennen dies OPERATION LURE und ich möchte Ihnen mitteilen, dass in den gesamten 25 Jahren, die wir jetzt auf sie schießen kein einziger Fall bekannt geworden ist, in dem ein UFO bewusst einen Menschen verletzt hat. Man stelle sich mal vor, wie viel Geduld die mit uns haben müssen, wir lehnen alle ihre Angebote eines freundlichen Kontaktes ab, schießen auf sie und sie haben nicht ein einziges Mal einen von uns verletzt.

Lasst uns unseren Geist vorbereiten, indem wir die Angst aus ihm entfernen. Lasst uns alle bösen Menschen ignorieren und den unsinnigen Sprachgebrauch über die kleinen grünen Männchen und die glubschäugigen Monster. Und lasst uns diejenigen auf freundliche Art korrigieren, die in dieser Weise sprechen. Sie fügen unserem Land großen Schaden zu, speziell den Kindern. Ein kleines Kind rief mich mitten in der Nacht an und fragte ob es wahr wäre, dass es eine Invasion vom Mars gibt. Diese Meinungsmache ist brutal gegenüber den Kindern. Es gibt nichts, vor dem wir uns fürchten müssten.

Wir können jetzt auch damit aufhören, sie Ufos zu nennen, denn nichts im Himmel ist jemals besser identifiziert worden als die sogenannten Ufos. Die Luftwaffe hat Millionen Nahaufnahmen von ihnen, hat sie studiert, ausgemessen, hunderte von Filmmetern und all dies wurde natürlich vor der amerikanischen Öffentlichkeit geheim gehalten. Nicht durch irgendeine bösartige Verschwörung, sondern zu unserem eigenen Schutz. Denn zu der Zeit, als dieses Material dem Geheimdienst der Luftwaffe bekannt wurde, die meisten von euch werden zu jung sein und sich daran erinnern zu können, waren wir in der Mitte des sogenannten kalten Kriegs. Leute hier in Tampa haben sich in ihren Hinterhöfen Luftschutzbunker gebaut. Wenn ein Lastwagen eine Fehlzündung hatte, tauchten Schulkinder unter ihre Tische, weil sie annahmen, die Russen würden angreifen. Und als dann das Raumschiff mit den zwölf Toten hier auftauchte, musste die CIA die Sache natürlich in die Hand nehmen. Bis dahin war es die Sache der Luftwaffe gewesen, aber wenn ein Eindringen von außen erfolgt ist, wird es an die CIA übergeben. Das Auftreten der CIA ist quasi der Beweis für die Echtheit der Ufos. Lasst mich das wiederholen, die CIA hätte die Sache niemals übernommen, wenn es nicht echte Ufos aus einer anderen Welt gewesen wären, wie ausländisch kann man noch sein?

Also haben sie in ihrer weisen Umsicht das Brookings Institut in Washington aufgefordert, eine nationale Umfrage durchzuführen, um abschätzen zu können, wie die Wirkung auf die Psyche der Nation wäre, wenn der Präsident eine Radioansprache halten und ankündigen würde: „Meine Damen und Herren, die Dinge die sie hier sehen sind echt, sie kommen aus einer anderen Welt, sie werden geflogen von kleinen menschlichen Wesen, die uns gleichen. Es gibt nichts, vor

dem sie sich fürchten müssten und bitte hören sie auf, auf sie zu schießen." Das Brookings Institut antwortete, dass diese Information niemals freigegeben werden dürfte, da die Amerikaner bereits jetzt an der Grenze zur Hysterie leben würden. Die Aufregung über den kalten Krieg ist so groß, dass eine solche Ankündigung das Fass zum überlaufen bringen würde. Viele Menschen würden einfach durchdrehen."
Vortrag von Professor Robert Carr, 1972

48. Neue Weltordnung

Ich werde jetzt ein paar Worte über die Neue Weltordnung schreiben.

Es gibt eine Weissagung über die Neue Welt. Jede der Religionen hat diese Weissagung und sie betrifft die Wiederkehr des goldenen Zeitalters. Die Freimaurer wurden durch Symbole der neuen Welt beeinflusst, sie hatten ihren Ursprung in der Astrologie (der echten Astrologie, nicht der heute populären Version). Die Vorbereitung für das Goldene Zeitalter bzw. die neue Welt ist bereits im Gange, seit wir das letzte Goldene Zeitalter vor tausenden von Jahren verlassen haben. Jetzt sind wir fast angekommen.

Als Alchemie nicht länger ein allgemein anerkannter Glaubenssatz war und die Alchemisten verschwanden, blieben doch ihre Symbole, Legenden und Weissagungen zurück. Es gab also all diesen Symbolismus und all diese Weissagungen, die besagten, dass weise und machtvolle Menschen den Übergang in die Neue Welt leiten würden. Dies führte dazu, dass bestimmte Leute, denen diese Symbole bekannt waren, annahmen, sie wären diejenigen, die auf dieser unsichtbaren Leiter stehen würden. Diese Leute dachten und denken immer noch, dass sie diejenigen sind, die den Übergang in das Goldene Zeitalter leiten werden. Diese Menschen sind aber keine Alchemisten und sie verstehen die Natur auch nicht und sie sind nicht weise. Die Weisen werden den Übergang leiten, da einige das jedoch nicht erkennen konnten dachten sie, es wären sie selbst.
Also begann diese Gruppe von Menschen ihre eigene Geheimgesellschaft zu formen, nur für die Reichen und Mächtigen und begannen gleichzeitig, an ihren eigenen Plan für eine neue Weltordnung zu glauben.
Da die Vertreter der Neuen Weltordnung die Gesetze der Natur nicht verstehen, nahmen sie an, dass die Zivilisation in einer linearen Art und Weise weitergehen wird. Tatsächlich aber ist die Entwicklung kreisförmig. Aufgrund ihres Glaubens an Linearität und der Fähigkeit, zu erkennen was in unserer korrupten Zivilisation gerade vorgeht, erkannten sie, dass diese auf ein finales Kapitel, einen Zusammenbruch, zusteuert.

Nun sagt die Vorhersage, dass eine große Anzahl Menschen in einer Katastrophe sterben werden (all die Unwissenden), bevor die Neue Welt und das Goldene Zeitalter beginnen kann. Da sie all dies wussten, haben die Vertreter der Neuen Weltordnung beschlossen, diese Vorhersage selbst zu erfüllen, indem sie eine große Menge an *schlechten* Menschen töten. Sie interpretieren das einfach so, dass jeder, der ihnen nicht direkt von Nutzen ist, *schlecht* ist. Zur gleichen Zeit wollen sie alle Länder in eine einzige große Nation zusammenführen und alle Bewohner in einer so vollständigen Weise kontrollieren, dass es unmöglich sein wird, irgendetwas zu tun, was sie nicht befürworten. Auf diese Art wird es dann keine Kriege mehr geben und sie denken ernsthaft, dadurch hätten sie die Welt verbessert.

Wenn man das Prinzip *im Zweifel für den Angeklagten* anwendet, könnte man ihnen zugestehen, dass sie versucht haben, zu helfen. Wenn die Entwicklung tatsächlich linear wäre und niemand irgendetwas unternehmen würde, dann wäre die Zivilisation tatsächlich zum Zusammenbruch verdammt. Tatsächlich ist es aber vorgesehen.

Falls irgendjemand von euch „Neue-Weltordnung-Typen" dies liest, so hoffe ich, dass ihr es versteht und dadurch zurück zu den *Guten* findet. Ich nehme an, dass die Systeme unglücklicherweise bereits installiert sind und der Ball am Rollen ist.

49. Mythologie

Fast alle Mythologie ist eine Allegorie für die drei heiligen Wissenschaften: Alchemie, Astrologie und Geometrie. Alchemie ist die Wissenschaft der Natur, Astrologie ist die Wissenschaft der Zeit (und daher der Vorhersagen), Geometrie ist die Wissenschaft der Mathematik, Formen und Musik. Sie alle hängen natürlich miteinander zusammen.
Ich zitiere einige Mythen, die Allegorien für Alchemie sind.

Dies ist die Quelle und das Fundament und die Medizin durch die Aesculapius die Toten auferstehen ließ. Dies ist das Kraut, durch das Medea Jason ins Leben zurückrief. Dies ist die geheime Substanz, die von Colchis und den Argonauten unter so vielen Mühen und Reisen zurückgebracht wurde. Es wurde daher auch das goldene Vlies genannt, weil diese Wissenschaft alle anderen an Fähigkeit übertrifft, so wie die Sonne die Sterne und Gold andere Metalle übertrifft. Und auch deswegen, weil das Vlies ein Buch mit goldener Schrift geschrieben sein soll, so sagt Suidas, Historiker der chemischen und medizinischen Künste. In diesem Buch enthalten ist die erste Materie der Schöpfung, Wiederherstellung und Erhaltung der wahren Medizin.
Man, the Best and Most Perfect of God's Creatures, Benedictus Figulus, 1607

Die Heiligen haben den Fluss gesehen in dem Æneas von seiner Sterblichkeit gereinigt wurde, der Fluss Pactolus in Lydia, der von König Midas in Gold verwandelt worden war, als er in ihm badete, das Bad der Diana, die Quelle des Narziss, das Blut des Adonis tropfte auf die schneeweiße Brust der Venus, und so wurde die Anemone geschaffen, das Blut des Ajax, aus dem die Hyazinthe wurde, das Blut der Giganten und die von Jupiters Donner getötet worden waren, die Tränen der Athene, als sie ihre goldenen Kleider öffnete, das magische Wasser von Medea, aus dem Gras und Blumen hervorgingen, der magische Trank, den Medea aus verschiedenen Kräutern herstellte, um den alten Jason zu verjüngen, die Medizin des Aesculapius, der magische Saft durch den Jason das goldene Vlies erhalten hat. Die Gärten der Hesperiden, in dem die Bäume goldene Äpfel im Überfluss produzieren. Atalanta wendete sich ab von der Rasse der drei goldenen Äpfel, Romulus wurde von Jupiter

in einen Gott verwandelt, die Verwandlung der Seele des Julius Cäsar in einen Kometen, Junos Schlange Pytho, nach der Flut des Deucalion geboren aus sich zersetzender Erde, das Feuer an dem Medea ihre sieben Fackeln entzündete, der Mond entzündet von Phaëthons Brand, Arcadia, in welchem Jupiter wandeln wollte, die Heimstatt des Pluto, in dessen Gemächern der dreiköpfige Cerberus wacht, in dem Haufen, auf dem Hercules die Gliedmaßen mit Feuer verbrannte, die er von seiner Mutter erhalten hatte, bis ausschließlich die festen und unbrennbaren Elemente, die von seinem Vater stammen, übrig waren und er zu einem Gott wurde, und die einfache Hütte, deren Dach aus purem Gold bestand.
Golden Calf, *John Frederick Helvetius*, 15. Jh.

Eine meiner Lieblingsmythen ist die von dem Griechen *Prometheus*, der das Feuer von den Göttern stahl, um es den Menschen zu geben. Das Feuer ist hier eine Metapher für den Stein. Die Götter sind die Eliten, die den Stein für sich behalten wollen.

Der Mythos des Prometheus fährt mit der bekannteren Geschichte der Pandora und ihrer Büchse fort:

Als Prometheus das Feuer des Himmels gestohlen hatte, rächte sich Zeus, in dem er Pandora Epimetheus, Prometheus Bruder, schenkte. Pandora führte eine Dose mit sich, die sie unter gar keinen Umständen öffnen durfte. Ihre natürliche Neugier führte jedoch dazu, dass sie hineinschaute und als dies geschah, floh alles Übel aus ihr heraus und verteilte sich über die Erde. Sie beeilte sich, den Deckel wieder zu schließen, aber es war zu spät. Alle Dinge bis auf eines waren bereits entflohen, das letzte Ding auf dem Boden der Dose war die Hoffnung.
Pandora's box, Quelle: en.wikipedia.org

Der Mythos der Pandora und ihrer Büchse ist der gleiche wie der vom Fiasko mit dem Garten Eden und dem *Baum der Erkenntnis/Baum des Lebens*. Beides sind Allegorien dafür, dass die Menschheit das Goldene Zeitalter verlassen hat. Sie wurde korrupt und neugierig, was bedeutet, dass die Menschen anfingen, egoistisch zu handeln, anstelle in Harmonie mit der Natur und Gott zu leben. Von da ab ging es bergab, aber in der Büchse der Pandora ist immer noch die Hoffnung, welche die Wiederkehr des goldenen Zeitalters symbolisiert.
Eine Entsprechung findet sich in der Hindu-Mythologie von Garuda, der den Nektar der Unsterblichkeit aus dem Himmel stahl um ihn auf die Erde zu bringen. Diese Geschichte enthält auch einen zyklischen Ablauf, da Garuda einen Pakt mit Vishnu schloss, der vorsah, dass der Nektar der Unsterblichkeit nach einer bestimmten Zeit an die Götter zurückgegeben werden müsste. Ab diesem Zeitpunkt war er dann für die Menschen verloren.

Der Garuda ist das Nationalsymbol von Thailand und Indonesien. Er scheint eine Rasse von vogelähnlichen Wesen zu symbolisieren, deren Feinde schlangenähnliche Wesen sind. Es existieren viele Mythologien um den Krieg der Vogelmenschen und Schlangenmenschen. Mexico hat ebenfalls einen Adler, der eine Schlange frisst, in seiner Nationalflagge. Es handelt sich hierbei allerdings nicht um Aliens oder formverändernde Reptiloide. Diese Mythen stammen aus dem Zeitalter des Silbers, als zwei menschliche Rassen miteinander im Krieg lagen. Eine der Rassen lebte in den Bergen und hatte Flugmaschinen, während die andere nahe den Ozeanen wohnte und U-Boote sowohl als auch Flugmaschinen besaßen. Es waren einfach nur verschiedene menschliche Rassen.

Ein anderer Hindu-Mythos befasst sich mit dem Umwälzen des Ozeans. Einer Empfehlung Vishnus folgend, haben die Götter (Devas) und die Dämonen (Asuras) den Urozean durchpflügt um Amrita zu ernten, was ihnen Unsterblichkeit bringen sollte. Diese Geschichte repräsentiert den Prozess der Herstellung des Steins und die Zyklen der Zeit, in denen er zuerst versteckt und dann wieder frei verfügbar sein wird.

Wer erinnert sich an Geschichten über Feen? Das Land der Feen soll ein Land unter der Erde sein. Die Feen lebten eine lange Zeit. Wenn du ihre Nahrung einmal zu dir genommen hast, kannst du nicht in deine Welt zurückgehen. Heutzutage nehmen wir solche Geschichten nicht mehr ernst, aber vor einer Weile haben die Leute solche Sachen wirklich geglaubt. Vielleicht ist da wirklich etwas daran.

Die grünen Kinder von Woolpit erschienen im Dorf Woolpit in Suffolk in England um das zwölfte Jahrhundert herum, vielleicht zur Zeit des Königs Steffen. Die Kinder, Bruder und Schwester, erschienen normal bis auf ihre grüne Hautfarbe. Sie sprachen eine fremde Sprache und zu Anfang nahmen sie nur grüne Bohnen zu sich. Mit der Zeit lernten sie andere Nahrung zu verdauen und verloren ihre grüne Farbe, der Junge jedoch starb. Das Mädchen passte sich an die neuen Umstände an und wurde irgendwann getauft, wurde aber nach wie vor für locker im Umgang mit den Sitten gehalten. Nachdem sie es gelernt hatte, Englisch zu sprechen erklärte sie, ihr Bruder und sie selbst käme aus dem St Martins Land, einem Land unter der Erde, dessen Bewohner alle grün wären.
Die Green children of Woolpit, Quelle: en.wikipedia.org

50. Frequenzen und Existenzebenen

Wir und alles was wir sehen können, funktioniert in einem bestimmten Frequenzband. Alles was wir in irgendeiner Form berühren und verändern können befindet sich im selben Frequenzband.
Es gibt zudem höhere und niedrigere Frequenzen, derer wir uns normalerweise nicht bewusst sind. Einige davon sind nur ein wenig von unserer verschiedenen, so dass wir sie mit empfindlichen Gerät messen können, die meisten allerdings bleiben uns verborgen, da unsere Geräte notgedrungen auch aus unserem Frequenzbereich stammen.
Dazu gibt es Frequenzbänder, die uns völlig unbekannt bleiben, da sie mit nichts in unserem Frequenzbereich interagieren können. Wenn du irgendetwas weder sehen noch hören, schmecken oder berühren kannst, dann existiert es für dich nicht. Das bedeutet

aber nicht, es existiert überhaupt nicht.

Wir nehmen zum Beispiel als selbstverständlich an, dass solide Objekte einander nicht durchdringen können. Es gibt allerdings kein Naturgesetz oder eine wissenschaftliche Regel, die besagt, dass zwei Dinge zur selben Zeit nicht am selben Platz sein dürfen. Der Grund, warum wir nicht zwei Dinge zur selben Zeit am selben Platz wahrnehmen können, ist einfach nur derjenige, dass sich die Kräfte, die von diesen Objekten ausgehen, gegenseitig abstoßen. Darum können wir ein Objekt sehen und berühren, weil es Licht und auch unsere Hand abstößt. Ein Objekt außerhalb unseres Frequenzbandes würde dies nicht tun und daher nehmen wir es nicht wahr. Radiowellen sind ein wenig außerhalb unseres Frequenzbereiches angesiedelt und daher können sie solide Objekte durchdringen, wir können sie aber immer noch mit speziellen Geräten messen, daher können wir sie auch zur Kommunikation verwenden.

Ich werde unterschiedliche Frequenzbänder, die unabhängig voneinander existieren und interagieren, *Existenzebenen* nennen.

Die Sonne funktioniert auf einer großen Anzahl von Frequenzen und darum existiert sie auch in vielen verschiedenen Existenzebenen. Ein Planet existiert auch in verschiedenen Frequenzbändern, aber nicht in ganz so vielen, wie die Sonne. Sie erscheinen daher unterschiedlich auf verschiedenen Ebenen.
Hier und jetzt, auf unserem Frequenzband bzw. in unserer Existenzebene ist die Erde der einzige Planet innerhalb unseres Sonnensystems, der in der Lage ist, Leben zu ermöglichen. Dafür gibt es viele Gründe, unter anderem hängt es vom Abstand des Planeten von der Sonne ab, der atmosphärischen Zusammensetzung und dem reichen Gehalt an Wasser, der es für Leben perfekt macht.
Die anderen Planeten können Leben auf anderen Existenzebenen unterstützen, aber nicht auf unserer. Es wird auch Frequenzbänder geben, die wir überhaupt nicht entdecken können. Auf sehr viel höheren oder niedrigeren Existenzebenen wird es das Konzept von Sonnen oder Planeten vermutlich gar nicht mehr geben. Etwas anderes wird dort existieren, von dem wir uns kein Bild machen können.

Sonnen und Planeten entwickeln sich ebenso durch die Zyklen der Natur hin zu höheren Frequenzbereichen. Unsere Seele existiert tatsächlich vollständig außerhalb des Konzepts der Existenzebenen, dazu später mehr. Wir als Menschen entwickeln uns auch auf höhere Frequenzen zu. In der Zwischenzeit sind wir jedoch hier und unsere Körper sind unserer spirituellen Entwicklung angepasst, was nur eine andere Art ist zu sagen, dass sie der Frequenzebene, auf der wir existieren, angepasst ist. Unsere Körper können nur auf

Planeten existieren, die in der Lage sind, sie zu unterstützen und darum sind wir alle hier, weil wir alle auf diese Existenzebene eingestellt sind und somit hier auf der Erde geboren wurden.

Die Erde ist nun kurz davor auf eine höhere Existenzebene zu wechseln. Jedermann, der nicht in der Lage ist, seine Frequenz dem anzupassen, wird sterben, da die Erde unbewohnbar für die Frequenz dieser Leute werden wird. Es gibt jedoch keinen Grund sich darüber zu beklagen, denn diese Menschen werden auf anderen Planeten wiedergeboren werden, die ihrer Entwicklung eher angepasst sind. Der Stein wird alles entwicklungstechnisch beschleunigen, was mit ihm in Berührung kommt und alles auf diese Art seiner eigenen höheren Frequenz annähern. Alle Frequenzen werden durch jeweils höhere Frequenzen beeinflusst, niedrige Frequenzen können höhere jedoch nicht beeinflussen.

Indem wir unser Bewusstsein erweitern (traditionell geschieht dies durch Meditation) oder den Stein zu uns nehmen, können wir uns auf höhere Frequenzen einstellen. In früheren Zeiten bedeutete das, diese Welt in Richtung einer höheren Ebene zu verlassen. Da die Erde sich jedoch in diese höhere Frequenz begibt, können wir hier noch etwas länger ausharren.

Dinge gleicher Frequenz ziehen sich an, was unter anderem die Wirkung ist, die wir Schwerkraft nennen. Daher sind Objekte höherer Frequenz, die von uns gerade noch wahrnehmbar sind, leichter, da sie von den Objekten dieser Ebene weniger angezogen werden. Die Schwerkraft hat weniger Einfluss auf sie. Darum können erleuchtete Wesen Wunder bewirken, auf Wasser laufen oder gar schweben. Sie werden jedoch auch von den höheren Frequenzen angezogen und wenn ihre Entwicklung weiter geht, werden sie mehr und mehr in Richtung auf die höheren Ebenen gezogen und ihre Verbindung mit dieser Ebene geht verloren.

Die Tatsache, dass sich ähnliche Frequenzen anziehen, erklärt auch, warum man bestimmte Lebensumstände anziehen kann, indem man über sie nachdenkt. Davon handelte das populäre Buch *The Secret,* obwohl es sich hierbei natürlich nicht um ein Geheimnis handelt. Der Placebo-Effekt funktioniert auf die gleiche Weise.

Wie oben, so unten. Alles im Universum funktioniert nach den gleichen Prinzipien, klein oder groß. Eine fundamentale Wahrheit ist auf allen Ebenen gültig. Wenn etwas nicht auf allen Ebenen Gültigkeit hat, handelt es sich nicht um eine wirkliche Wahrheit. Es ist wahr, dass Sternensysteme und Atome den gleichen Prinzipien folgen. Es handelt sich hierbei um ein harmonisches Prinzip. Man kann nicht erwarten, dass sie aus unserer Perspektive identisch aussehen, das heißt aber nicht, dass sie nicht den gleichen Prinzipien folgen. Wann immer wir nach oben schauen, erscheint uns alles ordentlich und vorhersehbar. Wann immer wir nach unten schauen, erscheint alles chaotisch und unvorhersehbar. Das ist jedoch lediglich eine Frage der Perspektive. Wenn du selbst eine Galaxie wärst, dann würdest du denken, dass Sonnensysteme chaotisch und unvorhersehbar aussehen. Wenn du ein Atom wärst würdest du annehmen, Menschen wären ordentlich und vorhersehbar.

Teilchen sind Illusion, es sind tatsächlich Energiefelder, die sich wie Wellen verhalten. Diese Energiefelder sind auch eine Illusion, sie werden durch Gedanken erzeugt. Gedanken sind auch eine Illusion, sie werden durch Wünsche erzeugt. Wünsche sind eine Illusion, die auf Trennung beruht. Trennung ist eine Illusion.

51. Universen in Universen

Das Universum ist tatsächlich nur ein Traum. All die Existenzebenen unseres Universums haben nur in diesem Universum, diesem Traum, bestand und betreffen uns nur, solange wir hier sind. Irgendwann werden wir diesen Traum verlassen.
Ein Traum ist ein geschlossenes System, das aufgrund des Bewusstseins des Träumers existiert. Der Schöpfer des Traumes wird Gott genannt. Unser Universum und alle seine Ebenen sind ein Traum Gottes.

Auch wir schöpfen Universen, von denen wir dann der Gott sind. Jedes Mal, wenn du nachts träumst oder einen Tagtraum hast, oder überhaupt nur irgendeinen Gedanken, erschaffst du ein neues Universum. Jeder Gedanke ist ein neues Universum. Es existiert für die Zeitspanne, während du an es denkst. Wenn du aufhörst daran zu denken, wird das Universum aufhören zu existieren. So funktioniert die Welt. Alle Gedanken sind Universen, weil ein Universum ein geschlossenes System ist, in dem es Bewusstsein gibt, oder einfach nur ein geschlossenes System. Wenn in ihm aber kein Bewusstsein vorhanden wäre, dann würde es nicht existieren, da nichts und niemand sich seiner bewusst wäre.

Nichts existiert außerhalb von Bewusstsein. Nichts kann außerhalb von Gott existieren, das ist schon in der Definition von Gott enthalten. Wenn Gott also das Universum geschaffen hat, dann ist es innerhalb von ihm selbst geschehen. Wenn du träumst, dann ist der Traum in dir. Zugleich ist es aber eine unterschiedliche Realität und ein unterschiedliches Universum zu unserem. Es ist ein Universum in einem Universum.
Ich werde das etwas ausführen. Wann immer du etwas denkst, existiert dieser Gedanke. Aber wo existiert er? Er existiert in deiner Bewusstheit - aber nur, weil du es denkst.

Dein Bewusstsein hat es erschaffen. Das ist dann ein neues Universum. Du hast es z.B. geschaffen, um ein Problem zu lösen oder um eine bestimmte Erfahrung zu machen. Dieses neue Universum bemüht sich, das Ziel zu erreichen, für das es geschaffen wurde und daraus wirst du deine Erfahrung ziehen. Wir können allerdings nur sehr schwache und nicht besonders nützliche Universen schaffen, da wir bereits in unserem eigenen Universum so begrenzt funktionieren. Wir haben einfach nicht genug Bewusstheit, um ein sehr komplexes Universum zu erschaffen. Also erschaffen wir nur simple und sie funktionieren nicht sehr gut. Es ist daher besser, den Gedanken keine wichtigen Antworten zu entnehmen, da sie unsere eigene Schöpfung sind und uns somit nichts erzählen können, was wir nicht schon bereits wissen. Die beste Quelle für Wissen oder Information, ist etwas in diesem Universum oder noch besser, aus einem höheren (von Gott).

Nun also hat Gott mittels eines Gedankens ein Universum geschaffen. Dasjenige nämlich, in dem wir uns befinden, denn er wollte darin Erfahrungen machen. Also hat er Lebensformen geschaffen und ihnen sein Bewusstsein geliehen. Jeder von uns macht seine eigene Sache und wir haben unsere eigene Meinung, aber das Bewusstsein in dir, deine Bewusstheit, ist real. Wir sind alle in diesem Sinne Gott, er spielt die ganze Zeit unsere Rolle. Aber so ziemlich alles in diesem Universum hat Bewusstsein, einschließlich der Steine, Planeten und Sonnen. Sie haben allerdings Bewusstsein auf eine andere Art und Weise als wir Menschen. Gott ist in allem, alles ist Bewusstsein.

Viele von uns hatten schon einmal die Erfahrung eines Wachtraums. Sie treten besonders in der Kindheit auf. Ein Wachtraum tritt auf, wenn du, während du träumst, dir dessen bewusst wirst. Zu diesem Zeitpunkt wird es dir möglich, den Ablauf des Traums zu kontrollieren und da es nur ein Traum ist, ist darin alles möglich. Bevor du im Traum wach wirst, läufst du nur in irgendeiner Geschichte herum, während du annimmst, du wärst irgendeine Traumpersönlichkeit. Wenn du aber im Traum erwachst, erinnerst du dich deiner und hörst auf, eine Rolle zu spielen.
Die Erfahrung eines Wachtraums ähnelt sehr dem wahren Erwachen in diesen Traum. Wir rennen alle herum und spielen die Rollen irgendwelcher Traumpersönlichkeiten, die wir selbst geschaffen haben. Wir haben vergessen, wer wir wirklich sind. Wenn wir erwachen, verstehen wir, dass wir tatsächlich Gott sind. Da wir jetzt unser Leben als Traum erkennen können, tun wir nur noch die Dinge, die uns Spaß machen, wie zum Beispiel Wasser in Wein zu verwandeln.

Es gibt jedoch noch mehr! Gott träumt auch von einem anderen Gott. Alles ist nur ein Traum, da ich das Wort Traum für jedes beliebige geschlossene Bewusstseinssystem verwende. Doch noch nicht einmal dort endet die Reise.

Wenn wir also aus diesem Traum aufwachen und ihn somit transzendieren, werden wir es schaffen, neue Universen ganz nach unseren Wünschen zu erzeugen und mit ihnen zu spielen. Solange, bis uns das langweilig wird und wir auch das transzendieren.

Der einzige Grund für unsere Existenz, sind unsere Wünsche und Träume. Tatsächlich ist unsere Individualität nur eine Verkettung von Wünschen und sie wird weniger und weniger werden, bis wir die höchste Ebene des Gottseins erreicht haben. Wenn du nichts wollen würdest, wärst du nicht hier. Es gibt den Weg des Verzichts, der zur Erleuchtung führen soll. Das Problem dabei ist, dass du dann Erleuchtung wünscht. Nichts zu wünschen ist auch ein Wunsch. Alles, was so eine Person tatsächlich tut, ist sich Erleuchtung so sehr zu wünschen, dass sie passiert, angezogen durch den Wunsch. Sie haben nicht etwa aufgehört zu wünschen, sondern die Wünsche nur fokussiert. Nichts zu wünschen ist auf unserer Ebene der Existenz nicht möglich. Der Beweis dafür, liegt darin, dass wir hier sind. Dein Bewusstsein auf etwas zu richten, zieht dieses magisch an, in der gleichen Weise wie Materie andere Materie durch die Schwerkraft anzieht. Es funktioniert eben auch für Konzepte und ausgeklügelte Ideen. Materie ist auch nur ein Konzept.

Wenn Gott alles weiß, was es zu wissen gibt,
dann frage ich mich: Wie kann Gott lernen, zu wachsen?
Wenn du alles wüsstest, was je gewesen ist und was je sein wird,
wie können dann Entscheidungen, die du triffst, frei sein?
Wenn du alles und jedes wärst,
dann gäbe es nichts für dich zu tun.

Und dort finden wir Gott, an genau diesem Ort,
gefangen in der Macht seiner eigenen Wesensart,
es gibt jedoch einen Ausweg für ihn,
alles was er tun müsste, wäre zu vergessen,
vergessen was er ist und zu einer Unwissenheit finden,
freie Wahl und freier Wille, durch einen verwirrten Geist;

Und somit hat Gott eine Ebene der Begrenzungen geschaffen,
diesen verwirrenden Platz nennen wir die Schöpfung,
einen Platz der Unwissenheit, an dem wir frei sind zu wählen,
frei, Fehler zu machen und etwas zu verlieren;
weil nur ein Wesen, das die Wahrheit nicht kennt,
in seinen Taten freien Willen hat;
durch uns kann Gott leben, denken fühlen und sehen,
eine Erfahrung, die er zwar kannte, die er jetzt aber auch sein kann;

Und obwohl wir vergessen haben, woher wir kommen,
werden wir doch glücklicher, je näher wir kommen,
durch die Beherrschung deiner Bewusstheit kannst du zurückkehren,
je mehr du lernst, desto weniger Auswahl hast du;

jeder Sterbliche sehnt sich nach der Berührung der Unendlichkeit,
das Unendliche jedoch wünscht sich, nicht so viel zu wissen.

52. Die Vorhersage des Alchemisten

Obwohl dies durch Gott jedem zugänglich sein kann, so ist doch das Gerücht von dieser Kunst wohl verborgen. Gott selbst gibt uns das Verständnis dafür, wie es mit dieser und anderen gleichartigen Künsten zu geschehen hat, bis zum Erscheinen von Elias dem Künstler, und zu dieser Zeit soll nichts mehr im Verborgenen liegen und alles offen verfügbar sein.
The Book Concerning the Tincture of the Philosophers, Theophrastus Paracelsus, 16. Jh.

In der Zeit wird ein sehr reiner Mann auf die Erde kommen, durch den die Erlösung der Welt geschehen wird und dieser Mann wird rote Tropfen von Blut austeilen, und durch sie wird die Welt frei von Sünde werden.
The Aurora of the Philosophers, Theophrastus Paracelsus, 16. Jh.

Die Zeit ist gekommen und wir können jetzt freier über diese Kunst sprechen. Denn Elias der Künstler wird erwartet und großartige Dinge werden bereits jetzt in der Stadt Gottes besprochen. Sie besitzt Reichtum genug, die Welt zu kaufen, hält sich mit ihrer Kunst aber zurück aufgrund der Umtriebe und Grausamkeiten der bösartigen Menschen. Es geschieht nicht aus Missgunst, dass ich verberge, was ich so tue. Gott weiß, ich bin dieses einsamen Herumwanderns müde, ohne die Bande der Freundschaft und der Verbindung zu Gott. Ich verehre nicht das goldene Kalb, vor dem sich die Israeliten so tief verneigen. Soll es doch zu Pulver zerrieben werden, wie die bronzene Schlange. Die Hoffnung ist es, dass in einigen Jahren Gold so allgemein verfügbar sein wird, dass diejenigen, die heute so verrückt danach sind, dieses Bollwerk des Antichristen mit Verachtung zur Seite werfen werden. Der Tag unserer Erlösung wird nahe sein, wenn die Straßen des neuen Jerusalem mit Gold gepflastert sind und die Tore mit Diamanten besetzt. Der Tag naht, an dem durch mein Buch Gold so gewöhnlich wie Staub auf der Straße sein wird, an dem die Heiligen Ruhe finden und Gott aufs vollste danken werden. Mein Herz empfindet unaussprechliche Dinge und wächst im Angesicht des Israel Gottes. Diese Worte spreche ich mit der Überzeugung eines Botschafters aus. Mein Buch ist der Vorläufer des Elias, entworfen um den königlichen Weg der Meister vorzubereiten und es allen Menschen zu ermöglichen, Schüler unserer Kunst zu werden. Dann aber wird Gold, das Idol der Menschheit, seinen Wert verlieren und nur noch seinen wissenschaftlichen Wert behalten. Güte würde um ihrer selbst willen bevorzugt werden. Ich kenne viele, die diese Kunst ausüben und Stille darüber zu halten, als eine große ehrenhafte Verpflichtung ansehen. Gott hat mich befähigt, einen anderen Standpunkt in dieser Sache einzunehmen. Ich bin fest davon überzeugt, dass ich dem Israel Gottes so am besten diene und meine Fähigkeiten in den Dienst aller stellen kann, indem ich dieses Geheimnis zu Allgemeinwissen und dem Eigentum der ganzen Welt mache. Daher habe ich auch nicht den Rat meiner heiligen Brüder eingeholt. Denn wenn diese Sache den Erfolg hat, den ich mir wünsche und für den ich bete, werden sie sich freuen, dass ich dieses Buch veröffentlicht habe.
An Open Entrance to the Closed Palace of the King, ein anonymer, wahrheitsliebender Alchemist, 1645

Einer, der seine Ehre durch unsere Kunst erreicht hat, wird alte Gepflogenheiten wiederherstellen und sie zum Besseren wandeln. Wenn er kommt, wird er das Königreich reformieren und seine Güte und Großzügigkeit wird allen anderen Herrschern als Beispiel dienen. Zu seiner Zeit werden die gewöhnlichen Menschen in Freude leben und Gott loben in ehrlicher nachbarschaftlicher Liebe. Oh König, der du all dies erreichen wirst, bete zu Gott dem König und erbitte seine Hilfe in dieser Sache! So wird sein glorreicher Geist ein glorreiches goldenes Zeitalter einleiten, das dann nicht mehr nur eine hoffnungsvolle Zukunft sein wird.

[...] *Im kurzen Zeitraum von nur drei Tagen wurde dasselbe Bett in einem Haus nahe Leadenhall nacheinander von drei Meistern dieser Kunst belegt. Jeder einzelne von ihnen besaß die weiße und die rote Tinktur, obwohl kaum nur einer von Millionen diesen glorreichen Schatz besitzt. Einer von ihnen, so wurde mir erzählt, stammte aus der Grafschaft von Lorraine, der Zweite aus Mittelengland während der Dritte, der Jüngste von ihnen, in der Nähe eines Kreuzes geboren wurde, welches an der Grenze zu drei Bezirken steht. Weise Männer hatten aus der Konjunktion der Planeten zum Zeitpunkt seiner Geburt herausgelesen, dass er ein Schmuckstück für England abgeben würde. Man könnte die Längen und Breiten Europas bereisen, ohne jemals drei solcher Meister zu treffen. Zwei von ihnen werden in Kürze abreisen, der dritte wird bleiben und diesem Teil der Welt viel Gutes tun. Nichtsdestotrotz werden die Sünden unserer Herrscher die positive Entwicklung zeitlich verzögern, die uns sonst sofort beglücken würde. Der älteste der drei Meister sagte voraus, dass dieser junge Adept große Leiden durch die Hand derer erfahren würde, die ihm erhebliche Dankesschuld entgegenzubringen hätten. Er gab auch noch viele andere Weissagungen von sich, von denen viele sich jetzt schon erfüllt haben. Einige werden in der Zukunft noch zu erfüllen sein. „Eines ist aber sicher", sagte er, „nach großem Leid wird große Freude über das Land hereinkommen. Freude, die von allen guten Menschen erfahren werden wird". Der Jugendliche wünschte zu erfahren, wann diese Zeit kommen würde und die Antwort des alten Mannes lautete: „Dies wird passieren, wenn das Kreuz bei Tag und bei Nacht im Land Gottes verehrt wird, im Land des Lichts, und es wird erst in angemessener Zeit passieren, es wird jedoch durch die unglaubliche Boshaftigkeit der Menschen verzögert. Wenn aber diese gesegnete Stunde herannaht, wird diese Kunst einem König offenbart werden und es werden mehr wunderbare Dinge passieren, als ich heute an diesem Platz aufzählen kann. Der König wird unsere Umgangsformen reformieren und allen Missbrauch abschaffen. Er wird diese Kunst im Geheimen erforschen und wird von Meistern und Einsiedlern darin unterrichtet werden".*

The Chemical Treatise, Or, The Ordinal of Alchemy, Thomas Norton, 1477

53. Nachwort

Jetzt ist es also soweit, du kannst den Stein der Weisen herstellen. Ich bedaure, dass dieses Buch etwas in Eile geschrieben wurde und formal erscheint. Ich habe es in nur drei Wochen fertiggestellt. Es enthält alles, was du benötigst.
Und ich weiß, was du dich jetzt fragst: „Wo ist er?"

Ich gebe zu, ich habe ihn auch noch nicht vollendet. Zum Zeitpunkt des Erscheinens dieses Buches (März 2011) befinde ich mich in der schwarzen Phase. Alle Zeichen, welche die alten Alchemisten vorhergesehen und beschrieben haben, sind so auch aufgetreten. Warum also habe ich das Buch veröffentlicht, bevor ich selbst den Stein hergestellt hatte?

Weil ich gefühlsmäßig meinte, es wäre das Richtige. Das ist die einfache Antwort. Was würde passieren, wenn ich von einem Bus überfahren würde und es nicht fertig stellen könnte? Indem ich das Buch jetzt veröffentliche, nehme ich mir diese Last von den Schultern.
Zusätzlich meine ich, dass ohne ein Buch mit klaren Anweisungen niemand verstehen würde, wie man den Stein vervielfältigen kann und wie er überhaupt funktioniert. Es wäre

eine etwas verwirrende Situation, wenn der Stein verteilt würde, aber niemand verstünde, was er ist und was er tut. Es ist besser, du verstehst die Sache im Vorfeld.
Außerdem hoffe ich, dass es einige Reisende gibt, die den Stein bereits besitzen und ihn jetzt, da das Buch veröffentlicht ist, herausgeben. Oder die Leute aus Shambala gehen an die Öffentlichkeit. Oder vielleicht hat jemand eine großartige Idee, wie man den Herstellungsprozess abkürzen könnte. Vielleicht gibt es ein Gefäß mit dem weißen oder roten Pulver irgendwo im Keller einer Kirche oder eines Museums. Stell es dir vor, sowas passiert.
Wenn irgendjemand den Stein findet, so muss er ihn an die Welt herausgeben. Wer weiß, was mit mir passieren wird, ich könnte einfach verschwinden.

Er, der nicht weiß was er sucht, soll nicht wissen, was er gefunden hat.
The Crowning of Nature, Anonym, ca. 16.-17. Jh.

54. Hilfe

Dieses Buch wird sich nur dann verbreiten können, wenn du, der Leser, dabei hilfst. Es wird sich nicht auf magische Weise selbst vervielfältigen. Ohne deine Hilfe werden dieses Buch und alle darin enthaltenen Wahrheiten wieder einmal in das Reich der vergessenen Geheimnisse versinken.

Wie auch immer du dieses Buch gefunden haben magst, ob als Link von einer Webseite, in einem Forum, als E-Mail-Anhang von einem Freund, oder durch eine ganz andere Methode, irgendjemand hat etwas unternommen, was darauf hinaus lief, dass du jetzt dieses Buch in den Händen hältst.
Darum bitte ich dich um den Gefallen es weiterzugeben und anderen dieses Buch auch verfügbar zu machen.
Ob du es nun vollständig verstehst und glaubst, was in diesem Buch geschrieben steht oder ob du es einfach nur für einen unterhaltsamen Lesestoff hältst; ich bitte dich, anderen zu helfen, dieses Buch finden zu können. Dadurch gibst du demjenigen zumindest die Chance, sich seine eigene Meinung über die Wahrhaftigkeit der Alchemie und des Steins zu bilden. Dieses Buch ist kostenlos, daher tust du den anderen Personen in jedem Fall einen Gefallen, sie werden es nur dann lesen, wenn sie daran Interesse haben, sonst nicht. Es kann also kein Schaden angerichtet werden.
Obwohl es eventuell gefährlich sein könnte, dieses Buch zu schreiben ist es vollständig gefahrlos, es zu verteilen. Es wird nur einen geringen Teil deiner Zeit in Anspruch nehmen. Gerade so viel, wie du bereit bist, zu geben.
Bitte schicke dieses Link per E-Mail an deine Freunde, Familie und Arbeitskollegen. Wenn

du eine eigene Webseite besitzt, verlinke dieses Buch.
Du kannst es auch ganz anonym versenden, indem du dieses Link benutzt:

http://bookofaquarius.forgottenbooks.org/email

Für diejenigen, die gewillt sind bei der Verbreitung dieses Buches aktiv mitzuhelfen, habe ich eine Liste von möglichen Hilfsmethoden zusammengestellt, sowie im Internet ein Forum eingerichtet, in dem dieses Thema diskutiert wird. Wenn du also eine gute Tat tun willst, dann schreib dich dort bitte ein und werde ein Verteiler:

http://bookofaquarius.forgottenbooks.org/help

Ich möchte *Forgotten Books* ganz besonders danken, denn sie haben mir bei dieser Aufgabe sehr geholfen. Mir wurde von ihnen eine kostenlose Webseite zur Verfügung gestellt, dazu dieses Buch bei allen ihren Abonnenten bekannt gemacht. Sie haben versprochen, es auch in Zukunft aktiv zu bewerben. Dieses Buch ist vollständig kostenlos, dennoch kannst du der guten Sache helfen, indem du das Buch in gedruckter Form bei Amazon erwirbst. *Forgotten Books* hat zugesichert, die Hälfte des Gewinns in die Verbreitung des Buches zu investieren.

http://www.forgottenbooks.org/?ref=bookofaquarius

55. Fragen und Antworten

Dies sind echte Fragen von wirklichen Lesern dieses Buches und meine Antworten.

Ist dies das Gleiche oder etwas Ähnliches wie der „weiße Stein des Urins" der vor einigen Jahren im Internet so populär war?
Nein. Der *weiße Stein des Urins* war eine Fehlinterpretation alchemistischer Literatur. Die Autoren haben bestimmte metaphorisch gemeinte Teile buchstäblich interpretiert, sie haben zum Beispiel versucht, das Öl des Urins zu finden. Das hat nicht funktioniert und kann auch nicht funktionieren. Um den Stein herzustellen, müssen wir der Führung der Natur folgen.

Um den weißen Stein zu bekommen braucht man Silber und für den roten Stein Gold. Kann Gold für beide benutzt werden?
Silber für Silber, Gold für Gold. Nein, du kannst Gold nicht für beide verwenden.

Wie viel des weißen Steins wird ungefähr nach der weißen Phase vorhanden sein?
Das hängt davon ab, wie viel weißes Salz du in der ersten Phase gewonnen hast.

Was ist der Unterschied, außer in der Stärke, zwischen dem weißen und dem roten Stein?
Der weiße und der rote Stein sind in gewisser Weise gleich, der rote Stein ist einfach nur kraftvoller. Der weiße Stein kann Metalle in Silber verwandeln, der rote Stein in Gold. Was die Wirkung auf den Körper angeht, so wird der rote Stein eine alte Person wieder jung, gesund und fit machen, während der weiße Stein lediglich viele Krankheiten heilt, aber nicht hohes Alter.

Wie benutzt du den Stein? Es gab keine speziellen Anweisungen, wie man ihn einnehmen sollte oder ihn in eine Tinktur verwandeln kann. Wie benutzt man ihn, um die Struktur von Metallen zu verändern? Persönlich würde ich ihn gern für medizinische Zwecke an mir selbst und anderen verwenden. Ich kenne viele kranke Menschen, so bin ich überwiegend an seiner Heilkraft interessiert.
Der Stein kann in beliebiger Form eingenommen werden: fest, als Pulver oder aufgelöst. Es spielt keine Rolle wie. Er kann auch als Salbe aufgetragen werden.

Befasst sich die Alchemie nicht mit Spiritualität, dem Weg zur Erleuchtung und der Reinigung der Seele?
Nein, der *Stein der Weisen* ist ein reales physisches Objekt, mit all den ihm zugeschriebenen Fähigkeiten und noch mehr. Das ganze Ding, das sich mit der Reise, die mehr als das Ziel wert wäre befasst, gibt es nur, da es notwendig ist, die Zyklen der Natur zu verstehen. Wenn du diese Zyklen verstanden hast, weißt du, wie die Natur funktioniert. Wenn du weißt, wie die Natur funktioniert, dann verstehst du etwas über Gott. Aber bei der Herstellung gibt es keine magischen Effekte. Sicherlich wird er deinem Leben aber eine Bedeutung verleihen und dir einen gewissen Frieden vermitteln und das ist wohl mehr wert als alles andere.

Ich habe jetzt bereits eine Krankheit, ein Implantat, einen Schrittmacher, was würde passieren wenn ich den Stein nehme?
Du wirst geheilt werden. Jeder Fremdkörper in deinem Körper wird entweder ausgeschieden oder aufgelöst.

Das würde passieren, wenn ich den Stein meinem Hund geben würde?
Das gleiche wie beim Menschen.

Falls wir den Stein täglich zu uns nehmen sollen, muss dann auch der Herstellungsprozess ständig am Laufen gehalten werden?
Nein, denn er kann ganz einfach und schnell vermehrt werden sowie er einmal vollständig hergestellt wurde.

Kann mein Stein, der aus meinem Urin hergestellt wurde, jemand anderen heilen wenn er ihn zu sich nimmt?
Ja, es gibt nichts Besonderes an deinem Urin. Du könntest sogar den Urin eines Tieres benutzen.

Da der Stein aus Urin gefertigt wird, kann Ernährung ihn beeinträchtigen?
Möglicherweise ein klein wenig, aber der Einfluss wird so gering sein, dass es sich nicht lohnt, darüber nachzudenken. Wenn du am Leben bist, wird dein Urin genug Leben enthalten, um den Stein aus ihm zu machen.

Gibt es eine Abkürzung?
Keine, die ich kennen würde, ich behaupte aber nicht, dass es keine gibt. Der weiße Stein wird zuerst erreicht, er hat weniger Kraft und verhindert deinen Tod nicht. Er kann wohl Krebs heilen, macht dich aber nicht unsterblich. Der rote Stein erst bewirkt, dass du zu etwas besonderem wirst.

Warum muss man nicht mehr essen, wenn man den roten Stein zu sich nimmt?
So funktioniert der Stein. Er stellt das, was ich Lebensenergie nenne, zur Verfügung, daraus ist er hergestellt. Jedes Teilchen kann von ihm heruntergebrochen und in ein neues Element überführt werden. Wenn du also den Stein zu dir nimmst, brauchst du nichts anderes mehr, denn dein Körper wird ihn in genau das überführen, was er braucht. Deine Nahrung wird ja vom Körper auch abgebaut, wobei er versucht, Lebensenergie herauszuziehen. Darum leben wir im Moment nur von ganz wenig Energie, die wir dem Essen, Trinken und der Luft entnehmen. Leichtere Nahrung ist einfacher zu verdauen, denn es ist einfacher ihr die Lebensenergie zu entnehmen, darum ist sie auch gesünder.

Wenn man Medikamente einnimmt, wird das den Stein beeinflussen? Würden Vitamine die Stärke des Steins in irgendeiner Weise beeinträchtigen?
Das ist unwahrscheinlich. Es ist fast egal, woraus der Urin besteht. Denke daran, dass wir nur die leicht verdunstenden Bestandteile des Urins wollen, was immer sie auch sein mögen.

Du behauptest, der Stein bestünde nur aus einer Substanz und führst auch eine ganze Reihe von Zitaten an, die das untermauern. Dann allerdings sprichst du davon, ihn mit Wasser, Gold und Silber zu mischen. Das wäre dann nicht mehr nur eine Substanz.
Es wird kein Wasser hinzugefügt, das Wasser ist das Destillat des Urins. Gold und Silber werden als Ferment am Ende des Prozesses hinzugefügt, daher könnte man behaupten, dass der Stein aus zwei oder drei Substanzen besteht oder auch nur aus einer. So oder so, es ist egal. Das Ferment wird nur als stabilisierende Zugabe angesehen, daher haben die alten Alchemisten auch alle behauptet, der Stein bestünde nur aus einer Substanz.

Da Energie weder erzeugt noch zerstört werden kann, würde selbst wenn der Urin Lebensenergie, Chi oder sonst was enthalten würde, doch ein Liter Urin heute nur die gleiche Menge Energie enthalten wie in drei Jahren.
Materie enthält eine Menge Energie, aber sie befindet sich in einer stabilen Form. Daher können wir Materie nicht einfach so in Energie umwandeln. Der Prozess mit dem der

Stein hergestellt wird, bricht Materie in Energie herunter und fängt sie dann in einer stabilen Form ein ,die durch das Ferment herbeigeführt wird (Silber oder Gold).

Du behauptest, die Substanz gemischt mit irgendetwas anderem bricht diese auseinander und mischt die Bestandteile dann mit der eigenen Struktur. Wenn das wahr wäre, würdest du sterben sobald du den Stein eingenommen hast, weil sich dein Gewebe sofort zersetzen würde.

Diese Behauptung wurde in dem Kontext des Steins projiziert auf geschmolzenes Metall aufgestellt. Der Stein muss das Metall durchdringen um es in Gold oder Silber oder mehr Stein verwandeln zu können. Es durchdringt das Metall nicht so einfach, darum wird ja empfohlen, den Stein in Wachs einzuschmelzen oder es selbst in seiner flüssigen Form dem Metall zuzugeben. Ich sagte, der Stein würde das, was er überwältigen kann, in sich selbst verwandeln, er kann aber nur etwas von gleicher Natur überwältigen, was entweder Metall oder Mineral sein muss. Ansonsten würde ein Stein, einmal hergestellt, das gesamte Universum in sich selbst verwandeln, was nicht passiert. Er muss in ein Mineral oder Metall eingehen.

Einige der behaupteten Anwendung sind einfach zu surreal, zum Beispiel jemanden von den Toten auferstehen zu lassen. Also wirklich, das geht doch nun gegen die Natur, denn sie sagt doch, dass alle Dinge irgendwann zerfallen müssen.

Warum sollte das gegen die Natur sein? Alles wird irgendwann sterben, aber das Leben kann verlängert werden. Ein Arzt kann jemanden mit Elektrizität zurückbringen, ist das auch unmöglich? Es gibt ein Zeitlimit für das Aufwecken von Toten. Der Körper funktioniert aber noch eine ganze Weile, nachdem er gestorben ist. Wenn er geheilt werden kann, bevor er sich zersetzt, dann wäre er genau das, geheilt. Es gibt immer einen Grund für den physischen Tod und wenn das Problem behoben wird, lebt der Körper wieder.

Wenn jemand stirbt und er noch für eine Weile funktioniert, wie du grade gesagt hast, dann vielleicht. Aber was ist wenn er schon für eine Weile tot ist und angefangen hat sich zu zersetzen?

Nachdem die Zersetzung begonnen hat, kann er nicht mehr wiedererweckt werden. Die Zeit hierfür beträgt drei Tage, innerhalb dieser Zeitspanne kann der Leichnam zurück ins Leben gebracht werden. Danach allerdings würde er anfangen sich zu zersetzen und wäre dann wirklich tot. Vor dieser Zeit ist der Körper in gewisser Weise noch in Ordnung, obwohl unbelebt. Also sollte man es sich vielleicht nicht als Wiederauferstehung vorstellen, sondern als Heilung, ebenso wie der Stein ja auch mit lebenden Körpern verfährt.

Du hast auch behauptet, dass man mithilfe des Steins Körper ohne eine Gebärmutter erzeugen könnte. Wie soll das möglich sein, da doch der Fötus in der Gebärmutter durch die Nabelschnur mit Nahrung und Blut versorgt wird?

Aus der Lebensenergie, die ja der aktive Bestandteil des Steins ist, ist alles hergestellt. Das ist alles, was ein lebendes Wesen zum Leben und Wachsen benötigt. sie ist auch

Bestandteil des Blutes und es ist das wahre Nahrungsmittel.

Wird die Destillation durchgeführt um weißen oder roten Phosphor herzustellen?
Nein, es befindet sich nur ein verschwindend geringer Anteil Phosphor im Urin. Phosphor glüht im Dunkeln, es wäre also einfach herauszufinden. Unser Salz tut das nicht.

Kann der Stein überdosiert werden?
So wie ich es verstanden habe, wird vorgeschlagen nur eine geringe Menge zu sich zu nehmen, da mehr einfach Verschwendung wäre. Vielleicht könnte man zuviel von ihm nehmen, ich habe aber keine Vorstellung davon, welche Menge zu viel wäre.

Da es unser Ziel ist, der ursprünglichen Substanz Lebensenergie zu entnehmen, würdest du sagen dass es von Vorteil ist, durch gezielte Intention dem Urin Energie zuzuführen?
Bewusste Intention beeinflusst dieses gesamte Universum direkt, ohne dass man sich an seine Regeln halten müsste. Also ja, es würde immer helfen.

Angenommen, alle anderen Faktoren wären gleich, wäre dann der Prozess für jemanden mit mehr Lebensenergie schneller? Zum Beispiel ein erfahrener Qi Gong Meister verglichen mit einem Alkoholiker? Es ist mir klar, dass es für beide funktionieren würde.
Logisch gesehen macht es Sinn anzunehmen, der Urin des gesünderen und spirituellen Menschen wäre besser. Allerdings ist mir nicht ganz klar in welchem Maße.

Im Zusammenhang mit dem Hinzufügen von Silber, was hältst du vom ionischen Silber anstelle von Silberstückchen?
Das Ferment (Silber oder Gold) must annähernd 100 % rein sein. In diesen anderen Zuständen ist Silber mit anderen Substanzen gemischt.

Wenn unser Urin so voll von Lebensenergie ist, warum scheidet unser Körper ihn dann aus? Es ist doch bereits ziemlich zersetzt oder nicht? Warum nimmt der Körper die behauptete Lebensenergie nicht einfach auf, anstatt sie auszuscheiden? Liegt das Problem in unserem Körper?
Die Lebensenergie befindet sich im Wasser unseres Blutes, unser Körper kann es nicht vom Wasser trennen, wenn er Wasser ausscheidet muss die Lebensenergie also mit hinausgehen.

Der Autor hat gesagt, das Salz des Urins wäre eines der essenziellen Bestandteile des Prozesses. Was genau enthält dieses Salz des Urins (ich meine den Urin in seinem normalen Zustand, nicht nach dem ersten Teil des Prozesses).
Die Teilchen, die das Salz ausmachen, befinden sich im Körper des Urins, welcher den gefärbten und leicht wolkigen Teil darstellt. Die speziellen Mineralien im Salz spielen keine Rolle, es sind die leichtesten, am ehesten verdampfenden Bestandteile im nicht wässrigen Teil des Urins. Wenn wir Lebensenergie direkt entnehmen könnten, anstatt

durch ein spezifisches Medium, wäre dieser Prozess unnötig. Allerdings ist sie leider zu leicht flüchtig, um sich ohne an ein Medium gebunden zu sein fangen zu lassen. Der Körper muss allerdings die genauen Bedingungen erfüllen, und unser Salz tut dies in perfekter Weise. Man muss es reinigen können, es muss so leicht wie möglich sein und es muss Feuchtigkeit absorbieren können, es muss sich in kleinere Partikel zersetzen und dann wird die Lebensenergie sich innerhalb des weißen Steins bilden (man könnte sagen wachsen) und danach im roten Stein. All dies muss den Gesetzen der Natur folgen und die korrekten Bedingungen müssen eingehalten werden.

Gibt es eine ungefähre chemische Analyse des Urins um herauszufinden, was am Ende im Stein sein wird? Diese Information könnte seine Produktion beschleunigen.
Vielleicht, aber ich bezweifle es. Ich möchte wiederholen, dass ich denke die tatsächlichen Elemente und Verbindungen sind nur der Behälter für das diese Prinzip, das die Lebensenergie darstellt.

Im Text wird Gold als das reinste höchst entwickelte Metall dargestellt. Was ist mit Platin? Würde der Stein Platin in Gold verwandeln?
Platin war nicht sehr bekannt in der Zeit, in der die Bücher über Alchemie geschrieben wurden und darum wird es in ihnen nicht erwähnt. Auf all das wäre „ich weiß es nicht" die ehrliche Antwort. Es könnte sich herausstellen, dass der Stein mithilfe von Platin fermentiert werden kann und daraus mehr Platin entsteht, obwohl ich das bezweifle. Es ist wahrscheinlicher, dass Platin in Gold verwandelt werden würde. Wir werden es bald wissen denke ich!

Warum Gold oder Silber? Der einzige Grund, warum diese Metalle so wertvoll sind, ist ihre Seltenheit und der Fakt, dass sie hübsch anzusehen sind und daher in der Schmuckproduktion verwendet werden. Ansonsten ist nichts besonders an ihnen. Warum also haben sie irgendetwas mit der Produktion des Steines zu tun und warum wird der Stein andere Metalle in sie verwandeln?
Was die Seltenheit angeht: Silber ist relativ häufig, während Gold seltener ist. In der Antike waren allerdings Silber und Gold annähernd gleich viel wert. Gold war immer etwas mehr wert außer unter seltenen Umständen. Der Unterschied war allerdings viel kleiner als er es heute ist.

Der Grund warum Gold und Silber wertvoll und so beliebt sind, liegt darin, dass der Stein sie herstellen kann. Es ist nicht so, dass der Stein zufällig diese wertvollen Metalle herstellen kann. Sie sind wertvoll, weil der Stein sie produzieren kann.

All dies reicht ca. zwölftausend Jahre zurück, als der Stein zum ersten Mal vor der Allgemeinheit verborgen wurde. Die Philosophenkönige dieser Zeit wählten Gold und

Silber als Währung für ihre Nationen, da diese Substanz einfach zu kontrollieren war. Sie konnten beide nach Belieben herstellen, die einfachen Leute konnten das jedoch nicht. Also war es für sie die perfekte Währung, viel sicherer als Papier mit einem Haufen Strichen, das Geld das wir heute haben.

Gibt es eine geschätzte Haltbarkeit von Urin?
Vermutlich, aber du wirst ja nie Urin aufbewahren sondern das Salz oder Destillat.

Ich verstehe die Notwendigkeiten für die Destillation bei niedriger Temperatur, aber die erste Destillation findet weit darüber statt. Warum zerstört dieser Prozess nicht die Lebensenergie, was alle folgenden Destillationen nutzlos machen würde?
Die Destillation im ersten Teil der Arbeit findet unterhalb von 80°C statt und das ist nicht hoch genug, um die Lebensenergie zu zerstören.
In der zweiten Phase der Arbeit (Weiß-Schwarz-Weiß-Rot) wirst du nur die Feuchtigkeit kreisen lassen und dazu verwendest du Wärme, die im Bereich der Körpertemperatur liegt, da dies die beste Temperatur für den Verdampfungs- und Kondensationszyklus darstellt. Wenn du hierbei 80°C verwenden würdest, könnte der verdampfte Teil niemals kondensieren.
In der roten Phase verwendest du wieder große Hitze, jetzt ist der Stein aber bereits mit Silber fermentiert und kann diese Hitze vertragen.

In der schwarzen Phase spezifiziertest du keine genaue Temperatur.
Es ist nicht in meinem Sinne, für diese oder die folgenden Phasen eine genaue Temperatur vorzugeben. Die benötigte Menge hängt von der Menge der Substanz, Größe des Gefäßes, Umgebungstemperatur und vielen anderen Faktoren ab.
Du wirst deinen gesunden Menschenverstand benutzen müssen um die ideale Temperatur herauszufinden, mit der die Feuchtigkeit am Effizientesten aufsteigen und wieder absteigen kann. Es muss sichergestellt sein, dass die Substanz ständig befeuchtet wird und dann wieder austrocknet und nie für eine längere Zeit durchgängig nur trocken oder feucht ist.

Ich habe jetzt nicht die Zeit diesen Prozess durchzuführen.
Im Wesentlichen musst du ja nur darauf achten, dass die Temperatur richtig eingestellt ist und es gibt nur vier Temperaturanpassungen, die durchzuführen sind. Es ist also nur eine Anpassung pro halbem Jahr. Für den Rest der Zeit läuft das Wasserbad ganz automatisch weiter. Im ersten Teil der Arbeit hast du mehr zu tun aber es braucht nur eine Woche, den Urin zu destillieren und du musst dieses zehnmal durchführen, d.h. also, du musst nur einmal pro Woche etwas tun.

Ich denke, wenn ich dieses Projekt angehen würde, müsste ich vermutlich drei oder vier Versuche

starten. Lasst uns annehmen, dass ich es beim dritten oder vierten Versuch hinbekomme. Das wären dann sieben Jahre für den ersten Durchgang, 4-6 Jahre für den zweiten, und 2-4 Jahre für den nächsten Versuch.

Du kannst nichts falsch machen, solange du die Substanz nicht verbrennst. Der Stein entwickelt sich eventuell nicht weiter, wenn du etwas verkehrt machst, er wird damit aber wieder weitermachen, nachdem du den Fehler korrigiert hast. Du brauchst also nur fünf bis acht Jahre, auch wenn du einen Fehler machst, d.h. solange du die Substanz nicht verbrennst. Aber die alten Alchemisten hatten nicht einmal Elektrizität und mussten Kohle verwenden. Wir dagegen verwenden elektrische Wasserbäder. Unser Risiko ist also viel geringer.

Was kostet die Apparatur?
Die Bestandteile aus Glas kosten nur ein paar Dollar. Die Retorten kosten um die 50,- Dollar. Das Wasserbad ist der teuerste Bestandteil und wird zwischen 100,- und 1000,- Dollar kosten. Es kann sein, dass du ein günstiges bei eBay bekommst. Silber ist nicht teuer. Das Gold wird dich zwischen 100,- und 500,- Dollar kosten, du könntest aber bereits umgewandeltes Silber verwenden um für das Gold zu bezahlen.

Könnte ich mehrere parallele Prozesse anfangen falls einer schief geht?
Vielleicht ist das eine gute Idee, aber wenn du nur ein Wasserbad hast wirst du nicht in der Lage sein, die Temperatur unabhängig einzustellen und dann wiederum wäre es wie bei nur einem Prozess. Mehrere Wasserbäder kosten einen Haufen Geld und der Strom ist auch teuer. Der Stein kann eigentlich nur durch Verbrennen zerstört werden. Aber eventuell wäre es nützlich, sich einen kleinen Haufen für Versuche mit größerer Hitze und einen anderen für Versuche mit weniger großen Hitze bereit zulegen.

Was passiert, wenn ich versehentlich zu viel Wasser im zweiten Teil hinzugefügt habe? Sollte ich dann diese kleine Menge absaugen oder das Gefäß öffnen und es heraus verdampfen lassen?
Wenn es sich nur um eine kleine Menge handelt kannst du einfach die Hitze entsprechend aufdrehen. Wenn es sich um viel Flüssigkeit handelt wäre es besser, sie mit einer Pipette abzusaugen um nicht den besten Teil zu verlieren. Am Sichersten ist es, sehr vorsichtig beim Hinzufügen von Wasser vorzugehen. Ein Fehler hierbei könnte die Zeit, die es braucht den Stein herzustellen, erheblich verlängern.

Würde es etwas helfen, den Urin zuerst zu filtern?
Nein, das Filtern würde keinen Unterschied machen. Der Urin ist bereits durch deinen Körper gefiltert worden, nun musst es destilliert und kalziniert werden. Filtern funktioniert nur für sichtbare große Teilchen, wir haben es hier aber mit etwas sehr Kleinem zu tun.

Welche Art von Örtlichkeit sollte ich für diese Arbeit verwenden? Platz ist für mich sehr schwierig

zu finden. Ich habe nur einen ganz kleinen Büroraum im oberen Teil meines Hauses.
Der größere Teil kann selbst in einem Schrank durchgeführt werden, der Prozess braucht überhaupt nicht viel Platz.

Darf die Apparatur während des laufenden Prozesses bewegt werden? Zum Beispiel wenn ich umziehe?
Die Apparatur darf bewegt werden. Im zweiten Teil solltest du vermeiden, die Flasche herumzuwerfen oder sie umzukippen. Wenn du sie jedoch vorsichtig von einem Platz zum nächsten transportierst sollte das in Ordnung sein. Dies wird allerdings die Prozesszeit verlängern, da sich die einzelnen Ablagerungsebenen erneut bilden müssen. Dies wird aber mit der Zeit geschehen.

Mein Partner und ich erwarten ein Kind, ich mache mir Sorgen um Gerüche und Ausdünstungen im Haus. Sollte ich die Arbeit trotzdem hier durchführen oder warten, bis ich mir einen anderen Platz leisten kann?
Die einzige Zeit, in der man mit Gerüchen rechnen muss ist der erste Teil. Dieser muss außerhalb durchgeführt werden. Wenn du nicht über einen eigenen privaten Garten verfügst, kannst du einfach die Retorte und einen Gasbrenner mit ins Freie nehmen und es an einem ungestörten Platz durchführen.

Wird der Urin in meinem Haus stark riechen?
Nein, destillierter Urin hat keinen starken Geruch und zudem wird er sich in der Retorte befinden, die ja verschlossen ist. Nur der Prozess der Kalzinierung erzeugt einen fürchterlichen Gestank.

Im ersten Teil sagst du, dass nach den Destillations- und Kalzinierungszyklen drei weitere Destillationen in einer sauberen Retorte durchgeführt werden sollen. Daher meine Frage, muss die Retorte zwischen den Destillationen gesäubert werden oder können die Überreste vom vorangegangenen Zyklus einfach in der Retorte verbleiben?
Du brauchst die Retorte zu keiner Zeit zu reinigen. Du solltest eine andere Retorte für die zusätzlichen drei Destillationsschritte verwenden. Es ist nicht nötig, die Retorte zwischen den einzelnen Destinationen zu reinigen, da das Destillat bereits extrem sauber ist und mit jeder weiteren Destillation nur noch reiner wird.

Brauche ich zwei Retorten, weil ich eine zum Extrahieren des weißen Salzes zerbrechen muss? Wenn ich das weiße Salz ohne die Retorte zum zerbrechen gewinnen kann, könnte ich dann diese Retorte säubern und für die weiteren Destillationsschritte verwenden?
Ja, du brauchst zwei. Dies gilt für den Fall, dass du sie zerbricht und auch, weil die erste Retorte wirklich sehr schmutzig sein wird. Es wird kaum möglich sein, sie zu reinigen außer mit sehr scharfen Mitteln die zum Beispiel Nitroverdünner.

Wie hole ich die weißen Kristalle aus der Retorte heraus? Ist es schwierig sie dort herauszuholen und was ist der beste Weg, sie danach von Verunreinigungen zu befreien?

Es wird nicht allzu schwierig sein, sie zu ernten, die Kristalle müssen dann allerdings zerbrochen werden, so dass die schwarzen Anteile herausgenommen werden können. Ein Messer wäre gut dafür geeignet. Wenn du die Kristalle mit deinen bloßen Fingern berührst, wirst du dich verbrennen. Ich habe sie allerdings mehrfach berührt, und ich bin daran nicht gestorben.

Braucht man einen Deckel für das Wasserbad?

Man muss keinen Deckel verwenden, aber ohne Deckel würdest du einen Haufen Energie verschwenden und müsstest auch ständig das verdunstete Wasser nachfüllen. Im ersten Teil wäre das Heizelement eventuell nicht in der Lage, die notwendige Temperatur zu erreichen. Also empfehle ich dringend, einen Deckel zu verwenden. Du kannst dir dazu aus allen möglichen Materialien selbst einen herstellen. Frischhaltefolie und Handtücher zur Isolation wären hierfür geeignet.

Einige Bestandteile sind sehr kostspielig, speziell das Wasserbad. Kann ich improvisieren?

Wasserbäder sind sehr einfache Geräte. Sie sind nur deswegen so teuer, weil sie Spezialanfertigungen sind. Alles was Wasser zur benötigten Temperatur erhitzen kann wird genügen. Ich bin sicher, dass es viele billige Alternativen gibt. Wenn du dich mit Elektronik auskennst wird es dir sicher möglich sein, aus sehr billigen Komponenten eines selbst zu bauen. Ansonsten gibt es auf eBay auch immer wieder günstige Angebote.

Das größte Glasgerät das ins Bad passen muss ist die 500 ml Retorte und somit braucht die Kapazität auch nicht sehr groß zu sein. Leider ist es offenbar schwierig, so ein kleines Wasserbad zu finden. Es natürlich zulässig, ein großes zu verwenden. Das wäre einfach nur teurer und Elektrizitätsverschwendung.

Während des ersten Teils der Destillation könnte der Dampf bzw. das Kondensat in Kontakt mit Silikon, Metall (wie z.B. im Deckel eines Glases) und anderen soliden Materialien kommen. Könnte dies den Prozess negativ beeinflussen?

Metall zu verwenden ist wohl keine gute Idee aber Silikon ist kein Problem. Stelle lediglich sicher, dass alles trocken ist bevor du beginnst.

Ist die Retorte unbedingt notwendig? Ich habe ein 500 ml Glas mit einem Graham Condenser, könnte ich den verwenden?

Der Grund warum wir eine Retorte verwenden, liegt im Wasser, das aufgrund der niedrigen Temperatur nicht sehr hoch aufsteigen wird, bevor es wieder kondensiert. Das Wasser wird nicht kochen, es wird einfach nur ganz langsam verdampfen, was bedeutet, dass es nicht viel Energie enthält und so schnell wie möglich wieder kondensieren wird. Wenn du also Geräte verwendest, bei denen die Öffnung für das zu kondensierende Wasser zu hoch liegt, so wird der Dampf niemals die notwendige Höhe erreichen und es wird nicht zur Destillation kommen. Darum empfehle ich eine Retorte zu verwenden. Wenn dein Apparat erlaubt, dass Wasser sehr nahe zur Wärmequelle kondensieren kann, also wie in einer Retorte, dann wird er funktionieren.

Was hältst du vom Pelikan?
Der Pelikan ist kein Gerät. Es handelt sich hierbei um eine Theorie, dass Feuchtigkeit zirkuliert, die auf der befremdlichen mittelalterlichen Vorstellung basiert, dass die Pelikane ihre Jungen mit ihrem eigenen Blut füttern. Diese sogenannten Pelikangefäße, die man kaufen kann, sind nicht für wirkliche Alchemie geeignet. Unser Pelikan ist eine Florence Flasche mit rundem Boden.

Auf welche Art können wir genug von diesem Stein produzieren um jedermann in seinen Genuss kommen zu lassen?
Wenn der Stein erst einmal produziert wurde, kann man sehr leicht mehr davon herstellen. Er muss also nur einmal in diesem langen aufwändigen Prozess hergestellt werden. Danach kann er sehr schnell vermehrt werden. Es wäre also möglich, dass nur eine Person auf der ganzen Welt den Stein herstellt und ihn dann an alle anderen weitergibt. Jede dieser Personen könnte ihn dann auch sehr schnell vermehren und ihn wiederum weitergeben.

Wie können wir vermeiden, dass gierige Menschen versuchen den Stein für sich zu behalten und eine Form von übermenschlicher Elite bilden?
Das ist bereits passiert. Ich gebe das Geheimnis jetzt für alle frei.

Was wird mit der Weltökonomie passieren, wenn jeder aus Abfall Gold herstellen kann?
Die Freigabe des Steins wird unsere Zivilisation in die Knie zwingen und das Goldene Zeitalter einläuten. Unsere Zivilisation basiert auf Lügen und wird fallen. Die Wurzeln freizulegen heißt, den Baum zu zerstören. Außerdem hat jeder sein Geld auf der Bank und Banken haben mit Energie, Medizin und Gold zu tun. Die Freigabe des Steins wird also das Bankensystem zusammenbrechen lassen. Jeder Art von Geschäftstätigkeit wird daraufhin erst einmal zum Stillstand kommen.

Ich habe den Eindruck, du hast dies von jemandem gelernt.
Ich habe lediglich die alten alchemistischen Schriften gelesen. Die gleichen, die auch jedermann sonst zugänglich sind.

Die Herstellung des Steins ist nur eine Methode, um dir beizubringen, an das zu glauben, was du tust.
Nein. Es gibt den Stein - und es gibt die Methode, die Welt durch bewusste Intention zu verändern. Beide sind unterschiedlich. Der Stein ist ein reales physisches Objekt in diesem

Traumuniversum, während unsere bewussten Intentionen dieses Universum verändern können.

Ich finde das Ganze etwas verdächtig. Es könnte doch sein, dass du dies nur machst, um dir einen Ruf aufzubauen, in Zukunft Bücher zu verkaufen oder einfach nur, um berühmt zu werden.
Mein Ruf ist mir egal. Wenn das nicht so wäre, hätte ich meinen Namen veröffentlicht. Es geht mir nur darum, dass die Menschen dieses Buch lesen, was nebenbei gesagt, frei verfügbar in der Public Domain vorliegt.

Ich verstehe deine Motive nicht, diese Information mit der ganzen Welt zu teilen. Du solltest doch wissen, dass die menschliche Natur nicht aus Liebe, Frieden, Mitgefühl und Freundschaft besteht. Im Gegenteil, die Menschen sind hasserfüllte Wesen, die immer nur mehr Geld und Macht wollen.
Nur wenn sie denken, dass sie diese Dinge von anderen Menschen stehlen müssen. Wenn die Menschen sich keine Sorgen um sich selber machen müssten und so mit Dingen beschäftigt wären, die völlig unwichtig sind, dann würden sie sich ganz natürlich auch um andere Menschen kümmern. Wir greifen nur an, weil wir annehmen, dass uns alle anderen auch angreifen.

Die Alchemisten haben dieses Wissen nur deswegen nicht geteilt, weil sie wussten, dass es nicht funktioniert.
Oder eben weil sie wussten, dass es funktionieren würde.

In dem Buch sagst du, dass du die Arbeit nicht vollendet hast. Dennoch erscheint die Beschreibung des Endprodukts sehr detailliert und präzise.
Ja, denn ich habe hunderte von alchemistischen Texten gelesen. Jeder einzelne gab mir einen Hinweis. Wenn du sie alle zusammenzählst ist das wirklich Overkill. Ich habe niemanden sonst kennengelernt, der sich diese Mühe gemacht hätte. Ich bin ganz von selbst so weit gekommen und ich weiß, dass es funktioniert, weil es den Gesetzen der Natur folgt. Sollte es nicht funktionieren, würden wir in einem Universum leben, in dem Taten keine Konsequenzen haben.
Ich war auch noch nie in der Mongolei, ich glaube aber, dass es sie gibt, weil alles darauf hinweist. Wenn die Mongolei eine Lüge wäre, dann wäre so vieles an unseren Aufzeichnungen sinnlos (Karten, Geschichtsverläufe usw.). Also glaube ich an die Mongolei, auch wenn ich noch nie selbst dort war. Der Glaube an den Stein ist das Gleiche. Seine Existenz macht Sinn und ich verstehe, wie und warum er funktioniert. Das Universum würde für mich keinen Sinn ergeben wenn er nicht existieren würde.

Was macht dich so sicher, dass dein Rezept stimmt? Vielleicht vergiften wir uns alle damit.
Dies ist das richtige Rezept. Wenn du dir Sorgen machst, dich zu vergiften, dann

transmutiere doch erst einmal Metall zu Gold, um es auszuprobieren. Keiner zwingt dich, es einzunehmen. Du könntest es auch erst einmal an ein Tier verfüttern oder an deinen Pflanzen ausprobieren.

Was wirst du tun, wenn du herausfinden musst, dass es nicht so funktioniert, wie du glaubst? Wirst du dann schreiben, dass du es ausprobiert hast und der Prozess nicht funktioniert? Wirst du von seiner Unmöglichkeit dann überzeugt sein? Wirst du es noch einmal probieren? Wirst du damit an die Öffentlichkeit gehen?

Wenn mit meinem Stein irgendetwas schief geht, werde ich von vorne anfangen und alle davon in Kenntnis setzen, damit sie meine Fehler vermeiden können. Ich bin allerdings jetzt bereits im schwarzen Stadium (Frühjahr 2011) und der größte Teil der Gefahren liegt hinter mir. Die Zeichen kommen wie vorhergesagt und sie würden wohl kaum in genau dieser Reihenfolge auftauchen, wenn die alten Alchemisten sich geirrt hätten. Das würde zu einem Universum führen, in dem Handlungen keine Konsequenzen haben, so zumindest verstehe ich diese Arbeit und die Funktion des Universums und das Werk der Natur, welches ich mit meinen eigenen Augen sehe. Mein Glaube hat eine feste Grundlage. Nichts wird mich davon überzeugen, dass es unmöglich ist, ebenso wie mich niemand davon überzeugen kann, dass die Sonne aus gelben Gummibonbons besteht, obwohl ich noch nie persönlich in der Nähe der Sonne war.

Ist das Leben eines Heiligen wirklich so einsam, wie allgemein behauptet wird?
Ich vermute einmal, dass einige weniger einsam sind, als die durchschnittliche Person, sie haben einfach nichts anderes, worüber sie sich beschweren könnten.

Ich habe Angst davor, was mit mir und meiner Familie passieren wird, wenn es eine Katastrophe gibt.
Im großen Rahmen werden alle einfach nur viel glücklicher sein, als sie es jetzt sind und jeder wird das nach dem Ereignis auch verstanden haben. Aber vorher wird es eine Menge Angst geben. Die Menschen haben ja immer Angst vor Dingen, die sie nicht verstehen.

Der Stein wird es einigen Menschen ermöglichen, diese Ereignisse zu überleben und vielleicht ist es auch nicht der Stein, der dies tut. Der Stein ermöglicht es einem allerdings die Dinge so zu sehen, wie sie wirklich sind, da er unseren Körper und Geist direkt beeinflusst.

Was wird passieren? Es hängt von dir ab. Es ist nicht wirklich von Vorteil, hier auf der Erde weiterzuleben, gegenüber der Möglichkeit, sich auf eine höhere Ebene zu begeben. Also musst du dir um dich selbst oder um andere keine Sorgen machen. Es wird dich mit Angst erfüllen, aber es ist die Sache wert. Zumindest könntest du dir klarmachen, dass du diese Zeiten erlebst, weil du es dir so ausgesucht hast, es war also deine Wahl, dies alles zu erleben.

Und tatsächlich können wir uns gegenseitig nicht retten, es gibt auch nichts, vor dem wir uns retten sollten, da beide Ereignisse besser sind, als das, was wir jetzt haben. Jeder beurteilt sich ja selber und nicht nur das, man hat bereits sein Urteil gefällt, bevor man geboren wurde und damit auch bereits die Wahl getroffen, hier zu bleiben oder diese Ebene zu verlassen.

Das einzige, was du fürchten musst, ist die Angst selbst.

Wirst du den Stein replizieren und an alle verteilen?
Ja, aber verlasse dich nicht auf mich. Es könnte sein, dass ich dich nicht rechtzeitig erreichen kann.

Wie studiert man Alchemie? Die Suche im Internet ergibt alle möglichen widersprüchlichen Aussagen, hast du dazu einen Hinweis für mich?
Studiere die alten Bücher, nicht die neuen, vielleicht mit der Ausnahme von Fulcanelli. Die Texte aus dem 16. und 17. Jahrhundert sind am einfachsten zu verstehenden. Zuerst einmal empfehle ich, all die Bücher aus der Bibliografie zu lesen. Dann sieh dich nach zusätzlichen Quellen um. Sei vorsichtig bei Interpretationen, wenn etwas wahr sein soll, muss es innerhalb der Natur Sinn machen, so funktioniert ein natürlicher Prozess. Du sollst verstehen können, wie er funktioniert, nicht annehmen, dass es etwas ist, was über deinen Kopf hinausgeht. Die meisten Menschen, die nicht verstehen, tun dies nicht, weil es zu kompliziert wäre, sondern weil es zu einfach für sie ist.

Ich würde den Prozess gerne beginnen, hast du noch andere Hinweise für mich?
Alles ist im Buch enthalten. Lies es mehrfach durch, bist du sicher bist, den Prozess vollständig verstanden zu haben. Vielleicht kannst du dann noch die vollständigen Quellen der Zitate lesen, die du interessant gefunden hast. Dann beschaffe dir die Apparatur und befolge die Anweisungen. Sei geduldig.

56. Bibliografie

In diesem Buch befinden sich Zitate von neunundvierzig verschiedenen alchemistischen Quellen. Sie sind hier in alphabetischer Reihenfolge aufgeführt.
Ich habe weit über hundert alchemistische Texte gelesen, viele davon sind allerdings nutzlos und fehlen daher in der Liste. Alle diese Texte können im Internet kostenlos bezogen werden, die entsprechenden Webseiten sind von mir im Vorwort erwähnt worden.

A Brief Guide to the Celestial Ruby:, *Eirenaeus Philalethes, 1694*
A Demonstration of Nature, *John A. Mehung,* ca. 16. oder 17. Jh.
A Dialogue, *Alexander v. Suchten, ca. 16.-17. Jh.*
A Golden and Blessed Casket of Nature's Marvels, *Benedictus Figulus, 1607*
A Magnificent and Select Tract on Philosophical Water, *Anonym,* ca. 13.-14. Jh.
A Short Tract, or Philosophical Summary, *Nicholas Flamell,* 15. Jh.
A Subtle Allegory Concerning the Secrets of Alchemy, *Michael Maier, ca. 1617*
A Tract of Great Price Concerning the Philosophical Stone, ein deutscher Alchemist, 1423
A Very Brief Tract Concerning the Philosophical Stone, ein *deutscher Alchemist,* ca. 15.-17. Jh.
Altar of the Theraphic Tie, *B.M.I. of the Rosicrucians,* 1616
An Anonym Treatise Concerning the Philosopher's Stone, *Anonym, ca. 12.-17. Jh.*
An Excellent Introduction to the Art of Alchemy, *Peter Bonus* (?), ca. 14. Jh.
An Explanation of the Natural Philosopher's Tincture, of Paracelsus, *Alexander v. Suchten, 16. Jh.*
An Open Entrance to the Closed Palace of the King, ein *wahrheitsliebender Alchemist,* 1645
Aphorisms of Urbigerus, *Baro Urbigerus, 1690*
Book of the Chemical Art, *Marsilius Ficinus, 15. Jh.*
Compound of Compounds, *Albertus Magnus, 13. Jh.*
Dwellings of the Philosophers, *Fulcanelli,* 1929
Fama Fraternitatis, *The Rosicrucians, 1614*
Golden Calf, *John Frederick Helvetius, 17. Jh.*
Magnalia Naturae, Praecipue Quoad Usus Humanos, *Francis Bacon, 1627*
Man, the Best and Most Perfect of God's Creatures, *Benedictus Figulus, 1607*
On The Gold Medicine and On The Yellow and The White, *Ko Hung, 4. Jh.*
On the Philosophers' Stone, *Anonym, ca. 12.-17. Jh.*
Shih Hsing-lin, Disciple of Chang Po-tuan, And Hsieh Tao-kuang, Disciple of Shih Hsling-lin, ca. 11.-13. Jh.
The Aurora of the Philosophers, *Theophrastus Paracelsus, 16. Jh.*
The Book of the Revelation of Hermes, *Theophrastus Paracelsus, 16. Jh.*
The Chemical Treatise, Or, The Ordinal of Alchemy, *Thomas Norton, 1477*
The Chemists Key, *Henry Nollius, 1617*

The Crowning of Nature, *Anonym, ca. 16.-17. Jh.*
The Emerald Tablet, *Hermes*
The Epistle of Bonus of Ferrara, *Peter Bonus, 14. Jh.*
The Fount of Chemical Truth, *Eirenaeus Philalethes, 1694*
The Glory of the World, Or, Table of Paradise, *Anonym, 1526*
The Golden Age Restored, *Henry Madathanas,* 1622
The Golden Tract Concerning the Stone of the Philosophers, ein *deutscher Alchemist,* 16.-17. Jh.
The Metamorphosis of Metals, *Eirenaeus Philalethes, 1694*
The Mirror of Alchemy, *Roger Bacon, 13. Jh.*
The New Atlantis, *Francis Bacon, 1627*
The New Chemical Light, *Michael Sendivogius, 17. Jh.*
The New Pearl of Great Price, *Peter Bonus, 1338*
The Root of the World, *Roger Bacon, 13. Jh.*
The Secret Book of Artephius, *Artephius,* ca. 12. Jh.
The Secret of the Immortal Liquor Called Alkahest, *Eirenaeus Philalethes, 17. Jh.*
The Sophic Hydrolith, Or, Water Stone of the Wise, *Anonym, 17. Jh.*
The Twelve Keys, *Basilius Valentinus, 15. Jh.*
Three Alchemical Poems, *Chang Po-tuan, 11. Jh.*
Verbum Dismissum, *Count Bernard Trevisan, 15. Jh.*
Wu Chen P'ien, Essay on the Understanding of Truth, *Chang Po-tuan, 1078*

57. Schlusswort des Übersetzers

Die Übersetzung erfolgte soweit es ging wortgetreu. D.h. es wurde so gut wie nie stilistisch am Text gefeilt oder im Falle einer unverständlichen Passage versucht, diese zuerst zu interpretieren und dann die Interpretation zu übersetzen.
In vielen Fällen führt das zu vieldeutigen Formulierungen, insbesondere innerhalb der alten Texte. Wer Fehler im Text findet darf sie behalten, oder sie mir per Email zukommen lassen. Meine Adresse lautet: Alchemie@m31.de.

Zusätzliche Informationen zur Herstellung des Steins, der Blick per Webcam auf ein laufendes Projekt, genaue Teilelisten mit deutschen und internationalen Lieferanten, die sehr interessante Stellungnahmen eines versierter langjähriger Alchemisten und Fringe-Forschers zum BoA, ein Forum zum Meinungsaustausch, meine kritische Betrachtung des BoA aus technischer und menschlicher Sicht, Frequently asked Questions (FAQ), bebilderte Illustration meines Versuchsaufbaus und etliches mehr können unter dieser Webadresse gefunden werden:

http://alchemie.m31.de